Complete Latvian

Terēze Svilane Bartholomew

First published in Great Britain in 1997 as *Teach Yourself Latvian* by Hodder Education. An Hachette UK company.

First published in US in 2009 as *Teach Yourself Latvian* by The McGraw-Hill Companies, Inc.

This edition published in 2019 by John Murray Learning

Copyright © 2009, 2019 Terēze Svilane Bartholomew

British Library Cataloguing in Publication Data: a catalogue record for this title is available from the British Library.

ISBN 978 1 529325 027

1

Printed and bound in Great Britain by CPI Group (UK) Ltd., Croydon, CR0 4YY.

John Murray Learning policy is to use papers that are natural, renewable and recyclable products and made from wood grown in sustainable forests. The logging and manufacturing processes are expected to conform to the environmental regulations of the country of origin.

John Murray Learning
Carmelite House
50 Victoria Embankment
London EC4Y 0DZ
www.hodder.co.uk

Contents

Meet the author

As a native Latvian speaker who learnt English at the age of five, I am completely bi-lingual and have been teaching Latvian since 1998. I also have over 20 years' experience in translating and interpreting between Latvian and English, working for a wide variety of clients. Among other academic qualifications, I hold a bachelor's degree in Arts (Humanities) from Birkbeck College, University of London and a master's degree in Translation and Terminology from Ventspils University College, as well as a Cambridge CELTA qualification for teaching English to adults. Currently I am a freelance provider of language services: teaching, translating, editing and interpreting.

When not at the computer I like to be reading, working in the garden, or walking along a sandy beach 'far from the madding crowd' (the Western coast of Latvia is ideal for such a pastime). Music, particularly classical music, is another great love, as is travelling, particularly by ferry and by train.

Terēze Svilane Bartholomew

Only got a minute?

A smile, an open acknowledgment that not everybody speaks English and a few courtesy words or phrases in any foreign language go a long way towards communication and mutual understanding.

The word for *please* – **lūdzu** – can also be used to attract someone's attention. You can also use it the same as *you're welcome* in English, or as a response to **atvainojiet** – *excuse me*. The Latvian for *thank you* is **paldies**.

Labrīt, **labdien** and **labvakar** are greetings used in the morning, during the day and in the evening respectively. **Sveiki!** is like *hi!*, and can be used at any time. *Goodbye* is a little more of a mouthful: **uz redzēšanos!** But it's only five syllables long – you can count them on the finger of one hand. And if that's getting 'out of hand', then a simple informal **čau** will do.

There aren't many words in Latvian that have been borrowed from the English. The number is slowly growing, however, and if someone is talking about **bizness**, **mārketings** and **menedžers** you will have an idea of what the subject of conversation is. Many English expressions have made their way into sport: **futbols**, **sprints**, **finišs**, **pressings** are just some. Someone talking about music may mention a **hīts**, or, when discussing clothing, **tops**, **šorti** and **džinsi**.

Te is *here* and **tur** is *there*. When you wish to know *where*, you can ask: **kur**? And if a passerby asks you: **Kur ir opera**?, you know that they are looking for the opera house. **Bārs**, **kafejnīca**, **parks**, **kiosks**, **skola**, **universitāte**, **akadēmija** and **birojs** are all names of places that are vaguely similar to the English words. In fact, instead of **birojs**, many people nowadays will refer to their **ofiss**. If your newly found Latvian friend is telling you about the **kino**, **koncerts** or **teātris**, you may guess what they are referring to!

Introduction

Welcome to *Complete Latvian*. This book is intended for learners with no previous knowledge of the Latvian language. It can also be used as a refresher course for those who have some knowledge of Latvian, and wish to revise and consolidate their language skills.

General remarks about the Latvian language

Latvian is an unusual European language, sometimes described as archaic, because over time it has changed less than other languages. Formally, Latvian belongs to the Indo-European branch of languages, however the only other language that is really similar to it is Lithuanian. Beyond that – apart from Slavic and German influences – the next kin language is Sanskrit. There aren't many Latvian speakers in the world and it is always a pleasant surprise for Latvians to discover that a foreigner is making an effort to speak their language.

The chief difference from English is the absence of articles: there is no *a* and no *the* in Latvian.

Nouns have gender; they are either masculine or feminine. Unlike some other languages, there is no neuter. Only living creatures, however, are referred to as *he* or *she* (**viņš** or **viņa**). If you want to refer to an inanimate feminine noun such as **iela** (*street*), or a masculine noun such as **galds** (*table*), you will have to say **tā** for **iela** and or **tas** for **galds** (**tas** and **tā** can mean either *that* or *it*).

The Latvian language makes use of the case system, that is, the endings of nouns, pronouns, adjectives and numerals will change not only because they are masculine or feminine, singular or plural, but also because of their function in a sentence.

Lastly, whilst in English there are different forms of the verb in the present tense (for example, *I eat* and *I am eating*), in Latvian there is only the one form – **es ēdu**. This one form of present tense in Latvian has both indefinite and continuous meanings: it can express *I eat meat* (generally I do – I am not a vegetarian) or *I am eating meat* (right now).

How to use this book

Read the introduction in English at the beginning of each dialogue before you read or listen to the dialogue. The sections marked with 🎧 are on the recording which accompanies the book. We strongly recommend that you use the recording alongside the book. The dialogues attempt to reflect the language as it is really spoken in various everyday situations. See how much you can understand without consulting the vocabulary, because it is useful to learn to deduce or to guess the meaning of what is being said from the context – as you build up your 'stepping stones' of words. Getting the gist of the conversation without necessarily understanding every single word is what actually happens when you are learning to use a foreign language in real life.

Then study the dialogue. See if you can pick up patterns in the way sentences are constructed. The word list after the dialogue gives the meanings of new words and the main phrases. If you cannot find a word in the vocabulary box, it will be in the glossary at the back of the book.

There are also explanations about grammar and about the way the language works. Grammar is a bit like a dance routine: the steps repeat themselves. However, because of the differences between languages, some of the points may not be immediately obvious. Allow yourself time to absorb the information. It's natural for things to fall into place gradually.

The 'Let's practise' sections are for practising your speaking skills by reading out loud, and also for listening to the recording, if you have it. Any reading out loud is extremely beneficial – it helps you get used to the sounds and will help your confidence with speaking and pronunciation.

There are also 'Test yourself' questions at the end of each unit. These may help you to practise and consolidate your knowledge, or to test yourself before you move on to the next unit.

Symbols and abbreviations

 Listen to the audio

Abbreviations used in this book are: masc. or m. – masculine, fem. or f. – feminine, sing. – singular, pl. – plural, acc. – accusative, dat. – dative, gen. – genitive, loc. – locative, imp. – imperative, dim. – diminutive, coll. – colloquial, lit. – literally.

Audio symbol

 Vocabulary

 Test yourself

 Let's practise

The alphabet and pronunciation guide

The Latvian alphabet is similar to the English, but it differs in two respects: there is no *q, w, x* or *y*, and there are three sorts of diacritical marks or accents, which modify the sound of the letter they are on or under. We give examples of all these accented letters in 'Listen and practise', later in this section.

The first accent is a horizontal line, which sits on top of the vowels **ā**, **ē**, **ī**, and **ū**. It extends the vowel sound, and makes it longer. That's why sometimes it is called a 'long'.

The other two diacritical marks work only with consonants. One is a tiny **v**. This sits on top of the letters **č**, **š**, and **ž** and gives the consonant sound a kind of 'crunch': **ch**, **sh** and **zh**. The other is like a comma. It sits underneath the letters **ķ**, **ļ**, and **ņ**, and above the letter **ģ**. The effect is similar to adding a **y**, so **ņ** sounds like the *ny* of *canyon*. When this **y** sound is added the sound of the original letter is modified. This will all become clearer in 'Listen and practise'.

These accents or diacritical marks are very significant, because by altering the sounds they may completely alter the meaning of the word. A typical example would be the word **viņš**, which means *he*. Remove and change a few accents to obtain **vīns**, and now it means *wine*. Another example is the word for *wedding* – **kāzas**. Lose the accent (**kazas**) and, instead of talking about a *wedding*, you may find yourself talking about *goats*! In fact the same thing happens in English, except it is harder because the change in pronunciation is not shown with a written accent – think of *present*, as in *She gave me a present* and *I will present you to my friend* and other examples.

WORD STRESS

As a general rule, stress is on the first syllable. However some of the first words you will be learning, such as greetings and *thank you* are exceptions, with the stress on the second syllable. Just remember that this is unusual.

 00.01, 00:47

LISTEN AND PRACTISE

Latvian letter	English equivalent sound	Latvian example words	English meaning
a	like 'u' in c**u**p	**A**nglija, g**a**lds	*England, table*
ā long	as in **aaa**gh	m**ā**te, m**ā**sa	*mother, sister*
b		**b**riti, **b**rālis	*Brits (British people), brother*
c	as 'ts' in ra**ts**	**c**ilvēks, **c**ukurs	*person, sugar*
č	like 'ch'	**č**etri, **č**ipsi	*four, crisps*
d		**d**ivi, **d**urvis	*two, door*
e*	1) as in b**e**t 2) as in c**a**t	**e**s l**e**dus	*I* *ice*
ē long*	1) as in **ai**r 2) as in f**a**n	**ē**st, m**ē**s t**ē**vs, d**ē**ls	*to eat, we* *father, son*
f		**f**otogrāfija, **f**ilma	*photograph, film*
g	as in **g**old	**g**rāmata, **g**ads	*book, year*
ģ	'd' + 'y', as in **d**ew	**ģ**imene, ku**ģ**is	*family, ship*
h		**h**allo, **h**okejs	*hello, hockey*
i	as in s**i**t	**I**gaunija, **i**staba	*Estonia, room*
ī long	as in f**ee**t	tr**ī**s, **ī**rēt	*three, to rent or to hire*
j	as in **y**ellow	**j**ā, **j**ūs	*yes, you (plural)*
k	as in **k**ing	**k**afija, **k**rēsls	*coffee, chair*
ķ	't' + 'y', as in **T**uesday	**ķ**iploks, rē**ķ**ins	*garlic, bill*
l	as in **L**atvia	**l**abs, **l**aiks	*good, time, (also weather)*
ļ	'l' + 'y', as in mi**lli**on	**ļ**oti, bi**ļ**ete	*very, ticket*
m		**m**ēnesis, **m**āja	*month, house*

n	as in **n**ormal	**n**ē, **n**edēļa	no, week
ņ	'n' + 'y', like in **n**ew	**ņ**emt, asto**ņ**i	to take, eight
o*	1) round, as in wh**ooa** 2) open, like **awe**	**o**la, k**o**ks **o**ktobris, **o**ficiants	egg, tree October, waiter
p		**p**ilsēta, **p**uķe, **p**ulkstenis	town, flower, clock
r	rolled, like the Scots 'r'	**r**īts, **r**estorāns	morning, restaurant
s	as in **s**oft	**s**ieva, **s**oma	wife, bag
š	like 'sh'	**š**odien, se**š**i	today, six
t		**t**ēja, **t**eātris	tea, theatre
u	as in f**u**ll	**u**n, **u**pe, **u**guns	and, river, fire
ū long	as in f**oo**l	**ū**dens, j**ū**ra	water, sea
v**		**v**akars, **v**īrs	evening, man, (also husband)
z	as in **z**oo	**z**āle, **z**iema	grass, winter
ž	'zh', as in lei**s**ure	**ž**urnāls, bagā**ž**a	magazine, luggage

*Note that the Latvian **e** (also **ē**) and **o** are pronounced in two different ways. There is no way of predicting the pronunciation of the different **e** and **ē** sounds, but the pronunciation of **o** depends on the origin of the word. If it has come into Latvian from another language (words like **oktobris**, **oficiants** and **fotogrāfija**, for example) it will have the open 'awe' sound.

Occasionally the consonant **v after vowels is pronounced like **'oow'** with a soft 'w': the word **nav** (isn't) will sound like 'naoow', similarly **divpadsmit** (twelve) will be pronounced 'dioowpadsmit'.

In some textbooks the combinations **dz** and **dž** are treated as a single sound and presented as part of the alphabet:

dz	as in a**dds**	**dz**īvoklis, **dz**ert, dau**dz**	flat (or apartment), to drink, much (also many)
dž	as in ba**dge**	**dž**emperis, **dž**ungļi	jumper, jungle

DIPHTHONGS

Diphthongs are combinations of vowel sounds: **ai**, **au**, **ei**, **ie**, **ui**. There are lots of these open sounds in the language (which is probably why Latvians sing so much). You'll find that you need to use your jaw and lips a lot. Take your time and enjoy them.

 00.01, 07:23

LISTEN AND PRACTISE

ai	as in eye	m**ai**ze, g**ai**sma, k**ai**miņš	bread, light, neighbour
au	like 'ow'	s**au**le, n**au**da	sun, money
ei	like the 'ey' in pr**ey**	m**ei**ta, v**ei**kals	daughter, shop
ie	like 'ea' in id**ea**	**ie**la, d**ie**na, v**ie**ns	street, day, one
ui	like 'oo' followed by 'ee'	p**ui**sis, m**ui**ta	youth, customs

WATCH THOSE WORD ENDINGS!

When you learn a new word in Latvian you will be given it in its dictionary form, in the singular.

Nouns can be divided into groups called declensions, based on their endings. There are three different types of masculine singular nouns in Latvian: ones that end with an **-s**, an **-is** or, more rarely, **-us**. Although words like **vīrs** (*husband*), **brālis** (*brother*) and **tirgus** (*market*) are all masculine nouns, they will occasionally behave differently, i.e. their endings will change in different ways, not only between singular and plural forms, but also among the various cases. (These will be explained in more detail later on.) Note that nouns such as **kaimiņš** (*neighbour*), which end in a -**š**, behave as if they had an **-s** ending.

There are also three different types of feminine nouns. The most common endings are **-a** and **-e**, with a handful of feminine nouns that end in an **-s**. The words **puķe** (*flower*), **māsa** (*sister*) and **nakts** (*night*) are all feminine nouns. There are only very few feminine nouns that have this last ending **-s**, in fact they could be considered to be exceptions, because far more usually this is a typical masculine noun ending. Try to pay particular attention to these exceptions when you first come across them, so that you can remember them.

VOCABULARY

All new words will always be listed in a vocabulary list, with the gender given (m. – masculine, f. – feminine, also pl. – plural).

Test yourself

1 In amongst the pronunciation word list there were some numbers. Arrange them in the right order. Is it possible to count up to ten? Which number(s) are missing?

🎧 00.02

2 The following are names of places in Latvia. Read and practise pronouncing them. If you can, read them out loud and get your facial muscles used to the new sounds – this will help increase your confidence.

Rīga	Ventspils	Sigulda	Liepāja	Madona
Jelgava	Jēkabpils	Ainaži	Bauska	Tukums
Ogre	Daugavpils	Ape	Rēzekne	Cēsis

3 Masculine or feminine? The following words are all nouns. By looking at the ending on the word, work out which ones are masculine and which ones are feminine.

galds, grāmata, avīze, žurnāls, rīts, vakars, diena, nedēļa, mēnesis, gads, skapis, māja, dzīvoklis, kaimiņš, koks, puķe, zāle, dārzs, ola, veikals, tirgus, ģimene, vīrs, sieva, bērns, dēls, meita, brālis, māsa, automašīna, divritenis, iela, ceļš, pase

automašīna (f.)	*car*
avīze (f.)	*newspaper*
bērns (m.)	*child*
ceļš (m.)	*road*
dārzs (m.)	*garden*
divritenis (m.)	*bicycle*
pase (f.)	*passport*
skapis (m.)	*cupboard*

🎧 00.03

4 Listen to, or read, these Latvian words, then match them to the pictures.

i	galds	**vii**	ķiploks
ii	durvis	**viii**	puķe
iii	ledus	**ix**	māja
iv	grāmata	**x**	ola
v	kuģis	**xi**	koks
vi	krēsls	**xii**	oficiants

5 Listen to, or read, these Latvian words, then match them to the correct English translations in the right-hand column.

i	pilsēta	**a**	*evening*
ii	rēķins	**b**	*clock*
iii	pulkstenis	**c**	*sea*
iv	restorāns	**d**	*winter*
v	upe	**e**	*bill*
vi	uguns	**f**	*water*
vii	ūdens	**g**	*magazine*
viii	jūra	**h**	*town*
ix	vakars	**i**	*man*
x	vīrs	**j**	*fire*
xi	ziema	**k**	*sun*
xii	žurnāls	**l**	*money*
xiii	bagāža	**m**	*bread*
xiv	maize	**n**	*restaurant*
xv	saule	**o**	*baggage*
xvi	nauda	**p**	*river*

6 Odd one out. Read out loud the following groups of words and circle the one which doesn't belong with the others.

a daudz, ēst, dzert, ņemt

b tēvs, māte, pulkstenis, māsa

c čipsi, kuģis, ķiploks, maize

d galds, krēsls, dēls, durvis

e gads, soma, nedēļa, mēnesis

f jūra, ledus, upe, brālis

g tēja, ģimene, ūdens, kafija

h nauda, uguns, gaisma, saule

i žurnāls, grāmata, ola, filma

j rīts, vakars, diena, kaimiņš

k meita, pilsēta, māja, iela

l zāle, puķe, cukurs, koks

m dzīvoklis, īrēt, istaba, ziema

n džungļi, oficiants, rēķins, restorāns

1 Ļoti patīkami
Nice to meet you

In this unit you will learn:
- ▶ *some common greetings and goodbyes*
- ▶ *to say who you are*
- ▶ *how to introduce someone*
- ▶ *about asking questions*
- ▶ *to talk about nationality*

Dialogue 1

David has just arrived in Latvia. His friend and colleague Kārlis has invited him to a party. David sees a woman standing on her own, so he walks up to her and introduces himself.

 01.01

David	Labvakar! Es esmu Deivids.
Ilze	Labvakar! Ļoti patīkami. Es esmu Ilze.
David	Vīnu? Alu?
Ilze	Sulu, lūdzu.
David brings her a glass of juice.	
David	Lūdzu.
Ilze	Paldies.
David	Nav par ko.

labvakar	*good evening*
es esmu	*I am*
ļoti patīkami	*pleased to meet you* (lit. *very pleasant, it's a pleasure*)
vīns (m.)*	*wine*
alus (m.)*	*beer*
sula (f.)*	*juice*
lūdzu	*please*
paldies	*thank you*
nav par ko	*don't mention it*

*See the note about word endings later in the unit.

David	Good evening. I'm David.
Ilze	Good evening. Pleased to meet you (literally: *very pleasant, it's a pleasure*). I am Ilze.
David	Wine? Beer?
Ilze	Juice, please.
David	There you are (literally: *please*).
Ilze	Thank you.
David	Don't mention it.

Language points

GREETING PEOPLE

The word for *good evening*, **labvakar**, is actually made up of two separate words: **labs** (*good*) and **vakars** (*evening*). *Good day* and *good morning* are **labdien** and **labrīt**. There is no Latvian expression for *good afternoon*, although there is a word for *afternoon* – **pēcpusdiena** (literally *after midday*).

Sveiki or **sveicināti** is a slightly less formal kind of greeting, but not as informal as the English *hi*. Often, friends will greet each other with a **čau**, which is similar to the Italian *ciao*!

SAYING 'GOODBYE'

The most common way of saying *goodbye* is **uz redzēšanos**. It literally means *to seeing each other*. **Visu labu** (*all the best*, literally: *everything good*) is also something that is said on departure, as is the more informal or familiar **atā**. The very casual greeting **čau** can be said on leaving as well. **Arlabvakar** is a kind of goodbye which is said in the evening.

Last thing at night you may hear an **arlabunakti** (*good night*).

COURTESY PHRASES

Lūdzu most often means *please*, but it is also used when handing or offering things to people, as a *there you are* or *you're welcome*.

Paldies is simply *thank you*. If you want to thank someone very much, you say **liels paldies** – *a big thank you*.

 01.02

 LET'S PRACTISE!

Say the following words out loud. Repeat them a few times until you feel comfortable saying them. Try to remember the meaning without looking at the explanations above.

Labvakar!	Uz redzēšanos!
Labdien!	Visu labu!
Labrīt!	Arlabunakti!
Sveiki!	lūdzu
Sveicināti!	paldies
Čau!	liels paldies
Ļoti patīkami	nav par ko
Arlabvakar!	

INSIGHT

Word endings tell us about their function

When David was offering a drink to Ilze, he said **vīnu** and **alu**, instead of the way it appeared in the vocabulary list (**vīns** and **alus**). This is because in this situation – where the wine and the beer he was offering was the direct object of the sentence – he now had to use a different ending on the nouns, because they have a particular function in the sentence. We call this a case (the accusative case, in this example). Using different endings on words to express different cases is a typical feature of the Latvian language. We will continue to learn more about cases in the next chapters.

Dialogue 2

At the party Kārlis is spotted by Māra who has met him before, but she isn't sure of his name.

 01.03

Māra	Labvakar. Vai jūs esat Kārlis?
Kārlis	Sveiki. Jā, es esmu Kārlis. Un jūs, lūdzu?
Māra	Es esmu Māra. Mans vārds ir Māra. Šis ir mans vīrs Džons.
Kārlis	Ļoti patīkami.
Kārlis turns to John.	
Kārlis	Vai jūs esat amerikānis?
John	Nē, es neesmu amerikānis. Es esmu anglis. Mana sieva, protams, ir latviete.
Kārlis	Mana sieva Laima arī ir latviete. Mēs abi esam latvieši. Bet mans draugs Deivids ir skots. Tur viņš ir.

jūs esat	*you are (pl. or formal)*
vai	*question word*
jā	*yes*
un	*and*
mans, mana	*my (m., f.)*
vārds	*name*
šis ir	*this (m.) is*

amerikānis (m.)	*an American (masc.)*
es neesmu	*I am not*
anglis (m.)	*an Englishman*
sieva (f.)	*wife*
protams	*of course*
ir	*is*
latviete (f.)	*a Latvian (fem.)*
arī	*also*
mēs esam	*we are*
abi (m. pl.)	*both*
draugs (m.)	*friend*
skots (m.)	*a Scotsman*
tur	*there*
viņš	*he*

TRANSCRIPT

Māra	*Good evening. Are you Kārlis?*
Kārlis	*Hi. Yes, I'm Kārlis. And you, please?*
Māra	*I am Māra. My name is Māra. This is my husband John.*
Kārlis	*Pleased to meet you.*
Kārlis	*Are you [an] American?*
John	*No, I'm not American. I am English (literally: an Englishman), but my wife of course is a Latvian.*
Kārlis	*My wife Laima also is Latvian. We both are Latvians, but my friend David is a Scot. There he is.*

Language points

PERSONAL PRONOUNS

A pronoun is a word that replaces a name or a noun.

es	*I*	mēs	*we*
tu	*you* (sing.)	jūs	*you* (pl. or formal)
viņš	*he*	viņi	*they* (all male or mixed group)
viņa	*she*	viņas	*they* (all female)

TU AND *JŪS*, THE TWO FORMS OF 'YOU'

As in many other languages, there are two words for *you*: the formal and the informal. Which form you use depends on who you are talking to.

The singular and informal **tu** (*you*) is used when addressing a child, a friend or a member of the family.

The plural or polite **jūs** (*you*) is used not only for more than one person, but also when addressing individual strangers or adults who are not close friends.

DOING SOMETHING: USING VERBS OR ACTION WORDS

Sometimes it is said that the 'motor' of a language is its verbs – the words which express an action or the process of doing something. Here is a table for the verb **būt** (*to be*):

es esmu	*I am*	mēs esam	*we are*
tu esi	*you are* (sing.)	jūs esat	*you are* (pl.)
viņš, viņa ir	*he, she is*	viņi, viņas ir	*they* (m., f.) *are*

Did you notice that the *he, she* and *they* pronouns all use the same form of the verb (**ir**)? In this respect Latvian is different to English, where it changes: *he is, they are*. The *he, she* and *they* pronouns are referred to as 'the third person'. You could almost call it the 'not me and not you' form.

NOT DOING SOMETHING – NEGATING THE VERB

To form the negative of the verb, we add **ne-** in front of it. This works for any verb in Latvian. Here it is in action with the verb *to be*:

es neesmu	*I am not*	mēs neesam	*we are not*
tu neesi	*you are not (sing.)*	jūs neesat	*you are not (pl.)*
viņš, viņa, viņi, viņas **nav** *he, she, they (m. / f.) are not*			

There is one exception here (and it is the only such exception in the entire language!): it is the third person form **nav**.

So **varbūt ir**, **varbūt nav** means *maybe it is, maybe it isn't*.

A LITTLE ABOUT LATVIA

Latvia is one of the smaller states of the European Union. In size it is considerably larger than Denmark or the Netherlands, but slightly smaller than Ireland or the Czech Republic. With a total population of about 2.4 million, it is a highly centralized country, because almost 1 million inhabitants live in the capital city, Riga. The second largest city – Daugavpils – lies approximately 230 km to the southeast of Riga, and has a population of about 108,000.

Since Latvia joined the EU in 2004, many tens of thousands have emigrated in search of better-paid employment, mostly to the Republic of Ireland, the United Kingdom or the Channel Islands.

Geographically Latvia is largely flat: the highest mountain – or, more precisely, hill (there isn't even a separate word in the language for mountain) – is the 312 m high Gaiziņš. There are many lakes, especially in the eastern part of the country. The chief river is the Daugava, which rises beyond the border in Belarus and flows into the Gulf of Riga by the capital city.

Dialogue 3

At the party David and Ilze come over and join the group.

 01.04

David	Labvakar! Mani sauc Deivids. Šī ir Ilze.
John	Ļoti patīkami. Es esmu Džons, un šī ir mana sieva Māra.
David	O, Džons. Jūs varbūt esat anglis?
Kārlis	Jā, viņš ir anglis. Jūs abi esat briti.
David	Un Māra ir angliete?
Kārlis	Nē, viņa nav angliete. Viņa ir latviete. Ilze un Māra – viņas abas ir latvietes.

mani sauc	*I'm called*
šī ir	*this (f.) is*
varbūt	*perhaps, maybe*
angliete (f.)	*Englishwoman*
briti (m. pl.)	*British (people)*
abas (f. pl.)	*both*
latvietes (f. pl.)	*Latvians (all female)*

TRANSCRIPT

David	*Good evening. I'm called David. This is Ilze.*
John	*Pleased to meet you. I am John, and this is my wife Mara.*
David	*Oh, John. Perhaps you are English?*
Kārlis	*Yes, he's English. You both are British.*
David	*And Mara is English?*
Kārlis	*No, she's not English. She is Latvian. Ilze and Mara – they both are Latvian.*

 01.05

 LET'S PRACTISE!

es esmu …	mani sauc …	mans vārds ir …	
šis ir Deivids	šis ir mans vīrs	šis ir mans brālis	šis ir mans draugs
šī ir Māra	šī ir mana sieva	šī ir mana māsa	šī ir mana ģimene

Language points

MORE THAN ONE – FORMING THE PLURAL OF NOUNS

You already know about noun endings in the singular, and that there are three different endings for each gender.

Forming the plural of masculine nouns is easy: they all end with an **-i**. More than one *man* (or *husband*) will be **vīri**, more than one *clock* – **pulksteņi** and a number of *beers* will be **ali** (but you don't hear this last one being used very much).

vīr**s**	→	vīr**i**
pulksten**is**	→	pulksteņ**i**
al**us**	→	al**i**

Take special note of masculine **-is** nouns. In the plural form the consonant before the **-i** ending is usually altered.

divrite**n**is	→	divriteņ**i**
mēne**s**is	→	mēne**š**i
brā**l**is	→	brā**ļ**i
latvie**t**is	→	latvie**š**i
ska**p**is	→	skap**j**i

Feminine plurals are also quite simple. For the ones that end in a vowel we just add an **-s** (**puķes, māsas**).

The unusual feminine nouns, those which end in an **-s** in the singular, e.g. **nakts**, have the plural ending **-is** (**naktis**). There aren't many of these exceptions, but they can be words which are quite common, for example another is the word **pils** (*castle*). It often appears in Latvian place names, e.g. Ventspils, Jēkabpils, Daugavpils and the formal office of the president of Latvia is in **Rīgas pils** (*the castle of Riga*).

Compare:

puķ**e**	→	puķ**es**
mās**a**	→	mās**as**
nakt**s**, pil**s**	→	nakt**is**, pil**is**

NOUNS THAT EXIST ONLY IN THE PLURAL

Certain nouns exist in the plural form only. In English, for example, you don't talk about *a trouser* or *a scissor* – it's *trousers* and *scissors*. There are quite a few of these 'plural-only' nouns in Latvian too. One you have already met is the feminine plural noun **durvis** (as if you were talking about a pair of doors – in fact, you can still see a lot of these rather old fashioned double doors on unmodernized buildings in Rīga, Ventspils and elsewhere in Latvia). The Latvian word for *trousers* is **bikses**, also a plural word, as is **brilles** (*glasses* or *spectacles*). By looking at the ending we can guess that it is a feminine word, like **puķes**. Another plural noun is the word for *news* – **ziņas** (like **māsas**).

Occasionally a noun in the plural may take on a different meaning. **Māja** means *house*, but in its plural form **mājas** it has two possible meanings: it can be more than one house, or it may mean *home*. The meaning will be obvious from the context.

Mealtimes – **brokastis** (*breakfast*), **pusdienas** (*lunch*) and **vakariņas** (*evening meal*) – are all feminine plural nouns.

Another feminine plural noun was mentioned in the Introduction. It was the word for *wedding* – **kāzas**.

pēcpusdiena (f.)	*afternoon*
nakts (f.)	*night*
pils (f.)	*castle*
bikses (f. pl.)	*trousers*
brilles (f. pl.)	*glasses, spectacles*
māja (f.)	*house*
ziņas (f.)	*news*
mājas (f. pl.)	*houses, home*
brokastis (f. pl.)	*breakfast*
pusdienas (f. pl.)	*lunch*
vakariņas (f. pl.)	*dinner*

 01.06

ASKING QUESTIONS

As in English, you can generally ask questions by raising the pitch of your voice:

Un jūs?   And **you**?

More frequently, questions begin with question words:

Kas tas ir?   *What is that?*

Kas jūs esat?   *Who (or what) are you?*

Simple statements can be turned into questions by putting the question word **vai** at the beginning:

Jūs esat Džons.   *You are John.*

Vai jūs esat Džons? *Are you John?*

This only works for questions which can be answered with a *yes* or a *no*. For example, if you wanted to check whether John is English, you would say:

Vai Džons ir anglis?   *Is John an Englishman?*

On the other hand, the following question could be answered in many ways:

Kas Džons ir?   *Who (what) is John?*

Džons ir anglis.   *John is an Englishman.*

Džons ir brits.   *John is British.*

Džons ir vīrs.   *John is a man* (or *husband*).

Džons ir ārsts.   *John is a doctor.*

NATIONALITIES

Normally for nationality there is a male version and a female version, as well as their plural forms. When talking about a mixed group of people, or when we don't know what gender they are, we use the masculine plural form.

	Male	**Female**	**Collectively**
a Latvian	latvietis	latviete	latvieši
an English person	anglis	angliete	angļi
an American	amerikānis	amerikāniete	amerikāņi
a Canadian	kanādietis	kanādiete	kanādieši
an Irish person	īrs	īriete	īri
a Scots person	skots	skotiete	skoti
a Welsh person	velsietis	velsiete	velsieši
a British person	brits	–	briti
an Australian	austrālietis	austrāliete	austrālieši

Test yourself

1 What form of greeting would you use at the following times of day:

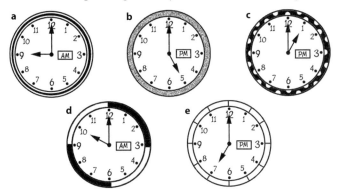

2 What would you say to a Latvian when you were leaving? What would you say late or last thing at night?

3 Here is a list of people's names. In Latvian even foreign names are written phonetically (or 'Latvianized') and are given masculine and feminine endings.

Some of the following are English names which have been 'Latvianized'. Listen to the recording or read the names out loud, and add the relevant Latvian pronoun according to whether the name is masculine or feminine, for example:

Fiona   →   Viņa ir Fiona.
Deivids   →   Viņš ir Deivids.

a Laima   **g** Pēteris
b Māra   **h** Harijs
c Naidžels   **i** Zane
d Kārlis   **j** Džons
e Millija   **k** Ilze
f Čārlzs   **l** Gundega

4 Use the correct question word (**Vai …?** or **Kas …?**) at the beginning of each of the following questions:

a *Are you Kārlis?*   = _____ jūs esat Kārlis?
b *What is that?*   = _____ tas ir?
c *Are you Latvian?*   = _____ jus esat latvieši?
d *Is she Māra?*   = _____ viņa ir Māra?
e *Is that Ilze?*   = _____ tā ir Ilze?
f *Who is he?*   = _____ viņš ir?
g *Is he [the / a] doctor?* = _____ viņš ir ārsts?

5 Masculine or feminine? We have seen that some words that end in **-is** are masculine (singular), others are feminine (plural). See if you can remember which is which from the following list: teātris, divritenis, naktis, brokastis, durvis, pulkstenis, dzīvoklis, pils.

6 What is the plural form of these nouns?

grāmata, avīze, žurnāls, diena, nedēļa, mēnesis, gads, māja, kaimiņš, koks, puķe, zāle, ģimene, bērns, dēls, meita, brālis, māsa, skapis, mašīna, iela, pilsēta, skots, brits, anglis, latvietis, latviete, puisis, draugs.

7 Rearrange these mixed up sentences so that they make sense.
   a Deivids esmu es.
   b Sauc mani Kārlis.
   c Mans Ilze vārds ir.
   d Šis mans ir vīrs.
   e Ir sieva šī mana.

 01.10

8 You may find yourself in the following situations when in Latvia. Answer the following questions.
   a You have just walked into a hotel dining room to have breakfast. How would you greet your fellow diners?
   b You have just been introduced to a Latvian. Tell the person that you are pleased to meet them.
   c What would you ask someone to find out whether they are Latvian?
   d Somebody has just done you a big favour. How do you express your thanks?
   e You give the money for your purchase to the shop assistant. She says thank you. How do you respond?
   f How would you tell someone that you are not Latvian?

9 Write the Latvian for the following:
   a I am
   b you (formal) are
   c he is
   d she is
   e we are
   f we aren't
   g they (m.) are
   h they (f.) are

Vai jūs runājat latviski?
Do you speak Latvian?

In this unit you will learn:
- ▶ *more about introducing people to each other*
- ▶ *to say which languages you speak*
- ▶ *to say where you live and work*
- ▶ *to exchange personal information*

Dialogue 1

Fiona is out with her children when she bumps into her new friend Zane, who is together with her colleague Kārlis.

 02.01

Zane	Sveika, Fiona! Šis ir mans kolēģis. Vai jūs esat pazīstami?
Fiona	Nē, mēs neesam pazīstami. Es esmu Fiona Brauna.
Kārlis	Ā, jūs esat Deivida sieva. Ļoti patīkami. Mani sauc Kārlis Ozoliņš. Vai tie ir jūsu bērni?
Fiona	Jā, šie ir mani bērni. Tas ir Harijs un tā ir Millija.
Kārlis	Vai viņi runā latviski?
Fiona	Diemžēl bērni nerunā latviski. Viņi runā tikai angliski. Bet viņi saprot diezgan daudz.
Kārlis	Un jūs? Vai jūs runājat latviski?
Fiona	Jā, es mazliet runāju latviski.
Kārlis	Es runāju latviski, angliski, krieviski un vāciski.
Fiona	Jūs esat ļoti gudrs!

kolēģis (m.)	*colleague*
pazīstami	*acquainted*
tie	*those, (also they)*
jūsu	*your, yours*
šie	*these, (also they)*
mani	*my*
tas, tā	*that (m., f.)*
viņi runā (runāt)	*they speak*
latviski	*Latvian (language)*
diemžēl	*unfortunately*
tikai	*only*
viņi saprot (saprast)	*they understand*

diezgan	*rather, quite*
jūs runājat (runāt)	*you speak*
mazliet	*a little bit*
es runāju (runāt)	*I speak*
angliski	*English (language)*
krieviski	*Russian (language)*
vāciski	*German (language)*
gudrs	*clever*

TRANSCRIPT

Zane	*Hi Fiona. This is my colleague. Do you know each other? (Literally: Are you acquainted?).*
Fiona	*No, we don't know each other. I am Fiona Brown.*
Kārlis	*Oh, you're David's wife. Pleased to meet you. I'm called Karlis Ozoliņš. Are those your children?*
Fiona	*Yes, these are my children. That's Harry and that's Milly.*
Kārlis	*Do they speak English?*
Fiona	*Unfortunately, the children don't speak Latvian. They speak only English. But they understand quite a lot.*
Kārlis	*And you? Do you speak Latvian?*
Fiona	*Yes, I speak a little bit of Latvian.*
Kārlis	*I speak Latvian, English, Russian and German.*
Fiona	*You're very clever!*

Language points

ŠIS UN TAS 'THIS AND THAT' – DEMONSTRATIVE PRONOUNS

When you are talking about *this* or *that*, or *these* or *those*, you are using demonstrative pronouns. In Latvian these pronouns have masculine and feminine forms.

For masculine people and things you use **šis** and **tas**. When talking about feminine people or things you say **šī** and **tā**:

Šis ir mans dēls **Harijs**.	*This is my son Harry.*
Šī ir mana meita **Millija**.	*This is my daughter Milly.*
Vai **tas** ir jūsu **vīrs**?	*Is that your husband?*
Vai **tā** ir jūsu **sieva**?	*Is that your wife?*

Šis ir **krēsls**. **Tas** ir **galds**.	*This is a chair. That is a table.*
Šī ir **biļete**. **Tā** ir **pase**.	*This is a ticket. That is a passport.*

The corresponding plural forms are **šie** and **tie** (m.) and **šīs** and **tās** (f.):

Vai **tie** ir jūsu **bērni**?	*Are they [those] your children?*
Šie ir mani **bērni**.	*These are my children.*
Šīs ir mūsu **meitas**.	*These are our daughters.*
Tās ir manas **draudzenes**.	*Those are my [female] friends.*

INSIGHT

Latvian and Latvian

There are different ways of saying *Latvian*. A Latvian person is a **latvietis** (male) or a **latviete** (female). The Latvian people are **latvieši**. The Latvian language is **latviešu valoda** (literally, *language of the Latvians*).

When someone speaks Latvian, however, they are speaking in the Latvian manner: **latviski**.

That is why **latvieši runā latviski**, and **angļi runā angliski** (*Latvians speak Latvian, English people speak English*).

Dialogue 2

Another friend, Māra, introduces Fiona to her friend Pēteris.

 02.02

Māra	Fiona, šis ir Pēteris. Pēteri, šī ir Fiona Brauna.
Pēteris	Labdien, Fiona. Ļoti patīkami. Vai jūs strādājat kopā?
Fiona	Nē, mēs neesam kolēģes. Mēs esam draudzenes.
Pēteris	Vai jūs dzīvojat Rīgā?
Fiona	Jā. Es esmu angliete, bet pašreiz mēs dzīvojam Latvijā.
Pēteris	Ak tā. Kur jūs strādājat?
Fiona	Es nestrādāju. Es vēl studēju.
Pēteris	Kur jūs studējat?
Fiona	Londonas Universitātē.
Pēteris	Tātad jūs dzīvojat Latvijā un studējat Anglijā?
Fiona	Jā, tieši tā.
Pēteris	Bet kāpēc tad jūs dzīvojat Rīgā?
Fiona	Tāpēc, ka mans vīrs Deivids strādā Latvijas Bankā.

jūs strādājat (strādāt)	*you work*
kopā	*together*
kolēģe (f.)	*colleague*
draudzene (f.)	*friend*
jūs dzīvojat (dzīvot)	*you live*
pašreiz	*at the moment, currently*
vēl	*still, also more*
es studēju (studēt)	*I study*
Londonas Universitātē	*at the University of London*

tātad	*therefore, hence*
tieši tā	*exactly so*
kāpēc	*why*
tāpēc ka	*because*
Latvijas Bankā	*at the Bank of Latvia*

TRANSCRIPT

Māra	*Fiona, this is Pēteris. Pēteri, this is Fiona Brown.*
Pēteris	*Good day, Fiona. Pleased to meet you. Do you work together?*
Fiona	*No, we're not colleagues. We're friends.*
Pēteris	*Do you live in Riga?*
Fiona	*Yes. I'm English, but currently we are living in Latvia.*
Pēteris	*I see. Where do you work?*
Fiona	*I don't work, I'm still studying.*
Pēteris	*Where are you studying?*
Fiona	*At the University of London.*
Pēteris	*So you're living in Latvia and studying in England?*
Fiona	*Yes, exactly (literally: just so).*
Pēteris	*But then why are you living in Riga?*
Fiona	*Because my husband David is working at the Bank of Latvia.*

Language points

VERBS

Someone once said that 'the richness of the Latvian language is in the verbs'. There are many of them and it is worth spending a bit of time learning them by rote.

'Regular' verbs behave in a constant and predictable way. 'Irregular' verbs don't conform to expected patterns. (In Unit 1 we learnt the irregular verb **būt**.)

For convenience, we have arranged the 'regular' verbs into three groups or 'families'. Verbs which are in the same family all behave in the same way and follow a set pattern. If you know how one verb of a particular family works, then you can figure out how all the other verbs in the same family will behave.

This way of classifying verbs is not what you would see in a formal Latvian grammar book: we are using it here as a learning tool, to make it easier to learn how the different verbs work.

The first verb family we will call the **runāt** family:

runāt (*to speak*)

es runā-**ju**	*I speak*	mēs runā-**jam**	*we speak*
tu runā	*you speak*	jūs runā-**jat**	*you (pl.) speak*
viņš, viņa, viņi, viņas runā		*he, she, they (m.), they (f.) speak*	

The section of the verb before the dash is called the *stem* of the verb, and the bits after, in bold, are the *endings*. These variations in verb endings are called conjugations. The stem was obtained by dropping the last letter – the **t** – from the infinitive (or the *to …* form of the verb). In the vocabulary boxes the infinitive will be given in brackets.

Dzīvot (*to live*) and **strādāt** (*to work*) are two verbs which follow the same pattern: if the first person singular is **es** runā-**ju**, then for the other two verbs it is **es** dzīvo-**ju** and **es** strādā-**ju**, and so on.

Many verbs belong to this family. Some others are: **studēt** (*to study*), **īrēt** (*to rent*), **ceļot** (*to travel*), **domāt** (*to think*), **atkārtot** (*to repeat*), **spēlēt** (*to play*), **lidot** (*to fly*), **tulkot** (*to translate*), **jautāt** (*to enquire*), and **lietot** (*to use*). What is the stem for these?

 02.03

 LET'S PRACTISE!

es dzīvoju	Kur jūs dzīvojat?
es runāju	Kur jūs strādājat?
mēs dzīvojam	Vai jūs runājat angliski?
mēs runājam	Es nerunāju latviski.
es strādāju	
mēs strādājam	

OF SHIPS AND SHARKS

Latvia's coastal border extends 531 kilometres from the north by Estonia, down to Lithuania in the south. This extensive seaboard has been both a blessing and a curse. It has opened up possibilities for the earliest Latvian tribes to travel, yet at the same time it has made Latvia the target for foreign invaders seeking their 'window to the West'. The ancient Courlander tribes were not to be taken lightly, however. There is a church in Denmark with an inscription in runic writing: 'God protect us from the fearsome Courlanders.' Later on, intrepid inhabitants of the Duchy of Courland travelled as far abroad as Tobago and Western Gambia, setting up colonies in both countries.

The inland sea of the Baltic can be a treacherous stretch of water. Apparently, the composer Richard Wagner wrote the tempestuous overture to his opera The Flying Dutchman after a stormy voyage across the Baltic Sea. He did work for a time in Riga, where today there is a street and a chamber hall named after him.

A famous Englishman who experienced the foibles of the Baltic Sea (and the people that live around it) was Arthur Ransome, author of the *Swallows and Amazons* books for children. Having picked up his Latvian-built boat *Racundra* in Riga, he sailed around the Baltic and then went on to tell the tale of his adventures in his book *Racundra's First Cruise*.

Ransome's journey was later repeated, in the same boat but this time under a different name *Annette II*, by the mariner K. Adlard Coles. His book *Close-Hauled* is a seafaring classic. The actual identity of the yacht was not disclosed for some 30 years, because Ransome had sold her to Coles for a bargain sum of 200 guineas on the condition that Coles would not mention her original name in his book.

Coles' yarn is a light-hearted story, despite the hardships of sea and weather that he and his wife endured. He also provides an amusing account of the steamship journey to Latvia and a fascinating description of Riga at the time. The exchange rate then was somewhat different to now: one English pound was worth 25 lats. In addition there were two currencies in circulation – roubles as well as lats – which called from some quick thinking when conducting financial transactions with the locals.

Dialogue 3

On her way to work in the morning Māra meets Fiona in the street.

 02.04

Māra	Labrīt, Fiona. Kā iet?
Fiona	Paldies, labi.
Māra	Kur Deivids? Darbā, birojā? Varbūt viņš pašreiz ceļo?
Fiona	Nē, Deivids ir mājās. Šodien viņš strādā mājās.
Māra	Skaidrs. Un kur ir bērni? Skolā Anglijā?
Fiona	Nē, bērni nav skolā, viņi ir tepat Latvijā, brīvdienās. Pašreiz viņi ir jūrmalā kopā ar auklīti.
Māra	Brīnišķīgi! Šodien ir saulains laiks.
Fiona	Jā, šodien ir skaista diena.

kā iet?	*how are you?*
labi	*well*
darbā (m.)	*at work*
viņš ceļo (ceļot)	*he travels, he is travelling*
mājās (f. pl.)	*at home*
skaidrs	*clear (here: understood)*
skolā (f.)	*at school*
tepat	*right here*
brīvdienās (f. pl.)	*on holiday*
jūrmalā (f.)	*at the seaside*
ar	*with*
auklīte (f.)	*nanny*
brīnišķīgi	*wonderful*
šodien	*today*
saulains	*sunny*
skaista	*beautiful*

TRANSCRIPT

Māra	*Good morning, Fiona. How are you?*
Fiona	*Well, thank you.*
Māra	*Where's David? At work, in the office? Perhaps he's travelling at the moment?*
Fiona	*No, David is at home. Today he's working at home.*
Māra	*Right, I see (literally: clear). And where are the children? At school in England?*
Fiona	*No, the children aren't at school, they are right here in Latvia, on holiday. At the moment they are at the seaside together with (their) nanny.*
Māra	*Wonderful! It's sunny weather today.*
Fiona	*Yes, it's a beautiful day today.*

Language points

CASES

In many languages, to alter the function of a noun in a sentence you change its ending. This is what is known as a case. Formally there are seven cases in Latvian, but initially we will concentrate on five: the nominative, locative, accusative, dative and genitive.

▶ The nominative is the standard form of the noun. In the dictionary, nouns always appear in the nominative case. In a sentence it is the subject or the main 'doer' of an action, the 'who?' or 'what?' is doing something.

▶ The locative expresses location: 'where?'. For example: **Anglijā** (*in England*), **darbā** (*at work*). Often the locative is used to express 'when?', (that is, the 'where' in time). For example, **oktobris** is *October* but **oktobrī** means *in October*, similarly **ziemā** means *in winter* and **vakarā** is *in the evening*.

▶ The accusative is the direct object (or target) of the subject's action. It is the thing or person having something done to it. For example, in the sentence **viņš dzer sulu** (*he + is drinking + juice*), the *he* is the subject which is carrying out an action (*drinking*) on the *juice*. Therefore the *juice* is the direct object. We make that clear by putting it into the accusative case – **sulu**.

▶ The dative is used for the indirect object of the sentence, answering the question 'to whom?' or 'for whom?'. We can see how it works in the sentence **viņš dod sulu draugam** (*he + gives + juice + to his friend*), where the *juice* is the direct object and the *friend* is the indirect object, a kind of final recipient, on the receiving end of things.

▶ The genitive expresses possession, 'whose' (sometimes also 'of whom' or 'of what'). It often coincides with words that in English have an apostrophe. For example, *Fiona's children* will be **Fionas bērni**, and *David's colleague* will be **Deivida kolēģis**.

▶ The other two cases are the vocative case and the instrumental case. The vocative is used when addressing a person directly. It works only with singular nouns, and is formed by dropping the ending of the nominative. This is probably more obvious with masculine names, for example **Deivids**, when directly addressed will be **Deivid!**, likewise **Pēteris** will be **Pēteri!**

▶ The instrumental is basically the accusative case plus the preposition **ar**, meaning *with*.

KUR? 'WHERE?' – THE LOCATIVE CASE

Nouns in the locative case answer the question **kur**? (*where?*), so you don't need to use the prepositions *in* and, sometimes, *at* or *on*. For example, if someone is in or at the bank (**banka**), you use the word for *bank* with a locative case ending: **bankā**.

See how the endings change for each of the six types of nouns:

Masculine			Feminine		
dar**s**	→	darb**ā**	jūrmal**a**	→	jūrmal**ā**
teātr**is**	→	teātr**ī**	up**e**	→	up**ē**
tirg**us**	→	tirg**ū**	pil**s**	→	pil**ī**

Note that singular nouns in the locative case always end with a long vowel.

These same endings are also used for proper names and place names of towns and countries. For example, if *London* is **Londona**, then *in London* will be **Londonā**, in England will be **Anglijā** and *in Great Britain* will be **Lielbritānijā**.

For masculine nouns in the plural there is only one locative ending -**os**:

veikal**i** → veikal**os**   teātr**i** → teātr**os**   tirg**i** → tirg**os**

For feminine nouns in the plural, you add -**s** to the singular locative ending (we already saw in the dialogue that **mājās** means *at home*):

brīvdien**as** → brīvdien**ās**   up**es** → up**ēs**   pil**is** → pil**īs**

Remember that the locative is also used to express where in time, effectively answering the question **kad?** (*when?*), as in **oktobrī**, **ziemā** or **vakarā**.

 02.05

 LET'S PRACTISE!

Mēs esam Latvijā.
Vai jūs dzīvojat Rīgā?
Mēs dzīvojam Anglijā.
Mans vīrs ir darbā.
Viņš strādā bankā.
Mana sieva ir brīvdienās.
Bērni ir skolā.
Viņi studē universitātē.

EIROPAS KARTE *A MAP OF EUROPE*

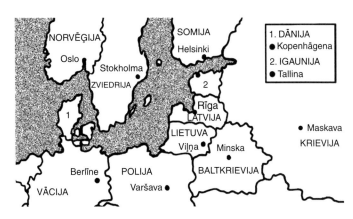

INSIGHT

A little about place names

In Latvian, some place names which normally appear as two words in English are run together into one word. Even the word for *capital city* is **galvaspilsēta**, made up of two words: **galva** (*head*) and **pilsēta** (*town*).

Great Britain, for example, is known as **Lielbritānija**. Here are some more examples:

Ziemeļīrija	*Northern Ireland*
Dienvidāfrika	*South Africa*
Dienvidamerika	*South America*
Ziemeļamerika	*North America*
Vidusāzija	*Central Asia*
Vidusjūra	*Mediterranean Sea*

The *United States of America* remains as three words: **Amerikas Savienotās Valstis** (or **ASV** for short).

Test yourself

1 Looking at the map above, say which countries the following capital cities are in. You'll need to use the locative case.

  a Helsinki ir galvaspilsēta …

  b Viļņa ir …

  c Tallina ir …

  d Londona ir …

  e Stokholma ir …

  f Minska ir …

2 Reply to these questions in Latvian. We've done the first one for you.

  a Vai Rīga ir Somijā? Nē, Rīga nav Somijā. Rīga ir Latvijā.

  b Vai Maskava ir Vācijā?

  c Vai Oslo ir Polijā?

  d Vai Berlīne ir Krievijā?

  e Vai Varšava ir Latvijā?

  f Vai Kopenhāgena ir Anglijā?

02.06

3 The following are all places or locations for things. Read the words out loud and / or listen to them on the recording. Then read them out loud once more, but this time put the words into the locative case. For example **viesnīca** (*hotel*) will become **viesnīcā** (*in the hotel*).

  a viesnīca   *hotel*

  b parks   *park*

  c vēstniecība   *embassy*

  d ledusskapis   *refrigerator*

  e birojs   *office*

  f mežs   *forest*

  g aptieka   *pharmacy*

  h baseins   *swimming pool*

  i kafejnīca   *café*

  j garāža   *garage*

  k stadions   *stadium*

  l bārs   *bar*

  m krogs   *pub*

  n gulta   *bed*

4 Can you put the correct ending on the word in the brackets? Remember to use the locative.

- **a** Nauda ir (banka).
- **b** (Upe) ir kuģis.
- **c** Vai (kafejnīca) ir tēja?
- **d** (Dārzs) ir puķes un zāle.
- **e** Pase un biļetes ir (soma).
- **f** (Ledusskapis) ir tikai vīns un alus.
- **g** Vai valsts prezidents dzīvo (pils)?
- **h** Mēs esam (krogs).
- **i** (Ģimene) ir astoņi bērni.
- **j** Mana sieva strādā (aptieka).
- **k** (Ziema) (jūra) ir ledus.

5 a Say the following phrases in Latvian, adding the correct form of **šis** / **šī** or **tas** / **tā** to words you already know:

- **i** this ticket
- **ii** that tea
- **iii** that house
- **iv** this coffee
- **v** this chair
- **vi** that water
- **vii** that restaurant
- **viii** this bread
- **ix** this apartment

b Now try the plurals **šie** / **šīs** or **tie** / **tās**:

- **i** these children
- **ii** those shops
- **iii** those eggs
- **iv** those flowers
- **v** these bags
- **vi** these photographs

6 How would you tell a Latvian speaker the following?

- **a** I am in the hotel.
- **b** The hotel is not at the seaside.
- **c** The hotel is in Riga.
- **d** Your wife is at (in) the shop.
- **e** She speaks a little Latvian.
- **f** You (sing.) live in Latvia, but the family lives in England.
- **g** Your husband is at work.
- **h** He doesn't speak Latvian.
- **i** The children are on holiday.
- **j** You (pl.) don't live in Riga, you (pl.) are travelling.

7 Fill in the following verb table with the correct forms.

es	runāju					
tu		dzīvo				
vinš, viņa				ceļo		
mēs			strādājam			
jūs					domājat	
viņi, viņas						studē

3 Iepazīsimies!
Let's get acquainted

In this unit you will learn:
▶ *how to catch someone's attention or open a conversation*
▶ *to ask for someone's name, address and telephone number*
▶ *to spell something in Latvian*
▶ *to express incomprehension and ask for clarification*
▶ *numbers 1–20*
▶ *to describe things*

Dialogue 1

David and Fiona have just arrived in Latvia and will live in a hotel until they move into their flat. They check in to the hotel.

 03.01

Reģistratore	Sakiet, lūdzu, kāds ir jūsu vārds?
David	Piedodiet, es nesaprotu. Lūdzu, atkārtojiet.
Reģistratore	Kāds ir jūsu vārds? Kā jūs sauc?
David	Ak tā, mans vārds. David.
Reģistratore	Kā to raksta?
David	Dē – ā – vē – ī – dē.
Reģistratore	Paldies, un jūsu sievas vārds?
David	Fiona. Ef – ī – o – en – ā.
Reģistratore	Paldies. Un kāds ir jūsu uzvārds?
David	Brown. Bē – er – o – dubultvē – en.
Reģistratore	Ā, jūs esat amerikānis?
David	Nē, es esmu skots.
Reģistratore	No Skotijas?
David	Nē, faktiski mēs parasti dzīvojam Anglijā, Londonā.
Reģistratore	O, jūs dzīvojat Anglijā. Londona ir liela pilsēta. Kāda ir jūsu adrese?
David	Šeit Latvijā? Kalēju iela 5, dzīvoklis 4.
Reģistratore	Kāds ir jūsu telefona numurs?
David	Mans telefona numurs ir 2976 8731.
Reģistratore	Jūsu pasi, lūdzu.
David	Lūdzu. Pase ir ļoti veca.
Reģistratore	Mjā, fotogrāfija arī … Nu, labi. Te ir pildspalva. Parakstiet šeit, lūdzu!

V	**sakiet (sacīt)**	*say (imp.)*
	kāds	*what*
	vārds	*name*
	Kā jūs sauc? (saukt)	*What's your name? (Lit.: How are you called?)*
	Kā to raksta? (rakstīt)	*How is that written?*
	uzvārds (m.)	*surname*
	Skotija (f.)	*Scotland*
	faktiski	*in fact*
	parasti	*usually*
	liels, liela	*large (m., f.)*
	adrese (f.)	*address*
	šeit	*here*
	telefona numurs (m.)	*telephone number*
	vecs, veca	*old (m., f.)*
	arī	*also*
	nu labi	*OK*
	te	*here*
	pildspalva (f.)	*pen*
	parakstiet (parakstīt)	*sign (imp.)*

TRANSCRIPT

Receptionist	*Tell me, please, what is your name?*
David	*Sorry, I don't understand. Please repeat.*
Receptionist	*What's your name? What are you called?*
David	*Oh, my name. David.*
Receptionist	*How is it spelt? (Literally: how does one write it?).*
David	*D – a – v – i – d.*
Receptionist	*Thank you, and your wife's name?*
David	*Fiona. F – i – o – n – a.*
Receptionist	*Thank you. And your surname?*
David	*Brown. B – r – o – w – n.*
Receptionist	*Ah, you're American?*
David	*No, I'm a Scot.*
Receptionist	*From Scotland?*
David	*No, actually we usually live in England, in London.*
Receptionist	*Oh, you live in England. London is a big city. What is your address?*
David	*Here in Latvia? Kalēju iela 5, flat 4.*
Receptionist	*What is your telephone number?*
David	*My telephone number is 2976 8731.*
Receptionist	*Where's your passport?*
David	*Here you are. The passport is very old.*
Receptionist	*Mmm, yes. The photo too … OK. Here is a pen. Please sign here.*

Language points

SAYING THE ENGLISH ALPHABET THE LATVIAN WAY

Although the letters *q*, *w*, *x* and *y* don't feature in the Latvian language, there are expressions for them in the phonetic alphabet.

 03.02

Listen and repeat

ā, bē, cē, dē, ē, ef, gā, hā, ī, jē, kā, el, em, en, o, pē, kū, er, es, tē, ū, vē, dubultvē, iks, igrek, zet

>
>
> **Opening a conversation**
>
> When Latvians wish to open up a conversation or to catch someone's attention, instead of saying 'excuse me' they are more likely to say: **Sakiet, lūdzu!** This literally means *say!* or *tell (me)!* The verb form used is the imperative mood. Although the imperative is often used to tell or ask someone to do something, and can be used for commands and instructions, here it functions as a polite request for some sort of response. The imperative was used when the receptionist asked David to sign the documents: **Parakstiet šeit, lūdzu!**

 03.03

NUMBERS 1–20

First read and listen to the numbers, then see if you can count up to ten without looking.

1 viens	5 pieci	9 deviņi
2 divi	6 seši	10 desmit
3 trīs	7 septiņi	
4 četri	8 astoņi	

Now practise counting from 10 to 20. The suffix -**padsmit** is like the English -*teen*, so in a way 11 becomes 'one-teen', 12 – 'two-teen', and so on. That is why teenagers are called **padsmitnieki** (although collectively young people will usually be referred to as **jaunieši** (*youngsters*)).

11 vienpadsmit	15 piecpadsmit	19 deviņpadsmit
12 divpadsmit	16 sešpadsmit	20 divdesmit
13 trīspadsmit	17 septiņpadsmit	
14 četrpadsmit	18 astoņpadsmit	

The word for *zero* or *nought* is **nulle**.

Numbers have to match the noun in both gender and case. If the noun is masculine, then the number must be masculine as in **viens gads**, **divi gadi** (*one year*, *two years*). Likewise, feminine nouns have feminine numbers: **viena diena**, **divas dienas** (*one day*, *two days*).

The number three (**trīs**) is an exception. It may change, but doesn't have to. At this stage it's simpler to leave it as it is.

The numbers ending with a **-t** (the teens and the tens) don't change either, except when telling the time. We'll find out more about that later.

Dialogue 2

Having completed formalities, the receptionist hands over the keys to David.

 03.04

Reģistratore	Te ir jūsu atslēgas. Jūsu istaba ir trešajā stāvā.
David	Kur, lūdzu? Atvainojiet, es nesaprotu. Lūdzu, lēnāk.
Reģistratore	Tre-ša-jā stā-vā. Numurs trīs nulle deviņi.
David	Trīs nulle deviņi. Paldies. Kur ir lifts, lūdzu?
Reģistratore	Tur, gaiteņa galā. Kur ir jūsu bagāža? Vai tā ir jūsu soma?
David	Nē, tā nav mūsu soma. Mūsu bagāža ir tepat ārā, mašīnā.
Reģistratore	Mašīnu jūs varat atstāt garāžā, ja gribat.
David	Paldies.

atslēga (f.)	*key*
trešajā stāvā (m.)	*on the third floor*
numurs (m.)	*number*, also used for *hotel room*
lifts (m.)	*lift*
tur	*there*
gaitenis (m.)	*corridor*
gals (m.)	*end*
atstāt	*to leave*
ārā	*outside*
ja	*if*

TRANSCRIPT

Receptionist	*Here are your keys. Your room is on the third floor.*
David	*Where, please? Excuse me, I don't understand. More slowly, please.*
Receptionist	*Thi-rd flo-or. Number three zero nine.*
David	*Three zero nine. Thank you. Where's the lift?*
Receptionist	*There, at the end of the corridor. Where is your luggage? Is that your bag?*
David	*No, that's not our bag. Our luggage is right here outside, in the car.*
Receptionist	*You may leave the car in the garage, if you wish.*
David	*Thank you.*

> **INSIGHT**
>
> **Apologies and clarification**
> If you want to apologize, you say **piedodiet** (*sorry*) or **atvainojiet** (*excuse me*). **Es nesaprotu** means *I don't understand*. You may want to ask someone to repeat something: **lūdzu, atkārtojiet**, or to go more slowly: **lūdzu, lēnāk** (something which may come in handy in a taxi as well, because Latvian driving is notoriously fast, and some drivers in Riga seem to think that they are competing in Formula 1). If you simply wish to find out what something means, you may ask **Ko tas nozīmē?**

 03.05

 LET'S PRACTISE!

Piedodiet!	Es nesaprotu.
Atvainojiet!	Lūdzu atkārtojiet!
Lūdzu lēnāk!	Ko tas nozīmē?

Language points

VARĒT 'TO BE ABLE' AND OTHER VERBS

The second large group of verbs we will call the **varēt** (*to be able*) family. They work (or are conjugated) differently to the **runāt** family of verbs. Here we obtain the stem by dropping the **-ēt** ending from the infinitive.

es var-**u**	mēs var-**am**
tu var-**i**	jūs var-**at**
viņš, viņa, viņi, viņas var	

The verbs **gribēt** (*to want*) and **drīkstēt** (*to be allowed*) are also in this verb family. Here they are, written out in full. Note how the pattern works.

es	grib**u**	drīkst**u**
tu	grib**i**	drīkst**i**
viņš, viņa, viņi, viņas	grib	drīkst
mēs	grib**am**	drīkst**am**
jūs	grib**at**	drīkst**at**

MANS VAI TAVS? 'MINE OR YOURS?' – POSSESSIVE PRONOUNS

Possessive pronouns express possession or ownership: *mine*, *yours*, *his* and so on. This is the type of pronoun you are using also when you say *my name* or *your family*. Instead of *John's friend*, you can say *his friend*. These are the possessive pronouns:

es	(*I*)	→	mans / mana	(*my*, also *mine, m. / f.*)
tu	(*you*)	→	tavs / tava	(*your*, also *yours, m. / f.*)
viņš	(*he*)	→	viņa	(*his*)
viņa	(*she*)	→	viņas	(*her, hers*)
mēs	(*we*)	→	mūsu	(*our*, also *ours*)
jūs	(*you*)	→	jūsu	(*your*, also *yours*)
viņi	(*they*)	→	viņu	(*their*, also *theirs*)
viņas	(*they*)	→	viņu	(*their*, also *theirs*)

When together with a noun, the possessive pronouns **mans** / **mana** and **tavs** / **tava** (or first and second person singular) follow whatever the noun is doing: not only whether it is masculine or feminine, but also singular or plural, and also which case it is in. We therefore can say that these possessive pronouns are always *in agreement* with the noun in gender, number and case.

man**s** vārd**s**	*my name*	man**i** dokument**i**	*my documents*
man**a** som**a**	*my bag*	man**as** atslēg**as**	*my keys*

This may not always be obvious.

man**s** al**us**	*my beer*	man**s** pulksten**is**	*my watch*
man**a** adres**e**	*my address*	man**as** biks**es**	*my trousers*

Hence **mans** and **tavs** change together with the noun, but they are the only ones to do so. This does not apply to the other possessive pronouns – **mūsu**, **jūsu**, **viņa**, **viņas** and **viņu** – which resolutely ignore the noun and stay as they are.

Compare the following:

man**a** bagāž**a**	*my luggage*	but: **mūsu** bagāža	*our luggage*
man**s** vārd**s**	*my name*	**jūsu** vārds	*your name*
man**as** atslēg**as**	*my keys*	**viņa** atslēgas	*his keys*
man**s** lietussarg**s**	*my umbrella*	**viņas** lietussargs	*her umbrella*
man**i** bērn**i**	*my children*	**viņu** bērni	*their children*

Dialogue 3

David has a few more questions for the receptionist of the hotel.

 03.06

David	Sakiet, lūdzu, kur ir banka?
Reģistratore	Tepat viesnīcā, pirmajā stāvā.
David	Vai banka pašreiz ir atvērta?
Reģistratore	Jā, noteikti.
David	Paldies. Vai viesnīcā ir bārs?
Reģistratore	Jā, protams.
David	Kur tas ir? Kur ir bārs?
Reģistratore	Redziet tās gaismas? Tur.
David	Vai bārā drīkst smēķēt?
Reģistratore	Nē, diemžēl nedrīkst. Iekšā smēķēt ir aizliegts. Smēķēt var tikai ārā, dārzā.

V

pirmajā stāvā	*on the first floor*
tagad	*now*
atvērts, atvērta	*open (m., f.)*
noteikti	*definitely*
redziet (redzēt)	*see (imp.)*
smēķēt	*to smoke*
iekšā	*inside*
aizliegts	*forbidden*

TRANSCRIPT

David	*Tell me please, where is the bank?*
Receptionist	*Right here in the hotel, on the first floor.*
David	*Is the bank open now?*
Receptionist	*Yes, definitely.*
David	*Thank you. Is there a bar in the hotel?*
Receptionist	*Yes, of course.*
David	*Where is it?*
Receptionist	*See those lights? There.*
David	*Is one allowed to smoke in the bar?*
Receptionist	*No, unfortunately it is not allowed. It is forbidden to smoke inside. (One) can only smoke outside, in the garden.*

Language points

VARĒT *TO BE ABLE*, GRIBĒT *TO WANT*, DRĪKSTĒT *TO BE ALLOWED*

These three verbs are particularly handy because you can use them together with other verbs (in the infinitive) without having to know how they work, that, is how they are conjugated:

Vai **drīkst smēķēt**?	*Is (one) allowed to smoke?*
Jūs **varat atstāt**.	*You can leave.*

Here are some other examples:

Es **gribu ēst**.	*I want to eat.*	
Es **negribu dzert**.	*I don't want to drink.*	
Vai jūs **gribat sēdēt**?	*Do you want to sit?*	(sēdēt – *to sit*)
Vai jūs arī **gribat nākt**?	*Do you want to come too?*	(nākt – *to come*)
Vai **drīkstu ienākt**?	*May I come in?*	(ienākt – *to come in*)
Es **gribu iet**.	*I want to go.*	(iet – *to go*)
Es **nevaru gulēt**.	*I cannot sleep.*	(gulēt – *to sleep*)

Other verbs, even ones in the same family such as **dzirdēt** (*to hear*) and **redzēt** (*to see*), cannot be used in the same way as **varēt**, **gribēt** and **drīkstēt**. For more verbs in this family see the Grammar reference at the back of the book.

LATVIANS AND FLOWERS

Latvians have a special relationship with flowers. Flowers or **ziedi** – literally meaning *blossoms* – are presented on just about any occasion, to men as well as to women: flowers when invited to dinner, for a name day (**vārda diena**), for a birthday (**dzimšanas diena**), for any anniversary (**jubileja**), and no concert ends without the **mūziķi** (*musicians*) receiving some **ziedi**. Riga may be one of the only cities in the world to have 24-hour flower shops (**ziedu saloni**).

Those who have a garden (**dārzs**) will be very proud of it. Those who don't have a **dārzs** may make up for its absence with **telpaugi** (*indoor plants*). Even the most unprepossessing public buildings can house spectacular jungles of plants, lovingly tended by the **darbinieki** (*employees*) themselves or by the **apkopēja** (*cleaning lady*).

It is customary to give flowers in bunches of odd numbers. Even numbers are only for **bēres** (*funerals*), so don't give anyone a dozen red roses.

Dialogue 4

David and Fiona are out with some local friends. They are at a restaurant, and have just had dinner.

03.07

| David | Garšīgas vakariņas. Šis ir labs restorāns. |
| Draugi | Jā, restorāns ir dārgs, bet labs. |

The friends want to find out all about their hotel.

Draugi	Kāda ir jūsu viesnīca?
David	Skaista, ērta, moderna …
Draugi	Un numurs? Kāda ir jūsu istaba?
David	Jā, arī laba. Liela, saulaina … bet …
Fiona	Bet es nevaru gulēt.
Draugi	Kāpēc? Cieta gulta?
Fiona	Nē, gulta ir mīksta un ērta, bet … ārā liels troksnis – cilvēki, mašīnas, tramvaji, satiksme …
Draugi	Bet jūsu viesnīca taču ir klusā ielā?
David	Nē, nav. Un blakus ir īru krogs.

garšīgs, garšīga	tasty (m., f.)
dārgs, dārga	expensive (m., f.)
labs, laba	good (m., f.)
ērts, ērta	comfortable (m., f.)
moderns, moderna	modern (m., f.)
saulains, saulaina	sunny (m., f.)
ciets, cieta	hard (m., f.)
mīksts, mīksta	soft (m., f.)
troksnis (m.)	noise
tramvajs (m.)	tram
satiksme (f.)	traffic
taču	(tag word meaning *surely* or *isn't it*)
kluss, klusa	quiet (m., f.)
blakus	next to, beside

TRANSCRIPT

David	*Tasty dinner. This is a good restaurant.*
Friends	*Yes, the restaurant is expensive, but good.*
***	
Friends	*What's your hotel like?*
David	*Beautiful, comfortable, modern …*
Friends	*And your room? What's your room like?*
David	*Yes, that's good too. Large, sunny … but …*
Fiona	*But I cannot sleep.*
Friends	*Why? Is it a hard bed?*
Fiona	*No, the bed is soft and comfortable, but … there's lots of noise outside: people, cars, trams, traffic …*
Friends	*But your hotel is in a quiet street, isn't it?*
David	*No, it's not. And next door there's an Irish pub.*

Language points

KĀDS? *WHAT? WHAT KIND OF?*

Kāds is a question word which literally means *what kind of / type of / sort of …?* Often it is used for asking *what's it like?*:

Kāds laiks šodien?   *What's the weather like today?*

However, sometimes, as in the dialogue, it is used in places where you would simply use *what* in English:

Kāds ir jūsu vārds?   *What's your name?*

Kāds changes to match the thing or person which it is asking about:

vārds, **numurs** are masculine   →   **Kāds** ir jūsu **vārds**? *What's your name?*
                                            Kāds ir jūsu telefona **numurs**? *What's your telephone number?*

adrese, **viesnīca** are feminine   →   **Kāda** ir jūsu **adrese**? *What's your address?*
                                            Kāda ir jūsu **viesnīca**? *What's your hotel (like)?*

This question word changes not only with gender, as you can see in the above examples, but also with number and case. That means it will have a different ending so as to match nouns in the plural or nouns in different cases.

 03.08

 LET'S PRACTISE!

Kāds ir jūsu vārds?   Kāda ir jūsu adrese?
Kāds ir jūsu uzvārds?   Kāds ir jūsu telefona numurs?
Kāds ir jūsu dzīvoklis?   Kāda ir jūsu viesnīca?

DESCRIBING THINGS: *KĀDS TAS IR? KĀDA TĀ IR?*

Adjectives are words that describe nouns: an *interesting* book, a *small* portion, a *large* cheque, a *tall* tree and so on.

In the previous dialogue there was a *tasty* dinner, a *good* but *expensive* restaurant, the hotel room was *beautiful, comfortable, modern*, the room was *large* and *sunny*, and the bed was *soft* and *comfortable*. Here are some of the more commonly used adjectives:

mazs/liels (*small/big*)   labs/slikts (*good/bad*)   tievs/resns (*thin/fat*)

garš/īss (*tall/short*)   vecs/jauns (*old/young*)   skaists/neglīts (*beautiful/ugly*)

The adjective **jauns** can mean either *young* or *new*. The adjective **garš** also has two different meanings: it can mean *long* (**gara iela** – *a long street*, **garš vilciens** – *a long train*) or *tall* (**garš vīrietis** – *tall man*, **gara meitene** – *tall girl*).

INSIGHT

Adjectives always agree

Like the possessive pronouns **mans** and **tavs**, adjectives always agree with the noun they are describing. Here are some examples:

Londona ir skaist**a** pilsēt**a**.	*London is a beautiful town.*
Viņa ir skaist**a** meiten**e**.	*She is a beautiful girl.*
Rundālē ir skaist**a** pil**s**.	*In Rundale there is a beautiful castle.*

A vital point to remember is that although in the nominative there are three different feminine noun endings (-**a**, -**e**, and -**s**), there is only the one ending for a singular feminine adjective (-**a**). So even if you have pilsēt**a**, meiten**e** or pil**s**, the adjective with a feminine nominative noun will always be skaist**a**.

Similarly, there is only the one nominative masculine ending for adjectives (-**s**). Hence it will be liel**s** vīrs, liel**s** kuģ**is**, liels tirg**us**.

The 'adjectives always agree' (AAA) principle also applies to nouns in the plural:

Parkā ir skaist**as** puķ**es**.	*In the park (there) are beautiful flowers.*
Parkā ir liel**i** kok**i**.	*In the park (there) are large trees.*

And throughout the different cases, here in the locative:

Viesnīca ir klus**ā** iel**ā**.	*The hotel is in a quiet street.*
Mēs dzīvojam maz**ā** māj**ā**.	*We live in a small house.*
Mēs dzīvojam liel**ā** dzīvokl**ī**.	*We live in a large apartment.*

KRĀSAS *COLOURS*

sarkans	*red*	brūns	*brown*
oranžs	*orange*	melns	*black*
dzeltens	*yellow*	balts	*white*
zaļš	*green*	pelēks	*grey*
zils	*blue*	rozā	*pink*
violets	*purple*		

When asking about colour, we use the locative case: **Kādā krāsā?** (*In what colour?*). The tendency is to answer in the nominative, however. So if the question is: **Kādā krāsā ir viņas mati?** (*What colour is her hair?*), and the answer is *brown*, the answer will be **brūni** (the **brūni** referring to the **mati** (*hair*)).

Just like an adjective, colours also agree with the noun. See how the endings 'match' in the following:

sarkan**s** ābol**s**	*red apple*	sarkan**a** pildspalv**a**	*red pen*
oranž**s** apelsīn**s**	*orange orange*	oranž**a** aprikoz**e**	*orange apricot*
dzelten**s** dzintar**s**	*yellow amber*	dzelten**a** saul**e**	*yellow sun*
zaļ**as** lap**as**	*green leaves*	zaļ**a** zāl**e**	*green grass*
zil**as** ac**is**	*blue eyes*	zil**a** jūr**a**	*blue sea*
brūn**i** mat**i**	*brown hair*	brūn**a** gov**s**	*brown cow*
violet**as** vīnog**as**	*purple grapes*	violet**s** krekl**s**	*purple shirt*
pelēk**i** mākoņ**i**	*grey clouds*	pelēk**as** pel**es**	*grey mice*
meln**s** lietussarg**s**	*black umbrella*	meln**as** ūs**as**	*black moustache /whiskers*
balt**s** snieg**s**	*white snow*	balt**as** biks**es**	*white trousers*

Because the word **rozā** does not have a typical ending, it does not change to match the the noun it is describing.

roz**ā** šampaniet**is**	*pink champagne*	roz**ā** vaig**i**	*pink cheeks*

To modify colour adjectives you use the adverbs **gaiši** (*light*) (literally: *lightly*) and **tumši** (*dark*) (literally: *darkly*).

Dialogue 5

Ilze is at an art gallery together with her colleague Kārlis.

 03.10

Ilze	Tā ir skaista glezna. Iespaidīga. Man ļoti patīk krāsas. Skaties – pelēki mākoņi, dzeltena saule, balts ledus. Interesanta gaisma.
Kārlis	Kā to gleznu sauc?
Ilze	Ezers ziemā.
Kārlis	Mmmm … es domāju, ka tā glezna ir mazliet garlaicīga. Man labāk patīk šī. Skaties – ir vakars. Sveču gaisma. Uz galda vāzē baltas lilijas, sarkans ābols un pudele vīna. Romantiska glezna …

glezna (f.)	*painting*
iespaidīgs, iespaidīga	*impressive (m., f.)*
man ļoti patīk (patikt)	*I like very much*
krāsa (f.)	*colour*
skaties (skatīties)	*watch, look (imp.)*
interesants, interesanta	*interesting (m., f.)*
ezers (m.)	*lake*
garlaicīgs, garlaicīga	*boring (m., f.)*
svece (f.)	*candle*
vāze (f.)	*vase*
lilija (f.)	*lily*
ābols (m.)	*apple*
pudele (f.)	*bottle*
romantisks, romantiska	*romantic (m., f.)*

TRANSCRIPT

Ilze	*That's a beautiful painting. Impressive. I really like the colours. Look – grey clouds, yellow sun, white ice. Interesting light.*
Kārlis	*What's the painting called?*
Ilze	*Lake in Winter.*
Kārlis	*Mmm … I think that that painting is a little boring. I prefer (lit. I like better) this one. Look – it is evening. Candlelight. On the table, white lilies in a vase, a red apple and a bottle of wine. A romantic painting.*

Test yourself

1 Write down the following numbers as figures.

  a septiņi
  b četrpadsmit
  c divdesmit
  d pieci
  e septiņpadsmit
  f deviņi
  g četri
  h trīspadsmit
  i desmit
  j vienpadsmit

2 Can you do these sums? Say the answer out loud.

  a viens + trīs =
  b septiņi – četri =
  c piecpadsmit + divi =
  d divpadsmit + astoņi =
  e divi + seši =
  f astoņpadsmit – pieci =
  g vienpadsmit – deviņi =

 03.11

3 Listen to the telephone numbers of the following and write them down in figures.

  a Restorāns „Staburags" (*Restaurant Staburags*)
  b Bērnu slimnīca (*Children's Hospital*)
  c Rīgas taksometru parks (*Riga Taxi Depot*)
  d Nacionālais teātris (*National Theatre*)
  e Skonto stadions (*Skonto Stadium*)
  f Valsts opera (*State Opera*)
  g Kafejnīca „Pīrāgs" (*Café Pīrāgs*)
  h Lielbritānijas vēstniecība (*British Embassy*)

4 Which possessive pronoun would you use in the following? Say the phrases out loud.

  a your name
  b your house
  c your street
  d your money
  e your flat
  f your keys
  g your chair
  h your luggage
  i your children

    j   your map

    k   your passport

    l   your address

    m our car

    n their (m.) flat

    o his children

    p their (f.) keys

    q his house

    r her map

    s our street

    t his chair

    u their (mixed group) passports

    v your (pl.) money

5 Remember adjectives always agree. How would you say the following in Latvian?

    a (*bad*) laiks

    b (*boring*) grāmata

    c (*beautiful*) dārzs

    d (*interesting*) cilvēks

    e (*old*) fotogrāfija

    f (*new*) automašīna

    g (*good*) kaimiņi

    h (*large*) dzīvoklis

    i (*long*) iela

    j (*tall*) koks

    k (*short*) bikses

    l (*small*) bērni

    m (*sunny*) diena

6 Circle the correct form of the verb, that is the one which belongs to the pronoun.

    a es   varu / varat / varam

    b viņš   gribam / gribu / grib

    c mēs   drīkstat / drīkstam / drīkstu

    d viņas   var / varu / varat

    e jūs   drīkst / drīkstat / drīkstam

    f tu   gribat / grib / gribi

7 How would you say the following to someone?

    a I am here.

    b Is it permitted to smoke?

    c I don't want to eat.

    d Do you want to drink?

    e Where is the bar?

    f May I?

    g May we go?

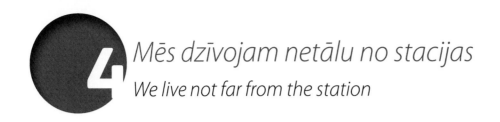

4 Mēs dzīvojam netālu no stacijas
We live not far from the station

In this unit you will learn:

▶ *to say where you are from*
▶ *to find out where someone else is from*
▶ *to talk about proximity*
▶ *how to address someone (Mr or Mrs)*
▶ *more numbers: counting up to 100*

Dialogue 1

Laima introduces Fiona to her boss.

🎧 04.01

Laima	Fiona, šis ir mans priekšnieks, direktors Jānis Siliņš. Siliņa kungs, šī ir Fiona Brauna.
Jānis Siliņš	Labdien, Braunas kundze. Ļoti patīkami. Vai jūs esat no Īrijas?
Fiona	Nē, es esmu no Skotijas, no Glāzgovas.
Jānis Siliņš	Skotija ir Apvienotajā Karalistē, vai ne?
Fiona	Jā. Anglija, Velsa un Ziemeļīrija arī.
Jānis Siliņš	Bet ne Īrija?
Fiona	Nē, Īrija ir cita valsts.
Jānis Siliņš	Interesanti.
Fiona	Un jūs esat no Latvijas?
Jānis Siliņš	Es esmu no Rīgas, dzimis un audzis Latvijā.
Fiona	Jā, Laima man stāstīja, ka jūs esat rīdzinieks.

priekšnieks (m.)	*boss*
direktors (m.)	*director*
no	*from*
vai ne?	*isn't it? (tag phrase)*
cits, cita	*another (m., f.)*
interesanti	*interesting*
dzimis, dzimusi	*born (m., f.)*
audzis, augusi	*grown (m., f.)*
stāstīja (stāstīt)	*told, was telling*
rīdzinieks	*resident of Riga*

40

Laima	Fiona, this is my boss, the director Janis Silins. Mr Silins, this is Fiona Brown.
Jānis Siliņš	Good day, Mrs Brown. Pleased to meet you. Are you from Ireland?
Fiona	No, I'm from Scotland, from Glasgow.
Jānis Siliņš	Scotland is in the United Kingdom, isn't it?
Fiona	Yes. England, Wales and Northern Ireland too.
Jānis Siliņš	But not Ireland?
Fiona	No, Ireland is another country.
Jānis Siliņš	(That's) interesting.
Fiona	And you are from Latvia?
Jānis Siliņš	I'm from Riga, born and bred in Latvia.
Fiona	Yes. Laima was telling me that you were a Rigan.

Language points

KĀ? 'WHOSE?' – THE GENITIVE CASE

There are many uses of the genitive case. Here are some of them:

1 The genitive case is another way to express possession, ownership or belonging. It is often used where in English you would use an apostrophe:

Deivid**a** draugs	*David's friend*
Ilz**es** brālis	*Ilze's brother*
Laim**as** soma	*Laima's bag*
bērn**u** skola	*the children's school*

2 It is used in names of Latvian streets and squares:

Brīvīb**as** iela	from **brīvība** (*freedom*)
Teātr**a** iela	from **teātris** (*theatre*)
Kalēj**u** iela	from **kalēji** (*blacksmiths*)
Dom**a** laukums	from **Doms** (*cathedral*)

If you are in Riga, look around you at the street names. They are all in the genitive case!

3 It is used where in English you would use *of*:

London**as** Universitāte	*University of London*
Rīg**as** karte	*map of Riga*
pasaul**es** karte	*map of the world*
Latvij**as** Banka	*Bank of Latvia*

4 It is used where in English the use of an apostrophe or the word *of* would be logical, but is not done in practice:

telefon**a** numurs	*telephone number*
dzīvokļ**a** durvis	*apartment door*
mašīn**as** atslēgas	*car keys*
māksl**as** muzejs	*art gallery*

5 It is also used to describe what things are made of:

kok**a** galds	*wooden table* (literally: *table of wood*)
ād**as** soma	*leather bag*
zelt**a** auskari	*golden earrings*
apelsīn**u** sula	*orange juice* (literally: *juice of oranges*)

Note also that the noun in the genitive always precedes the word (noun) that it is describing or attributable to. Once the relationship has been established, the genitive does not change, but the noun to which it is linked may change in case, gender or number:

Vai šī ir **Brīvības** iel**a**?	*Is this Brīvības iela?*
Mēs dzīvojam **Brīvības** iel**ā**.	*We live in Brīvības iela.*
Tas ir **Brīvības** pieminekl**is**.	*That is the Freedom Monument.*

The describing function of the genitive is often very close to the adjective, so sometimes the relevant question word used is a form of **kāds?**

Kāda sula?	*What kind of juice?*	**Apelsīnu** sula.	*Orange juice.*

GENITIVE NOUN ENDINGS

The possessive pronouns **viņas** (*her*), **viņa** (*his*) and **viņu** (*their*) (see previous unit) give some clues as to what genitive case endings are likely to be.

In the singular:

Masculine		**Feminine**	
his – viņ**a** → *David's* – Deivid**a**		*her, hers* – viņ**as** → *Fiona's* – Fiona**s**	
Kārlis's – Kārļ**a**		*Ilze's* – Ilz**es**	

The exceptions are masculine **-us** ending nouns (e.g. **ledus**, **alus**, **tirgus**) and feminine **-s** ending nouns (e.g. **nakts**, **pils**, **valsts**), which remain the same as for the nominative. You often see this in compound words or particular word combinations.

ledusskapis	*refrigerator*	naktsklubs	*nightclub*
lietussargs	*umbrella*	pilskalns	*castle mound*
tirgus laukums	*market square*	valsts galva	*head of state*

In the plural, there is only the one ending, **-u**, for both masculine and feminine genitive nouns:

apelsīn**i** (nom. m.) → apelsīn**u** sula

pusdien**as** (nom. f.) → pusdien**u** laiks (*lunch time*)

bērn**i** (nom. m.) → bērn**u**dārzs (*kindergarten*)

Here is a summary of the endings in table form:

	Nominative	Genitive
Singular		
Masculine	vīr-**s**	vīr-**a**
	brāļ-**is**	brāļ-**a**
	tirg-**us**	tirg-**us**
Feminine	siev-**a**	siev-**as**
	meiten-**e**	meiten-**es**
	pil-**s**	pil-**s**
Plural		
Masculine	vīr-**i**	vīr-**u**
	brāļ-**i**	brāļ-**u**
	tirg-**i**	tirg-**u**
Feminine	siev-**as**	siev-**u**
	meiten-**es**	meiteņ-**u**
	pil-**is**	piļ-**u**

When we looked at the plural form of nominative masculine nouns with an **-is** ending, we saw that the consonant just before the ending changes (**brālis – brāļi, pulkstenis – pulksteņi, mēnesis – mēneši, skapis – skapji,** etc.). Formally this is known as palatalization.

The same thing happens when we use the genitive case: **brālis – brāļa, pulkstenis – pulksteņa** and so on.

With the plural of these words in the genitive the consonant change has already happened, so no more changes are necessary: **brāļi – brāļu, latvieši – latviešu** and so on.

We see these in action when we talk about **latviešu valoda** – the Latvian language, or about the famous War Cemetery just outside Riga, **Brāļu kapi**.

> **INSIGHT**
>
> **How to address people**
>
> Surnames in Latvian are given masculine and feminine endings. Even foreign names are written how they sound (or 'Latvianized' – see Unit 1).
>
> The words for Mr and Mrs are **kungs** and **kundze**. Unlike many other languages, these come after the surname. In addition, the surname is in the genitive case.

So Mrs Fiona Brown (or **Fiona Brauna** in Latvianized form) will be called **Braunas kundze** and Mr David Brown (or **Deivids Brauns**) will be **Brauna kungs**. The Brown family collectively will be known as the **Brauni** (nom. pl.)or the **Braunu** (gen. pl.) **ģimene**.

Unless known to be married, the Latvian equivalent of *Miss* – **jaunkundze** is used only for younger women. Older women will all be addressed as **kundze**, regardless of whether they are married or not.

Dialogue 2

The hotel receptionist meets a guest from England. She is always interested in her guests and likes to have a chat.

 04.02

Reģistratore	Ā, Vaita kungs, jūs esat no Anglijas. Vai no Londonas?
Nigel White	Jā, es esmu no Londonas. Es dzīvoju Londonas centrā, netālu no Trafalgāra laukuma.
Reģistratore	Mans brālis arī dzīvo Anglijā. Viņš dzīvo pie draudzenes, Braitonā.
Nigel White	Jā? Vai viņš studē Anglijā?
Reģistratore	Nē, viņš strādā slavenā restorānā. Tas ir visdārgākais restorāns Londonā. Viņš ir labs pavārs.
Nigel White	Londonā ir daudzi labi restorāni. Bet es parasti ēdu mājās.
Reģistratore	Kur ir Braitona? Vai tā ir tālu no Londonas?
Nigel White	Braitona ir Anglijas dienvidos pie jūras, apmēram 52 (piecdesmit divas) jūdzes no Londonas.

centrs (m.)	*centre*
netālu	*not far*
laukums (m.)	*square, place*
slavens, slavena	*famous (m., f.)*
visdārgākais	*the most expensive*
pavārs (m.)	*chef*
es ēdu (ēst)	*I eat*
tālu	*far*
dienvidos (m. pl.)	*in the south*
pie	*by,* also *at (at the place of…)*
apmēram	*about, approximately*
jūdze (f.)	*mile*

TRANSCRIPT

Receptionist	*Ah, so you're from England. From London?*
Nigel White	*Yes, we're from London. I live in the centre of London, not far from Trafalgar Square.*
Receptionist	*My brother also lives in England. He lives at his girlfriend's in Brighton.*
Nigel White	*Yes? Is he studying in England?*
Receptionist	*No, he works in a famous restaurant. It's the most expensive restaurant in London. He's a good chef.*
Nigel White	*There are many good restaurants in London, but I usually eat at home.*
Receptionist	*Where's Brighton? Is it far from London?*
Nigel White	*Brighton is in the south of England by the sea, about 52 miles from London.*

Language points

 04.03

NUMBERS UP TO 100

In Unit 3 we learnt how to count to 20. After that, the numbers are just like in English: 21 is **divdesmit viens**, 22 is **divdesmit divi** and so on.

21	divdesmit viens		26	divdesmit seši
22	divdesmit divi		27	divdesmit septiņi
23	divdesmit trīs		28	divdesmit astoņi
24	divdesmit četri		29	divdesmit deviņi
25	divdesmit pieci			

As 20 is **divdesmit**, or literally two tens, so the other tens follow the same pattern (one hundred of course has a word of its own):

30	trīsdesmit		70	septiņdesmit
40	četrdesmit		80	astoņdesmit
50	piecdesmit		90	deviņdesmit
60	sešdesmit		100	simts

99 red balloons = **deviņdesmit deviņi sarkani baloni**

THE POWER OF THE PREPOSITION

When prepositions are used together with nouns, the nouns have to be in a particular case. It is said then that the preposition *governs* the noun. The various prepositions are associated with different cases.

For example, with the preposition **no** (*from*), a singular noun is always in the genitive case.

no London**as**	(nom. London**a**)	**no** biroj**a**	(nom. biroj**s**)
no Parīz**es**	(nom. Parīz**e**)	**no** teātr**a**	(nom. teātr**is**)

Another preposition that governs the genitive case is **pie**. This has two meanings, it can mean *by*:

pie jūr**as**	*by the sea*	(nom. jūr**a**)
pie park**a**	*by the park*	(nom. park**s**)

Or it can have a meaning similar to the French *chez*, i.e. *at the house of someone, at someone's place* or *with someone*:

pie draudzen**es**	*at (a) girlfriend's*	(nom. draudzen**e**)
pie ārst**a**	*at the doctor's*	(nom. ārst**s**)

Other prepositions which govern the genitive are as follows:

uz (*on*)	uz gald**a**/uz iel**as**	*on the table/on the street*
aiz (*behind*)	aiz park**a**/aiz oper**as**	*behind the park/behind the opera*
bez (*without*)	bez cukur**a**/bez pien**a**	*without sugar/without milk*
zem (*under*)	zem kok**a**/zem gult**as**	*under the tree/under the bed*
virs (*above*)	virs dzīvokļ**a**/virs galv**as**	*above the apartment/above the head*

Dialogue 3

At a company party, Laima wants to find out more about David. She's heard a lot about him from her husband Kārlis, but now she wants to find out for herself, and also to give him a chance to practise his Latvian.

 04.04

Laima	No kurienes jūs esat?
David	Kuriene? Es nesaprotu. Kas tas ir – 'kuriene'?
Laima	Es esmu no Rīgas, no Latvijas. No kurienes jūs esat? No kuras vietas?
David	Es esmu no Skotijas.
Laima	Ak tā, no Skotijas. No kuras pilsētas?
David	Es esmu no Glāzgovas, bet tagad mūsu ģimenes mājas ir Londonā. Vai jūsu vīrs Kārlis arī ir no Rīgas?

Laima	Nē, viņš nav rīdzinieks, viņš ir no Daugavpils. Mana vīra ģimene – tēvs, māte, brāļi – visi dzīvo Daugavpilī.
David	Atvainojiet, ka es nezinu, bet kur ir Daugavpils?
Laima	Diezgan tālu no Rīgas – Latvijas austrumos, netālu no Lietuvas robežas.
David	Vai tā ir liela pilsēta?
Laima	Jā, Daugavpils ir otrā lielākā pilsēta Latvijā.
David	Sakiet, kas tur ir?
Laima	Tur ir Daugavas upe, veikali, cietoksnis un mākslas muzejs. Gleznotājs Marks Rotko ir dzimis Daugavpilī.

kurš, kura	*which (m., f.)*
vieta (f.)	*place*
ka	*that*
nezinu (zināt)	*I don't know*
austrumos (m. pl.)	*in the east*
robeža (f.)	*border*
otrā lielākā	*second largest*
cietoksnis (m.)	*fortress*
māksla (f.)	*art*
muzejs (m.)	*gallery*
gleznotājs (m.)	*painter*

TRANSCRIPT

Laima	*Where are you from?*
David	*'Kuriene'? I don't understand. What's that, 'kuriene'?*
Laima	*I am from Riga, from Latvia. Where are you from? From which place?*
David	*I'm from Scotland.*
Laima	*Oh I see, from Scotland. From which town?*
David	*I'm from Glasgow, but now our family home is in London. Is your husband Kārlis also from Riga?*
Laima	*No, he's not a Rigan, he's from Daugavpils. My husband's family – father, mother, brothers – all live in Daugavpils.*
David	*Pardon me that I don't know, but where is Daugavpils?*
Laima	*Rather far from Riga – in the east of Latvia, not far from Lithuania's border.*
David	*Is it a large town?*
Laima	*Yes, Daugavpils is the second largest town in Latvia.*
David	*Tell me, what's there?*
Laima	*There's the River Daugava, shops, a fortress and an art museum. The artist Mark Rothko was born in Daugavpils.*

Language points

KURŠ? *WHICH?*

The question word **kurš**? (masculine form) means *which*? Like the question word **kāds**, this too changes according to gender, number and case. The feminine form, for instance, is **kura**.

When used together with the preposition **no**, the word **kurš** or **kura** also takes on genitive case endings (**no** kur**a**, **no** kur**as**).

This is how it works:

Kur**a** pilsēt**a**?	+	no pilsēt**as**	→	No kur**as** pilsēt**as**?
Which town?		*from town*		*From which town?*
(nominative)		(**no** + genitive)		(**no** + *which* + genitive)

THERE ARE ALWAYS EXCEPTIONS – THE 'UNUSUAL' NOUNS

In Latvian, as you know, masculine nouns in the nominative singular have three types of endings: **-s** (**-š**), **-is** and **-us**. There are only a few words with the ending **us**:

led**us**	*ice*	tirg**us**	*market*	al**us**	*beer*
liet**us**	*rain*	vid**us**	*middle*	med**us**	*honey*
klep**us**	*cough*				

Feminine nouns also have three possible endings: **-a**, **-e** and **-s**.

Here too, the third ending is not very prevalent, but appears in some commonly used words:

pil**s**	*castle*	valst**s**	*state*	nakt**s**	*night*
ac**s**	*eye*	aus**s**	*ear*	sird**s**	*heart*
gov**s**	*cow*	ziv**s**	*fish*	krāsn**s**	*oven*
plīt**s**	*stove*				

It helps to learn and practise these.

In the singular, all of these (**-us** masc. and **-s** fem. nouns) retain the same form both for the nominative and the genitive case.

The notion of 'hot-headed Latvian' seems a contradiction in terms, but over the centuries there has been a fair number of Latvians passionate about a cause, including the riflemen who fought to protect Lenin at the Winter Palace in 1917. In the early twentieth century, when Latvia was under the rule of Tsarist Russia, supporters of left-wing ideas were forced to seek refuge outside the country – in Switzerland, Norway and elsewhere. The debate and distribution of sympathies amongst Latvian writers of the time about the 1905 revolution is the subject of a separate essay, although it was not only intellectuals who supported revolutionary causes, naturally.

More often than not, these political refugees ended up in England. The activities of East European revolutionaries in London has been the theme of several fictional works, notably Joseph Conrad's *The Secret Agent* and, more recently, Ken Follett's *The Man from Leningrad*.

The tales of the colourful exploits and adventures of Latvian revolutionaries are not all fiction, however. In the book *Latvieši Lielbritānijā (Latvians in Great Britain)* various authors describe some of the more visible rebels – not all of them rogues – who populated London in the early years of the last century. Perhaps the most prominent is Peter the Painter, who figured in the so-called Siege of Sidney Street in London's East End. Peter the Painter aka Peter Piatkow may not be a personality other Latvians would be most proud of, nevertheless his escapade certainly hit the headlines in 1911, and even involved Winston Churchill, then Home Secretary in Lloyd-George's government.

Dialogue 4

John has been invited to a football match. He is on the way to the stadium, but isn't quite sure where it is, so he asks a passer-by.

 04.05

John	Sakiet, lūdzu, vai jūs zināt kur ir Skonto stadions?
Garāmgājējs	Diemžēl es nezinu. Es neesmu no šejienes. Es neesmu vietējais. Es esmu no Zviedrijas.
John	Es arī esmu ārzemnieks. Kurā viesnīcā jūs dzīvojat?
Garāmgājējs	Es nedzīvoju viesnīcā, es dzīvoju pie drauga Saulkrastos.
John	Bet tas ir tālu no šejienes.
Garāmgājējs	Nē, ne pārāk tālu. Ar vilcienu 30 minūtes. Mana drauga māja ir tuvu pie dzelzceļa stacijas. Bet kur jūs dzīvojat?
John	Mēs dzīvojam vecā dzīvoklī Teātra ielā, Rīgas centrā aiz kanāla, netālu no operas. Vai jūs zināt, kur tas ir?
Garāmgājējs	Jā, es zinu. Vai tas ir jūsu dzīvoklis?
John	Nē, tas ir mūsu draugu dzīvoklis. Ziemā viņi dzīvo laukos.
Garāmgājējs	Kas notiek Skonto stadionā? Futbola mačs?
John	Nē, ledus hokejs. Hokeja spēle.

V jūs zināt (zināt)	*you know*
šejiene (f.)	*here, this place (see note)*
vietējais (m.)	*local person*
ārzemnieks, ārzemniece	*foreigner (m., f.)*
pārāk	*too, overly*
minūte (f.)	*minute*
tuvu	*near*
dzelzceļš (m.)	*railway*
stacija (f.)	*station*
kanāls (m.)	*canal*
lauki (m. pl.)	*countryside*
Kas notiek?	*What's happening?*
futbols (m.)	*football*
mačs (m.)	*match (coll.)*
ledus hokejs (m.)	*ice hockey*
spēle (f.)	*match, game*

TRANSCRIPT

John	*Tell me, please, where is the Skonto stadium?*
Passer-by	*Unfortunately, I don't know. I'm not from here. I'm not a local. I'm from Sweden.*
John	*I'm a foreigner too. At which hotel are you staying (lit. living in)?*
Passer-by	*I'm not living at a hotel, I'm living at my friend's in Saulkrasti.*
John	*But that's a long way away from here.*
Passer-by	*No, not too far. Thirty minutes by train. My friend's house is near the railway station. But where are you living?*
John	*We're living in an old apartment in Teatra iela, in the centre of Riga behind the canal, not far from the opera. Do you know where that is?*
Passer-by	*Yes, I do know. Is it your apartment?*
John	*No, it's our friends' apartment. In the winter they live in the countryside.*
Passer-by	*What's happening at the Skonto stadium? A football match?*
John	*No, ice hockey. It's an ice hockey match.*

'PLURAL-ONLY' NOUNS AND THE LOCATIVE CASE

Some 'plural-only' nouns that we have already met are: **durvis**, **bikses**, **brilles**, **ziņas**, **brokastis**, **pusdienas**, **vakariņas** and **kāzas**. These are all feminine.

If you want to say that you are at breakfast, at lunch, at dinner or at a wedding, you use the locative:

brokast**īs**	*at breakfast*
pusdien**ās**	*at lunch*
vakariņ**ās**	*at dinner*
kāz**ās**	*at a (or the) wedding*

The points of the compass or directions are also plural nouns, but they are all masculine: **ziemeļi** (*north*), **dienvidi** (*south*), **austrumi** (*east*) and **rietumi** (*west*).

Just as in English, *northeast* will be expresed as **ziemeļaustrumi**, *northwest* is **ziemeļrietumi**, *southeast* is **dienvidaustrumi** and *southwest* is **dienvidrietumi**.

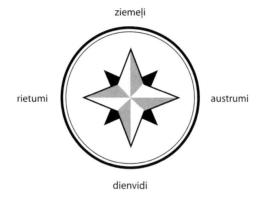

To express that something is *in* a certain direction, we use the locative case. Hence *in the south* will be **dienvidos**, *in the north* **ziemeļos**, *in the southeast* will be **dienvidaustrumos** and so on.

Similarly the word for *countryside* is **lauki**, another masculine plural noun, and if something is *in the countryside*, or simply *country*, we say **laukos**.

Mēs dzīvojam pilsētā, bet mūsu draugi dzīvo **laukos**.	*We live in town, but our friends live in the countryside.*

INSIGHT

Tuvu un tālu Near and far

Very often the adverbs *near* (**tuvu**) and *far* (**tālu**) appear with the prepositions *by* (**pie**) and *from* (**no**): **tuvu pie** and **tālu no**. This indicates whether it is near or far in relation to something else:

tuvu pie stacijas	*near the station*
netālu no operas	*not far from the opera*
tālu no šejienes	*far from here*

If we want to know whether something is near or far in a general sense we say:

Vai tas ir **tuvu**?	*Is it near?*
Vai tas ir **tālu**?	*Is it far?*

04.06

 LET'S PRACTISE!

tuvu pie	tuvu pie stacijas
tālu no	tālu no stacijas
Vai tas ir tuvu?	tuvu pie Doma laukuma
Vai tas ir tālu?	tālu no Doma laukuma
tuvu pie parka	tuvu pie jūras
tālu no pilsētas	tālu no darba

Language points

ZINĀT 'TO KNOW', LASĪT 'TO READ' AND OTHER VERBS

The third large family of verbs could be called the **zināt** or, more conveniently, (so that we don't mix them up with the **runāt** family) – the **lasīt** family of verbs. In this group the stem is formed by dropping the **-īt** or **-āt** ending from the infinitive:

es zin-**u**, las-**u**	mēs zin-**ām**, las-**ām**
tu zin-**i**, las-**i**	jūs zin-**āt**, las-**āt**
viņš, viņa, viņi, viņas zin-**a**, las-**a**	

This group includes often-used verbs such as **stāstīt** (*to tell* or *to narrate*), **darīt** (*to do*), **rakstīt** (*to write*), **gaidīt** (*to wait*), and **mēģināt** (*to try*).

There are many useful verbs in this family. Others are: **zvanīt** (*to ring*), **piezvanīt** (*to call up*), **parādīt** (*to show*), **skaitīt** (*to count*), **sūtīt** (*to send*), **apskatīt** (*to look at*), **mainīt** (*to change*) and **turpināt** (*to continue*). There is a more extensive list at the back of the book.

Dialogue 5

Tija and Arvīds have just arrived in Riga from Canada. They have had a long day settling in, shopping, visiting relatives and friends. Tija is now looking for her leather travel bag.

 04.07

Tija	Kur ir mana ādas ceļasoma?
Arvīds	Nezinu. Vai tu nevari atrast?
Tija	Nē. Nav zem galda, nav uz gultas, nav aiz skapja. Baidos, ka varbūt to atstāju lidostā.
Arvīds	Soma varētu būt daudzās vietās: lidostā, pie tantes, dzelzceļa stacijā, Matīsa tirgū, puķu veikalā, mūsu draugu dzīvoklī. Kas tur iekšā?

Tija	Somā? Viss: dienasgrāmata, saulesbrilles, kontaktlēcas, lūpu krāsa, Rīgas karte, latviešu valodas grāmata, pildspalva, zobu birste, lietussargs, naktskrekls …
Arvīds	Naktskrekls arī?
Tija	Jā, tu taču zini kā ir, kad cilvēks ceļo.
Arvīds	Un kur ir pases un lidmašīnas biļetes?
Tija	Tās ir manā rokassomā. Naudas maks arī.
Some minutes later …	
Tija	Atradu!
Arvīds	Kur bija?
Tija	Vannas istabā!

āda (f.)	*skin*, also *leather*
ceļasoma (f.)	*travel bag*
atrast	*to find*
baidos (baidīties)	*I fear*
lidostā (f.)	*at the airport*
varētu (varēt)	*could be*
dzelzceļa stacijā (f.)	*at the railway station*
dienasgrāmata (f.)	*diary*
saulesbrilles (f. pl.)	*sunglasses*
kontaktlēcas (f. pl.)	*contact lenses*
lūpu krāsa (f.)	*lipstick*
karte (f.)	*map*
zobu birste (f.)	*toothbrush*
lietussargs (m.)	*umbrella*
naktskrekls (m.)	*nightdress*
lidmašīnas biļete (f.)	*plane ticket*
rokassoma (f.)	*handbag*
naudas maks (m.)	*purse, wallet*
atradu (atrast)	*I found (it)*
Kur bija? (būt)	*Where was it?*
vanna (f.)	*bath*

TRANSCRIPT

Tija	*Where's my leather travel bag?*
Arvīds	*I don't know. Can't you find (it)?*
Tija	*No. It's not under the table, it's not on the bed, it's not behind the wardrobe. I fear that perhaps I left it at the airport.*
Arvīds	*The bag could be in many places: at the airport, at aunt's, at the railway station, at the Matīsa market, in the flower shop, in our friends' flat. What's inside it?*

Tija	*In the bag? Everything: diary, sunglasses, contact lenses, lipstick, a map of Riga, Latvian language book, pen, toothbrush, umbrella, nightdress …*
Arvīds	*Nightdress too?*
Tija	*Yes, well you know how it is when a person travels.*
Arvīds	*And where are the passports and plane tickets?*
Tija	*Those are in my handbag. Purse also.*
***	
Tija	*I found (it)!*
Arvīds	*Where was (it)?*
Tija	*In the bathroom!*

Šī ir Rīga *This is Riga*

This is a story about Riga. First read it without looking at the vocabulary list, and see if you can work out the meanings of the words you don't know from the context.

Latvijas galvaspilsēta ir Rīga. Rīga ir sena pilsēta. Pašreiz Rīgā dzīvo gandrīz 1 miljons cilvēku. Pilsētas centrā ir skaisti parki un dārzi, operas nams, vairāki teātri, universitāte, bibliotēkas; daudzas baznīcas, viesnīcas, restorāni un arī kanāls. Rīgas sirds ir Vecrīga. Vecrīga ir pilsētas vecākā daļa. Rīga atrodas Daugavas krastā. Pie upes ir Rīgas pils. Tā ir Latvijas valsts prezidenta darba vieta. Rīga atrodas tikai dažus kilometrus no jūras. Netālu no Doma laukuma ir Rīgas osta, dzelzceļa stacija un autoosta. Aiz stacijas ir tirgus. Rīgā ir 7 kalni. Rīgā un tās apkārtnē ir ap 90 ezeru.

sens, sena	*ancient (m., f.)*
gandrīz	*almost*
nams (m.)	*building*
vairāki	*several*
bibliotēka (f.)	*library*
baznīca (f.)	*church*
daļa (f.)	*part*
krasts (m.)	*bank*
atrodas (atrasties)	*is located*
kilometrs (m.)	*kilometre*
osta (f.)	*port*
autoosta (f.)	*coach or bus station*
kalns (m.)	*hill*
apkārtne (f.)	*surroundings*

Test yourself

1 Put the names in the brackets into the genitive case to complete the sentences.

Example: **Kārļa** uzvārds ir Ozoliņš. (Kārlis)

a (Deivids) uzvārds ir Brauns.

b (Fiona) vīrs ir Deivids.

c (Deivids) sievas vārds ir Fiona.

d (Kārlis) drauga vārds ir Deivids.

e Kāds ir (Ilze) uzvārds?

f Harijs ir (Millija) brālis.

g Millija ir (Harijs) māsa.

h Harijs un Millija ir (Fiona un Deivids) bērni.

i Kārlis ir (Laima) vīrs.

2 Match the written-out numbers in the left-hand column with the correct figure from the right-hand column.

a	septiņpadsmit	**i**	71
b	deviņdesmit astoņi	**ii**	18
c	divdesmit trīs	**iii**	12
d	četrdesmit seši	**iv**	35
e	astoņpadsmit	**v**	46
f	divpadsmit	**vi**	98
g	septiņdesmit viens	**vii**	23
h	trīsdesmit pieci	**viii**	17

3 Comprehension. In the dialogues you have met a number of characters. Read or listen to the following statements and then say whether they are *correct* (**pareizi**) or *wrong* (**nepareizi**). If neither, then say *we don't know* (**mēs nezinām**).

a Deivids un Fiona ir vīrs un sieva.

b Pašreiz viņi abi dzīvo Rīgā.

c Fiona strādā viesnīcā.

d Laima daudz strādā.

e Deivids ir skots.

f Kārļa sieva ir Džeina.

g Deivida un Fionas bērni dzīvo Lietuvā.

h Millija un Harijs ir gudri bērni.

4 Practise using prepositions by putting the noun in the brackets in the genitive case.

a Fiona Brauna ir no (Glāzgova).

b Mēs neesam no (šejiene).

c Es dzīvoju pie (draugs).

d Drauga māja ir tuvu pie (stacija).

e Daugavpils ir tālu no (Rīga).

f Mūsu dzīvoklis ir netālu no (opera).

g Dzīvoklis ir aiz (kanāls).

h Biļetes ir uz (galds).

i Soma ir zem (gulta).

j Pie (muzejs) ir parks.

 04.08

5 You are in a social situation and are introduced to the following people. How would you address them?

Example: Marta Rasupe → Rasupes kundze

a Māra Džounsa

b Džordžs Klūnijs

c Fiona Brauna

d Nikola Kidmena

e Pēteris Vilciņš

f Džeks Tomsons

g Gundega Eglīte

h Ilze Baltiņa

i Džeimss Bonds

j Džermeina Grīra

k Naidžels Vaits

l Deivids Brauns

m Kārlis Ozoliņš

n Laima Ozoliņa

6 The verbs **zināt**, **lasīt**, **rakstīt**, **darīt**, **mēģināt**, **gaidīt** are all in the same family. Give the correct form of the verb for each pronoun given?

a es (zināt)

b mēs (mēģināt)

c viņš (gaidīt)

d jūs (darīt)

e viņa (rakstīt)

f tu (lasīt)

7 Change the place names in the brackets to indicate *where?* Which part will be in the locative case, and which will stay in the genitive?

a (Brīvības iela) ir daudzi veikali.

b Tūristi ir (Rīgas lidosta).

c (Matīsa tirgus) ir āboli un apelsīni.

d Deivids strādā (Latvijas Banka).

e Fiona studē (Londonas Universitāte).

f (Latvijas lauki) ir slikti ceļi.

g (Doma laukums) ir laba kafejnīca.

h Mūsu viesnīca ir (Kalēju iela).

i Viņš dzīvo (draugu dzīvoklis).

j Dzīvoklis ir (Teātra iela).

8 Answer the following questions.

a How would you ask someone for their telephone number in Latvian?

b How would you tell someone that you live not far from the station in Latvian?

c If asked **Kāds ir jūsu uzvārds?**, what do they want to know?

d Someone tells you **Es esmu ārzemnieks**. What does this mean?

9

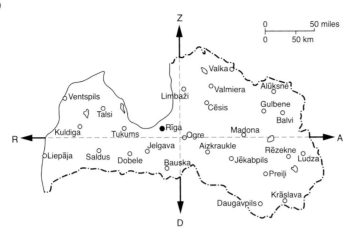

Here you have a map of Latvia. Look at the map and say where some of the major towns are located.

Example: Kur ir Bauska? Bauska atrodas Latvijas dienvidos.

a Kur ir Rēzekne?

b Kur ir Valka?

c Kur ir Kuldīga?

d Kur ir Daugavpils?

e Kur ir Alūksne?

Šī ir mana ģimene

This is my family

In this unit you will learn:

▶ *to talk about members of the family, age and marital status*
▶ *to ask how much or how many*
▶ *to express the notion of having or possession*
▶ *about parts of the body and to describe a person's appearance*

Dialogue 1

Ilze and Laima run into each other at the market.

 05.01

Ilze	Labdien! Kā jums iet?
Laima	Paldies, labi. Un jums? Kā jums iet?
Ilze	Arī labi.
They are joined by Fiona. She is looking miserable.	
Laima	Sveiki, kā klājas?
Fiona	Nu tā … varētu būt labāk.
Laima	Kā tā? Kāpēc? Kas vainas?
Fiona	Man šodien neiet. Vīrs ir ārzemēs. Bērns ir slims. Automašīna ir autoservisā. Mājās nav ūdens, nevaru iet ne dušā, ne vannā. Kaimiņš ir dusmīgs, tāpēc ka bērns naktī raud. Un vēl kaķis pazudis. Man sāp galva. Man nepatīk šī pilsēta.
Laima	Es domāju, ka jums šodien ir slikta diena.

Kā klājas?	*How are you?*
labāk	*better*
Kā tā?	*How's that?*
Kas vainas?	*What's wrong?*
man neiet (iet)	*it's not going well for me*
ārzemēs (f. pl.)	*abroad (loc.)*
slims, slima	*ill (m., f.)*
autoserviss (m.)	*service station*
iet dušā	*to take a shower*
iet vannā	*to take a bath*
dusmīgs, dusmīga	*angry (m., f.)*
raud (raudāt)	*is crying*
kaķis (m.)	*cat*

pazudis (m.)	*lost*
man sāp galva	*I have a headache*
man nepatīk	*I don't like*
jums ir	*you have or you're having*

TRANSCRIPT

Ilze	*Good day. How are you?*
Laima	*Well, thank you. And you? How are you?*
Ilze	*Also well.*
***	
Laima	*Hi, how are you?*
Fiona	*So so … could be better.*
Laima	*How's that? Why? What's wrong?*
Fiona	*Things aren't going well for me today. (My) husband is abroad. (My) child is ill. (The) car is at the service station. There's no water in the house, so I can neither take a shower nor a bath. (My) neighbour is angry because (my) child is crying at night. And, what's more, the cat is lost. I have a headache. I don't like this town.*
Laima	*I think that you're having a bad day today.*

Language points

KĀ JUMS IET? KĀ JUMS KLĀJAS? *HOW ARE YOU?*

The expressions **Kā jums iet?** (literally: *How is it going for you?*) and **Kā jums klājas?** (literally: *How are you faring?*) are both used for asking *How are you?*. Here we are not using **jūs**, but **jums**. This is the pronoun in the dative case. In the answer, the pronoun will also be in the dative form: **Man iet labi** (*For me it is going well*).

Here are all the personal pronouns in the dative case:

man	*me*, also *to me*, also *for me*
tev	*you, to you, for you*
viņam	*him, to him, for him*
viņai	*her …*
mums	*us …*
jums	*you …*
viņiem	*them … (m.)*
viņām	*them … (f.)*

You don't have to use the pronoun in your reply. If things are going well, you could say: **paldies, labi** or **viss kārtībā** (*everything is OK*). **Normāli** is a neutral response. If things are not so good, you may simply say **nu tā** (*so so*), **varētu būt labāk** (*could be better*) or **ne visai** (*not particularly well*). If things are outright bad or poorly, you would have to say **slikti**.

 05.02

 LET'S PRACTISE!

Kā jums iet?	Paldies, labi.
Kā jums klājas?	Viss kārtībā.
Kā iet?	Nu tā …
Kā klājas?	Varētu būt labāk.
Ne visai.	Slikti.
Normāli.	

INSIGHT

Kā? **'Whose?' also 'How?'**
The question word **kā** has two meanings: it can mean *whose?* (and hence is the question word for the genitive case). It also means *how?*, that is, the manner of something being done, so often the response to the question will be an adverb:

Kā jums iet? Labi.	*How are you going? Well.*
Kā viņa runā latviski? Normāli.	*How does she speak Latvian? Alright.*
Kā viņš dzied? Slikti.	*How does he sing? Badly.*

ĢIMENE *THE FAMILY*

radi	*relatives*	vecāki	*parents*
brālēns	*male cousin*	māsīca	*female cousin*
tante	*aunt*	onkulis *or* tēvocis	*uncle*
brāļameita	*niece*	māsasdēls	*nephew*
māsasmeita	*niece*	brāļadēls	*nephew*
vecāmāte	*grandmother*	vectēvs	*grandfather*
vecvecāki	*grandparents*	mazbērni	*grandchildren*
sievasmāte	*mother-in-law*	sievastēvs	*father-in-law*
znots	*son-in-law*	vedekla	*daughter-in-law*
vīramāte	*mother-in-law*	vīratēvs	*father-in-law*

Dialogue 2

David is chatting to a colleague he doesn't know very well.

 05.03

Kolēģis	Vai jums ir liela ģimene?
David	Nē, es esmu vienīgais bērns ģimenē.
Kolēģis	Man ir divas māsas un viens brālis.
David	Vai viņi arī dzīvo Latvijā?
Kolēģis	Nē, ne visi. Viena māsa dzīvo Amerikā.
David	Un kur dzīvo jūsu vecāki?
Kolēģis	Mani vecāki dzīvo Maskavā.
David	Krievijā? Ko viņi tur dara?
Kolēģis	Tēvs nestrādā. Vinš ir pensijā. Māte strādā veikalā. Viņa ir pārdevēja. Bet viņi nedzīvo kopā. Viņi ir šķīrušies.
David	Un kur dzīvo jūsu pārējie radi?
Kolēģis	Daži dzīvo Latvijā, citi dzīvo Krievijā. Vecvecāki – vecāmāte un vectēvs ir Krievijā, bet brālis un jaunākā māsa dzīvo tepat Latvijā. Vecākā māsa dzīvo Ņujorkā.

Vai jums ir?	*Do you have?*
vienīgais	*the only*
man ir	*I have*
dara (darīt)	*is doing*
pensijā	*retired*
pārdevēja (f.)	*sales assistant*
šķīrušies	*divorced (pl.)*
pārējie	*the remaining*
jaunākā	*the younger (f.)*
vecākā	*the elder (f.)*

Colleague	*Do you have a large family?*
David	*No, I'm the only child in the family.*
Colleague	*I have two sisters and one brother.*
David	*Do they live in Latvia as well?*
Colleague	*No, not all (of them). One sister lives in America.*
David	*And where do your parents live?*
Colleague	*My parents live in Moscow.*
David	*In Russia? What are they doing there?*
Colleague	*My father doesn't work, he's retired. (My) mother works in a shop. She is a sales assistant. But they don't live together. They are divorced.*
David	*And where do the rest of your relatives live?*
Colleague	*Some live in Latvia, others in Russia. (My) grandparents – grandmother and grandfather are in Russia, but (my) brother and younger sister live right here in Latvia. (My) elder sister lives in New York.*

Language points

MAN IR *TO ME IS/I HAVE*

There isn't a separate word for the verb *to have* in Latvian. Instead, to express that someone 'has' something you use **ir** (the third person form of the verb **būt** – *to be*) together with the pronoun, noun or name in the dative:

man	ir	*I have (literally 'to me is' or 'for me is')*
viņam, viņai	ir	*he, she has*
jums	ir	*you have*
mums	ir	*we have*
viņiem, viņām	ir	*they have (m., f.)*

Note that the person who 'has' is in the dative case, and the thing that they have is in the nominative case:

person **(dative)**	**+ ir +**	**thing in possession** **(nominative)**
man	+ ir +	nauda
to me	*is*	*money* or, in standard English: *I have money.*

LET'S PRACTISE!

man ir telefons	tev ir telefons
viņam ir telefons	viņai ir telefons
mums ir telefons	jums ir telefons
viņiem ir telefons	viņām ir telefons

Mums visiem ir telefons. Zvanām draugiem!   *We all have a telephone. Let's ring (our) friends!*

But what happens when you want be specific, and to say that David or Fiona has something? The names will also have to be in the dative case.

KAM? 'TO WHOM?' ALSO 'FOR WHOM?'– MORE ABOUT THE DATIVE CASE

Although it is used as shown before, the dative case is most often used to indicate the indirect object, that is the person or thing on the receiving end of things:

Subject	+	**verb**	+	**direct object**	+	**indirect object**
(nominative)				**(accusative)**		**(dative)**
Viņa	+	raksta	+	vēstuli	+	draugam.
She		*is writing*		*a letter*		*to (her) friend.*

The word order can vary:

Māte	+	dod	+	bērniem	+	vakariņas.
Mother		*gives*		*(to) the children*		*dinner.*

The dative is in action also when we say *for example* – **piemēram** (**piemērs** means *example*).

These are the dative case endings in the singular:

▸ Masculine forms end in: **-am, -im, -um**
▸ tēv**s** → tēv**am**,   brāl**is** → brāl**im**,   tirg**us** → tirg**um**
▸ Feminine forms end in: **-ai, -ei, -ij**
▸ mās**a** → mās**ai**   māt**e** → māt**ei**   pil**s** → pil**ij**

The plural endings echo the pronoun endings, though more so for the masculine nouns than for the feminine nouns:

viņ**iem** → tēv**iem**   (brāļ**iem**, tirg**iem**)
viņ**ām** → mās**ām**   (mātē**m**, pil**īm**)

Here it is in table form:

	Singular					
Nominative	tēvs	brālis	tirgus	māsa	māte	pils
Dative	tēvam	brālim	tirgum	māsai	mātei	pilij
	Plural					
Nominative	tēvi	brāļi	tirgi	māsas	mātes	pilis
Dative	tēviem	brāļiem	tirgiem	māsām	mātēm	pilīm

So, to express that someone 'has' something we say:

Deivid**am** ir jauna mašīna.	*David has a new car.*
Fiona**i** ir divi bērni.	*Fiona has two children.*
Kārl**im** ir teātra biļetes.	*Kārlis has theatre tickets.*
Ilz**ei** ir labs darbs.	*Ilze has a good job.*

It is very important to make the distinction between the nominative form (Deivid-**s**, Fion-**a**) and the dative form (Deivid-**am**, Fion-**ai**), because the meaning will change completely. The difference between being and having is not expressed by two different verbs, but by two different structures.

For example, **Manai sievai ir veca soma** means *My wife has an old bag*, but it would not be nice to say **Mana sieva ir veca soma** …

Dialogue 3

Meanwhile, Fiona is having a conversation with the hairdresser.

 05.05

Friziere	Vai jums ir bērni?
Fiona	Jā, man ir divi bērni, dēls un meita.
Friziere	Cik vecs ir jūsu dēls?
Fiona	Dēlam Harijam ir deviņi gadi.
Friziere	Cik veca ir jūsu meita?
Fiona	Viņa ir jaunāka. Meitai ir četri gadi. Millija ir vēl maza.
Friziere	Mūsu ģimenē ir pieci bērni. Mums ir arī kaķis un suns.
Fiona	Septiņi cilvēki! Un vēl divi dzīvnieki! Vai jums ir liela māja? Jūs droši vien dzīvojat laukos?
Friziere	Nē, mums ir mazs dzīvoklītis pilsētas centrā.

V **Cik vecs / cik veca?**	*How old? (m. / f.)*
jaunāka	*younger (f.)*
suns (m.)	*dog*
dzīvnieks (m.)	*animal*
droši vien	*probably*
dzīvoklītis (m.)	*flat or apartment (dim.)*

TRANSCRIPT

Hairdresser	*Do you have children?*
Fiona	*Yes, I have two children, a son and a daughter.*
Hairdresser	*How old is your son?*
Fiona	*(My) son Harry is nine years old.*
Hairdresser	*How old is your daughter?*
Fiona	*She is younger. She is four. Milly is still small.*
Hairdresser	*There are five children in our family. We also have a cat and a dog.*
Fiona	*Seven people! And two animals as well! Do you have a large house? You probably live in the country?*
Hairdresser	*No, we have a small apartment in the city centre.*

Language points

CIK VECS / CIK VECA JŪS ESAT? *HOW OLD ARE YOU?*

The simplest way to ask about age is **Cik vecs jūs esat?**, literally *How old are you?* (**Cik veca jūs esat?** would be said to a female.) People will also say **Cik jums ir gadu?** meaning, literally, *How many years do you have?* To either question you could reply:

Man ir 21 gads.	*I am 21 years old. (Literally: I have 21 years.)*
Man ir 18 gadu.	*I am 18 years old.*

Asking about someone else, you would say **Cik gadu ir Ilzei?** (literally, *How many years does Ilze have?*) or **Cik gadu ir Harijam?** meaning *How many years does Harry have?* Here are some possible responses:

Viņai ir 24. *She is 24.* or Ilzei ir 24. *Ilze is 24.*

Viņam ir deviņi. *He is 9.*   Harijam ir deviņi. *Harry is 9.*

An official may ask you a more formal question: **Kāds ir jusu vecums?** (*What is your age?*) or simply **Jūsu vecums?** (*Your age?*)

Cik? *How much?* or *How many?*

The question word **cik** is used to find out about the amount, size or quantity:

Cik vecs ir jūsu dēls?	*How old is your son?*
Cik liela ir jūsu ģimene?	*How big is your family?*
Cik tālu? Cik tuvu?	*How far? How near?*

For both countable and non-countable things you say:

Cik daudz?	Either: *How much?* or *How many?*
Cik daudz naudas?	*How much money?*
Cik daudz cilvēku?	*How many people?*

You can also ask the time, **Cik pulkstenis?**, or the cost of something – **Cik maksā?**

 05.06

 LET'S PRACTISE!

Cik vecs?	Cik veca?
Cik tālu?	Cik tuvu?
Cik daudz?	Cik pulkstenis?
Cik maksā?	

MATCHING THE *MANS* AND THE *TAVS* WITH THE NOUN

The possessive pronouns **mans** and **tavs** are declined, and in the dative case have the same endings as nouns with the nominative endings **-s** (masculine) and **-a** (feminine):

Masculine

Nominative:	man**s** tēv**s**,	*my father,*
	man**s** brāl**is**	*my brother*
Dative:	man**am** tēv**am**, man**am** brāl**im**	*for* or *to my father, brother*

Feminine

Nominative:	man**a** mās**a**,	*my sister,*
	man**a** māt**e**	*my mother*
Dative:	man**ai** mās**ai**, man**ai** māt**ei**	*for* or *to my sister, mother* (The same happens with **tavs**.)

Meitai ir …	*Daughter has … (or 'is', if talking about age)*
Manai meitai ir …	*My daughter has (is) …*
Manai meitai Millijai ir …	*My daughter Milly has (is) …*
Dēlam ir …	*Son has … (or is, if talking about age)*
Manam dēlam ir …	*My son has (is) …*
Manam dēlam Harijam ir …	*My son Harry has (is) …*

Remember that **mūsu** and **jūsu** don't change together with the nouns in the same way:

mūsu dēl**am** / **mūsu** meit**ai**   *for or to our son / our daughter*

VIŅŠ IR VECĀKS, VIŅA IR JAUNĀKA –   *'HE IS OLDER', 'SHE IS YOUNGER'*

When we say that someone is 'older' or 'younger', or that something is 'better' or 'worse', we are comparing things. To express this we use the comparative form of the adjective. The 'adjectives always agree' principle applies also to comparative adjectives. This means that the ending of the comparative adjective changes, depending on the nouns that it is describing or comparing, hence there are masculine and feminine forms:

(Masc.)	(Fem.)	
jaun**s** – jaunāk**s**	jaun**a** – jaunāk**a**	*young – younger*
vec**s** – vecāk**s**	vec**a** – vecāk**a**	*old – older*

There are plural forms of the masculine and feminine comparative adjectives as well:

jaun**i** – jaunāk**i**	jaun**as** – jaunāk**as**	*young – younger*
vec**i** – vecāk**i**	vec**as** – vecāk**as**	*old – older*

You can create comparatives out of most adjectives by inserting the syllable – **āk**-:

labs – lab**āk**s	laba – lab**āk**a	*good – better*
slikts – slikt**āk**s	slikta – slikt**āk**a	*bad – worse*

The superlative is the most extreme degree of something: 'the greatest', 'the best', 'the worst' and so on. Again, these have different forms:

(m., singular and plural)	(fem., singular and plural)
visjaunāk**ais**, visjaunāk**ie**	visjaunāk**ā**, visjaunāk**ās** *the youngest*
visvecāk**ais**, visvecāk**ie**	visvecāk**ā**, visvecāk**ās** *the oldest*

See how the superlatives match the noun they are describing in these examples:

Skolā savā klasē **Millija** ir **visjaunākā**.	*At school Milly is the youngest in her class.*
Tas ir **visdārgākais restorāns** Londonā.	*It's the most expensive restaurant in London.*
Tie ir mani **vislabākie draugi**.	*They are my best friends.*
Smiekli ir **vislabākās zāles**.	*Laughter is the best medicine.*

To sum up, here is a table of the simple, comparative and superlative adjectives *large – larger – largest* in all the nominative forms:

Masculine			
Singular	liel-**s**	liel-**āks**	**vis**-liel-**ākais**
Plural	liel-**i**	liel-**āki**	**vis**-liel-**ākie**
Feminine			
Singular	liel-**a**	liel-**āka**	**vis**-liel-**ākā**
Plural	liel-**as**	liel-**ākas**	**vis**-liel-**ākās**

When you want to say that something is *(more …) than (something else)*, you use the conjunction **nekā**:

Millij**a** ir jaunāk**a** nekā Harijs.   *Milly is younger than Harry.*

Harij**s** ir vecāk**s** nekā Millija.   *Harry is older than Milly.*

THE DAINAS

The **dainas** are unique to Baltic cultures, both Latvian and Lithuanian. These are deceptively simple four-line verses, which, like the Japanese haiku, have a very concentrated content. They describe not only all aspects of human life, but also nature in general: animals, the plant world and the seasons, as well as ancient mythological figures or deities and festivals. The number of these compact verses runs into hundreds of thousands, many volumes of them collected and written down by various researchers since the nineteenth century. Before that they were passed on through the generations by word of mouth. The **dainas** are difficult, some would say impossible, to translate into another language. But they do contain a certain essence of the psyche of Latvians in their world outlook.

Dialogue 4

An official needs to obtain some personal details about Nigel and Gundega. He starts with Nigel.

 05.07

Ierēdnis	Kur jūs esat dzimis?
Nigel	Es esmu dzimis Kraistčērčā, Jaunzēlandē.
Ierēdnis	Cik jums ir gadu?
Nigel	Man ir 37 gadi.
The official turns his attention to Gundega.	
Ierēdnis	Kur jūs esat dzimusi?
Gundega	Es esmu dzimusi Cēsīs, Latvijā.
Ierēdnis	Kāds ir jūsu vecums?
Gundega	Man ir 25 gadi.
Ierēdnis	Vai jūs esat precējušies?

Nigel	Nē, mēs neesam precējušies. Mēs dzīvojam kopā.
Gundega	Viņš bija precējies. Bet tagad viņš ir šķīries.
Ierēdnis	Vai jums ir bērni?
Gundega	Nē, mums nav bērnu. Naidželam ir dēls, bet viņš dzīvo pie mātes.

vecums (m.)	*age*
precējušies	*married (pl.)*
precējies	*married (m. sing.)*

TRANSCRIPT

Official	*Where were you born?*
Nigel	*I was born in Christchurch, in New Zealand.*
Official	*How old are you?*
Nigel	*I'm 37.*
***	
Official	*Where were you born?*
Gundega	*I was born in Cesis, in Latvia.*
Official	*What is your age?*
Gundega	*I'm 25.*
Official	*Are you married?*
Nigel	*No we're not married. We are living together.*
Gundega	*He was married. But he's divorced now.*
Official	*Do you have children?*
Gundega	*No, we don't have children. Nigel has a son, but he lives with (his) mother.*

Language points

KĀDS IR JŪSU ĢIMENES STĀVOKLIS? *WHAT IS YOUR MARITAL STATUS?*

Kāds ir jūsu ģimenes stāvoklis? is a formal question, an official way of enquiring about someone's family situation.

When asking whether someone is married, a different form is used depending on whether you are taking to a man or a woman:

Vai jūs esat precēj**ies**?	*Are you married? (to a man)*
Vai jūs esat precēj**usies**?	*Are you married? (to a woman)*
Vai viņi ir precēj**ušies**?	*Are they married? (about a couple)*

These same endings feature when talking about divorce:

Viņš ir šķīr**ies** / **Viņa** ir šķīr**usies** / **Viņi** ir šķīr**ušies**.   *He / she / they are divorced.*

Different endings are used when speaking of births or deaths. These also change according to gender and number:

Viņš ir dzim**is** / **Viņa** ir dzim**usi** / **Viņi** ir   *He / she / they (m.) were born / they (f.) were born.*
dzim**uši** / Viņas ir dzim**ušas**.

Viņš ir mir**is** / **Viņa** ir mir**usi** / **Viņi** ir   *He / she / they (m.) died / they (f.) died.*
mir**uši** / **Viņas** ir mir**ušas**.

Mana **māte** ir dzim**usi** Latvijā.   *My mother was born in Latvia.*
Mans **tēvs** ir dzim**is** Anglijā.   *My father was born in England.*

Even though in English you will say that *I was born*, the **es esmu dzimis, es esmu precējies, es esmu šķīries**, and **viņš ir miris** are all actually a form of the perfect tense, where the **esmu** and **ir** parts are what's known as the auxiliary verb and the **precējies** part is the past participle. We will learn more about perfect tenses in Unit 11.

The **ir** part is the one that changes if you wish to say *not married*:

Nē, viņi **nav** precējušies.   *No, they're not married.*

Or that he *was married*:

Viņš **bija** prēcējies.

VARĒTU BŪT LABĀK 'COULD BE BETTER' – THE CONDITIONAL MOOD

Varētu means *could* and is the verb varēt in the conditional mood. We use this to express hope or intention, that we wish to, or we would, or could do something – if it were possible (or under certain conditions).

It is very simple to form: we just add a **-u** ending to the infinitive (**runāt**, **varēt**, **lasīt**) of the verb. It is also easy to use, as the one verb form applies to all persons, e.g. **es varētu**, **jūs vāretu**, **viņš varētu** *I could, you could, he could* and so on.

The same can be done with all other verbs, although the meaning then becomes *would … do something*, for example: **būtu** is *would be*, **runātu** is *would speak* and **lasītu** is *would read*:

Ja viņa varētu, viņa runātu latviski.   *If she could, she would speak Latvian.*
Ja viņi varētu, viņi atnāktu ciemos.   *If they could, they would come visiting.*
Ja es būtu prezidents …   *If I were president …*
Ja man būtu miljons dolāru …   *If I had a million dollars …*

With the verb **gribēt** (*to want*) the conditional **gribētu** actually means *would like*. That is why it is also used when asking for something in a polite way:

Šovakar es gribētu ēst restorānā.   *Tonight I would like to eat at a restaurant.*

Abi – the word for 'both'

The word for *both* – **abi** – behaves as if it were an adjective: it agrees with the noun it is describing.

Abi and **abas** agree with the noun, not only in gender and of course number, too, but also throughout the various cases:

Man ir divi dēli. **Abiem** ir seši gadi. Viņi ir dvīņi.   *I have two sons. Both are six years old. They are twins.*

Man ir divas meitas. **Abām** ir gari blondi mati.   *I have two daughters. Both have long blonde hair.*

The words **daži** (*some*), **citi** (*others*) and **visi** (*everyone* or *all*) follow the same pattern. **Daudz** (*many* or *much*) is different, as it can be either countable or non-countable.

Cilvēks – **The Human Being**

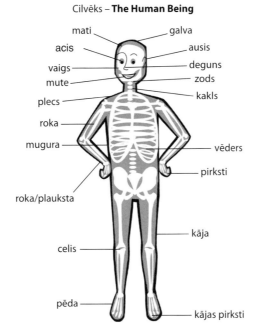

cilvēks (m. pl.)	*the human being*
galva (f.)	*head*
mati (m. pl.)	*hair*
ausis (m. pl.)	*ears*
seja (f.): acis (f. pl.),	*face: eyes, nose, mouth*
deguns (m.), mute (f.)	
zobi (m. pl.), lūpas (f. pl.),	*teeth, lips, cheeks*
vaigi (m. pl.)	
zods (m.)	*chin*
kakls (m.)	*neck* or *throat*
vēders (m. pl.)	*stomach*
mugura (f.)	*back*
rokas (f. pl.)	*arms*

kājas (f. pl.)	legs
pirksti (m. pl.)	fingers
nagi (m. pl.)	nails
ūsas (f. pl.)	moustache (whiskers)
bārda (f.)	beard

Dialogue 5

Ilze asks her friend Elita about a young man she thinks Elita may know.

 05.08

Ilze	Tu esi no Bauskas. Vai tu pazīsti Ojāru Vilciņu?
Elita	No Bauskas? Nezinu. Es šaubos. Kāds viņš izskatās?
Ilze	Viņš ir garš, apmēram 1 m 90 (metru deviņdesmit). Viņam ir īsi, brūni mati un zaļas acis. Ļoti izskatīgs vīrietis.
Elita	Kur viņš strādā?
Ilze	Pēc profesijas viņš ir jurists, strādā lielā advokātu firmā Valdemāra ielā.
Elita	Jā, tagad es zinu. Viņam ir brālis Rihards. Brālis izskatās ļoti līdzīgs Ojāram. Viņiem abiem ir ūsas un brilles. Tikai Rihards ir mazliet resnāks, viņam ir tāds mazs apaļš vēderiņš.
Ilze	Kā tu viņus pazīsti?
Elita	Viņi abi dziedāja mūsu skolas korī.
Ilze	Vai Ojārs ir precējies?
Elita	Nē, bet es domāju, ka viņam ir draudzene.
They now move on to other matters.	
Elita	Bet vai tu dzirdēji? Naidželam ir jauna draudzene.
Ilze	Ak tā?! Kāda viņa izskatās?
Elita	Tipiska latviešu meitene – gari blondi mati un zilas acis. Tieva, garas slaidas kājas …
Ilze	Skaista?
Elita	Nu, es neteiktu, ka neglīta.

tu pazīsti (pazīt)	you are acquainted with
šaubos (šaubīties)	I doubt
izskatās (izskatīties)	he/she/it looks (appearance)
izskatīgs, izskatīga	good-looking (m., f.)
vīrietis (m.)	man, male
profesija (f.)	profession
jurists (m.)	lawyer
advokātu firma (f.)	law firm
līdzīgs, līdzīga	similar (m., f.)
resnāks	fatter

apaļš, apaļa	round (m., f.)
vēderiņš (m.)	stomach (dim.)
dziedāja (dziedāt)	sang
koris (m.)	choir
dzirdēji (dzirdēt)	you heard
tipisks, tipiska	typical (m., f.)
blonds, blonda	blond(e) (m., f.)
slaids, slaida	slender (m., f.)
es neteiktu (teikt)	I wouldn't say

TRANSCRIPT

Ilze	You're from Bauska. Do you know Ojars Vilcins?
Elita	From Bauska? I don't know. I doubt it. What does he look like?
Ilze	He is about 1 metre 90 tall. He has brown hair and green eyes. A very good looking man.
Elita	Where does he work?
Ilze	By profession a lawyer, he works for a large law firm in Valdemara iela.
Elita	Yes, now I know. He has a brother Rihards. The brother looks very similar to Ojars. They both have a moustache and wear glasses. Only Rihards is a little fatter; he has a small, round stomach.
Ilze	How do you know them?
Elita	They both sang in our school choir.
Ilze	Is Ojars married?
Elita	No, but I think that he has a girlfriend.
***	
Elita	But did you hear? Nigel has a new girlfriend.
Ilze	Is that so? What does she look like?
Elita	Typical Latvian girl. Long blonde hair, blue eyes. Slim. Long, slender legs.
Ilze	Beautiful?
Elita	Well, I wouldn't say that she's plain.

Iepazīsimies! *Let's get to know each other!*

BRAUNU ĢIMENE *THE BROWN FAMILY*

Deividam ir 43 gadi. Viņš ir apmēram 1 metru 80 garš. Viņam ir tumši mati un bārda. Darbā viņš izskatās nopietns, bet mājās viņš ir cits cilvēks: daudz smejas un jokojas.

Fionai ir 32 gadi, bet viņa izskatās jaunāka. Viņa sver apmēram 60 kilogramus. Viņai ir apaļa seja un īsi sarkani mati. Acis viņai ir zaļas.

Harijam ir deviņi gadi. Viņš ir garš un tievs. Viņam arī ir zaļas acis, bet viņam ir melni mati. Viņš ir kluss, tāpēc neviens nezina, ka viņam ir laba humora izjūta.

Millijai ir tikai četri gadi. Viņa ir maza, bet ļoti enerģiska. Viņai ir lielas pelēkas acis un gari lokaini mati.

 nopietns, nopietna   *serious (m., f.)*
smejas (smieties)   *laughs*
jokojas (jokoties)   *jokes*
sver (svērt)   *weighs*
neviens (m.)   *nobody*
humora izjūta (f.)   *sense of humour*
enerģisks, enerģiska   *energetic (m., f.)*
lokaini mati (m. pl.)   *curly hair*

Test yourself

1 Draw a line from the pronoun in the nominative to match its counterpart in the dative.

a	es	**i**	jums
b	tu	**ii**	viņiem
c	viņš	**iii**	viņai
d	viņa	**iv**	mums
e	mēs	**v**	man
f	jūs	**vi**	viņām
g	viņi	**vii**	viņam
h	viņas	**viii**	tev

2 Use the pronoun to help you form the dative of the name or proper noun in the brackets. The first one has been done for you.

    a viņam (Deivids) = Deividam
    b viņam (Kārlis)
    c viņai (Fiona)
    d viņai (Ilze)
    e viņiem (Brauni)
    f viņām (draudzenes)
    g viņiem (kolēģi)
    h viņai (sieva)
    i viņām (pārdevējas)
    j viņam (draugs)

3 Change the pronouns or the nouns in brackets to make the sentence correct. The first one has been done for you.

    a (Es) iet labi. (**Man** iet labi.)
    b (Viņš) neiet labi.
    c Kā (jūs) klājas?
    d (Mēs) neiet slikti.
    e (Viņi) klājas labi.
    f Kā klājas (Harijs un Millija)?
    g (Mūsu bērni) klājas labi.
    h (Brauni) iet ļoti labi.
    i Kā iet (Māra un Fiona)?
    j (Viņas) varētu iet labāk.
    k (Kārlis) iet normāli.

4 Write in words the age of these people.

Māte, 56 → mātei ir piecdesmit seši gadi

  a Māsa, 22
  b Brālis, 15
  c Vectēvs, 73
  d Vecmāmiņa, 68
  e Māsas meita, 4
  f Brālēns, 27
  g Dēls, 9

5 Answer the following questions.
  a If someone asks you **Kur dzīvo tavi vecāki?** what does the person want to know?
  b How would you ask someone whether they have children?
  c How would you ask a friend whether he has brothers or sisters?
  d If you are asked **Kādā krāsā ir viņas acis?**, which detail of someone's appearance is being referred to?
  e How would you ask someone whether they are married?
  f If someone says **Mūsu bērni ir dzimuši Skotijā**, what are they saying?
  g How would you ask somebody how they are? (Give two different ways.)

 05.09

6 Read this description. Then answer the questions.

Sveicināti! Es esmu Arvīds. Man ir 21 gads. Es esmu rīdzinieks, bet studēju Ventspilī. Nedēļas nogalēs es strādāju veikalā. Es neesmu precējies, bet man ir meita. Viņai ir 2 gadi. Viņa ir dzimusi Liepājā. Viņa dzīvo pie mātes.

  a How old is Arvīds?
  b Where is he from?
  c What does he do?
  d Is he married?
  e Does he have children?
  f Where was his child born?
  g Where does his child live?

7 How would you say the following in Latvian?
  a My sister is younger.
  b My brother is older.
  c I'm an only child.
  d I have three sisters.
  e Who is the eldest (f.)?

8 Someone says the following to you. What do they mean?

    a Vai jums ir liela ģimene?

    b Mūsu ģimenei ir dzīvoklis Londonā.

    c Man ir trīs bērni.

    d Mans dēls ir dzimis Igaunijā.

    e Mana meita ir dzimusi Lietuvā.

    f Vai jums ir automašīna?

    g Mūsu kaimiņiem ir liels dārzs.

    h Manam vīram ir draugi Ventspilī.

    i Es esmu šķīries.

    j Manai sievai ir 21 gads.

9 How would you say the following comparisons in Latvian?

    a Rome (**Roma**) is older than Riga.

    b Latvia is larger than Estonia.

    c Tea is better than coffee.

    d Ventspils is smaller than Daugavpils.

    e Chess (**šahs**) is more interesting than golf (**golfs**).

10 Here are some statements in Latvian. Read them and answer the questions below.

Rīga ir vislielākā pilsēta Latvijā.

Latvijas visaugstākais kalns ir Gaiziņš.

Visgarākā upe Latvijā ir Daugava.

Lubāns ir Latvijas vislielākais ezers.

    a What is the name of the longest river in Latvia?

    b Which is the largest lake?

    c What is the name of the highest mountain (hill) in Latvia?

    d Is Daugavpils the largest town in Latvia?

11 Read the following description, then answer the questions.

Viņai ir apmēram 70–75 gadi. Viņai ir balti mati. Viņa nav ļoti gara.
Viņa ir mazliet resna. Viņa nav precējusies, bet viņai ir draugs.

    a Is the person young?

    b What colour is her hair?

    c Is she very tall?

    d Is she slim?

    e Is she single?

Nāciet ciemos
Come and visit

In this unit you will learn:
▶ *the days of the week*
▶ *about ordinal numbers*
▶ *to describe where you live (rooms, furniture, etc.)*
▶ *about accepting and declining invitations*
▶ *to talk about things that will happen in the future*

Dialogue 1

Fiona is away in England, and David has decided that he would like to meet up with Ilze. He would like to have her telephone number.

 06.01

David	Es gribētu satikties ar jums. Kad mēs varētu satikties? Vai jūs esat brīva sestdien vai svētdien?
Ilze	Nē, sestdien man ir koncerts, es būšu aizņemta. Bet ziniet, rīt mums mājās būs viesības. Vai jūs negribētu atnākt ciemos pie mums rīt?
David	Paldies, tas būtu jauki. Pēcpusdienā man ir latviešu valodas stunda, tomēr es varētu atnākt pēc tam.
Ilze	Nāciet, kad jūs vēlaties! Tikai, lūdzu, iepriekš piezvaniet! Vai jums ir mūsu telefona numurs?
David	Nē, man nav. Vai jūs nevarētu iedot man jūsu telefona numuru? Pirms es nākšu, zvanīšu.

satikties	*to meet*
brīvs, brīva	*free (m., f.)*
es būšu (būt)	*I will be*
koncerts (m.)	*concert*
aizņemts, aizņemta	*busy* also *engaged (m., f.)*
rīt	*tomorrow*
viesības (f. pl.)	*party*
atnākt ciemos	*to come visiting*
jauki	*nice*
latviešu valodas stunda (f.)	*Latvian language lesson*
tomēr	*however*
atnākt	*to come*

nāciet (nākt)	*you come (imp.)*
pēc tam	*after that, afterwards*
jūs vēlaties (vēlēties)	*you wish or desire*
iepriekš	*beforehand*
piezvaniet (piezvanīt)	*call, telephone (imp.)*
iedot	*to give*
es nākšu (nākt)	*I will come*
es zvanīšu (zvanīt)	*I will ring*

Language points

NEDĒĻĀ IR SEPTIŅAS DIENAS *THERE ARE SEVEN DAYS IN THE WEEK*

The days of the week are: **pirmdiena**, **otrdiena**, **trešdiena**, **ceturtdiena**, **piektdiena**, **sestdiena** and **svētdiena**.

Contrary to what you may expect, to say *on Monday*, for example, we do not use the usual locative endings. Instead, we say **pirmdien**. Similarly, *on Tuesday* will be **otrdien**, and so on.

The *weekend* is **nedēļas nogale** or sometimes **brīvdienas** (*holidays*).

 06.02

 LET'S PRACTISE!

Nedēļā ir septiņas dienas: pirmdiena, otrdiena, trešdiena, ceturtdiena, piektdiena, sestdiena un svētdiena.

Pirmdiena, otrdiena, trešdiena, ceturtdiena un piektdiena ir darba dienas.

Sestdiena un svētdiena ir nedēļas nogale jeb brīvdienas.

darba diena (f.)	*weekday (lit. working day)*
nedēļas nogale (f.)	*weekend*
jeb	*or*

INSIGHT

Vai and *jeb* – two different kinds of 'or'

In earlier chapters we saw and used **vai** as a word that turns a statement into a question. It has another function also: **vai** can mean *or*:

Sestdien vai svētdien?	*On Saturday or on Sunday?*
Kafiju vai tēju?	*Coffee or tea?*

Jeb also means *or*, but can be used only in the situation where the two things or alternatives are exactly the same. For example, where in English you would say *a cat **or** a feline creature* – here the *or* does not present something different.

Language points

PREPOSITIONS WITH NOUNS IN THE PLURAL

We have already seen that when nouns in the singular are used together with prepositions, the nouns must be in a particular case (it is said that the preposition governs the noun). For example, with the prepositions **no**, **pie**, **uz**, **aiz**, **bez**, **zem** and **virs** the noun is in the genitive case.

If the noun with the preposition is plural, however, it is always in the dative case:

no pilsēt**as**	*from town*	no pilsēt**ām**	*from towns*
pie sien**as**	*by, on the wall*	pie sien**ām**	*by, on the walls*
uz gald**a**	*on the table*	uz gald**iem**	*on the tables*
aiz māj**as**	*behind the house*	aiz māj**ām**	*behind the houses*
bez pas**es**	*without a passport*	bez pas**ēm**	*without passports*
zem kok**a**	*under a tree*	zem kok**iem**	*under the trees*
virs jumt**a**	*above the roof*	virs jumt**iem**	*above the roofs*
pie draug**a**	*at a friend's*	pie draug**iem**	*at friends'*
pie kaimiņ**a**	*at the neighbour's*	pie kaimiņ**iem**	*at the neighbours'*
pie **mums**	*at ours (i.e. our place)*	pie **jums**	*at yours (i.e. your place)*

Dialogue 2

Laima is inviting Pēteris to come and visit. They are trying to find a suitable day.

 06.03

Laima	Nāciet ciemos pie mums!
Pēteris	Jā, labprāt, bet kad?
Laima	Varbūt nākamnedēļ? Vai pirmdien jūs būsit brīvs?
Pēteris	Acumirkli, paskatīšos dienasgrāmatā … Diemžēl pirmdien es nevarēšu, es būšu komandējumā.
Laima	Un otrdien?
Pēteris	Otrdien arī es esmu aizņemts. Man ir koris. Pēc tam es iešu pie kaimiņiem, viņiem ir kāzu jubileja.
Laima	Tad trešdien?
Pēteris	Jā, trešdienas vakarā es būšu brīvs. Es varētu atnākt ciemos trešdien. Trešdien vakarā būtu labi.
Laima	Labi, tad gaidīsim jūs pie mums trešdien, pulksten astoņos. Mūsu draugi Brauni arī būs.
Pēteris	Bet es nezinu, kur jūs dzīvojat. Vai jums ir interneta pieslēgums?
Laima	Jā, mums ir. Kāda ir jūsu e-pasta adrese? Es jums atsūtīšu e-pastu. Uz redzēšanos trešdien!

V	labprāt	with pleasure (lit. willingly)
	nākamnedēļ	next week
	brīvs, brīva	free (m., f.)
	acumirkli	just a moment
	paskatīšos (paskatīties)	I'll take a look
	komandējums (m.)	work-related trip
	es iešu (iet)	I will go
	kāzu jubileja (f.)	wedding anniversary
	gaidīsim (gaidīt)	we will wait, also expect
	pulksten astoņos	at 8 o'clock
	interneta pieslēgums (m.)	internet connection
	e-pasta adrese (f.)	e-mail address
	atsūtīšu (atsūtīt)	I will send

Language points

SESTDIEN ES BŪŠU AIZŅEMTA *ON SATURDAY I WILL BE BUSY*

The future tense is used to talk about something that you plan to do or will do, or something that will happen in the future. It is very simple to construct and is formed in the same way for all regular and most of the irregular verbs.

To form the stem (or *root*), remove the end **-t** from the infinitive. Then add the endings: **-šu**, **-si**, **-s**, **-sim**, **-sit**, **-s**.

This is how it works for the verb **būt**:

es bū**šu**	*I will be*	mēs bū**sim**	*we will be*
tu bū**si**	*you (sing.) will be*	jūs bū**sit**	*you (pl.) will be*
viņš, viņa, viņi, viņas bū**s**		*he, she, they (m., f.), will be*	

This is the pattern for all verbs, both regular and irregular, except for those ending in **-st** (like **ēst** (*to eat*) and **saprast** (*to understand*)) or **-zt** (like **griezt** (*to cut*)) and the reflexive verbs. We'll find out more about those later.

Here is how the future tense works in the different verb families:

	runāt	**varēt**	**lasīt**
es	runā**šu**	varē**šu**	lasī**šu**
tu	runā**si**	varē**si**	lasī**si**
viņš, viņa	runā**s**	varē**s**	lasī**s**
mēs	runā**sim**	varē**sim**	lasī**sim**
jūs	runā**sit**	varē**sit**	lasī**sit**
viņi, viņas	runā**s**	varē**s**	lasī**s**

Dialogue 3

Pēteris and John are talking about their plans for the weekend.

 06.04

Pēteris	Ko jūs darīsit nedēļas nogalē?
Džons	Sestdien mēs brauksim uz laukiem. Mēs iesim ciemos pie manas sievas kolēģa. Viņam pieder skaista vasarnīca meža vidū, pie ezera. Vai tu negribi braukt līdzi?
Pēteris	Nē, paldies, diemžēl es nevarēšu. Man nav laika. Pašlaik mums ir ļoti daudz darba. Man bija smaga nedēļa. Tagad es esmu noguris, un gribu atpūsties. Šovakar es iešu siltā vannā un tūlīt gultā. Sestdien laikam gulēšu.
Džons	Žēl, tur būs arī citi draugi, daudzi interesanti cilvēki. Vakarā būs ugunskurs. Mēs arī iesim pirtī.

darīsit (darīt)	*you (pl. or polite) will do*
brauksim (braukt)	*we will go*
iesim ciemos (iet ciemos)	*we will go visiting*
vasarnīca (f.)	*summer house*
vidū	*in the middle*
līdzi	*along (with)*
pašlaik	*currently, at present*
smags, smaga	*difficult (lit. heavy) (m., f.)*
noguris, nogurusi	*tired (m., f.)*
atpūsties	*to rest, relax*
silts, silta	*warm (m., f.)*
tūlīt	*immediately*
laikam	*probably*
gulēšu (gulēt)	*I will sleep*
ugunskurs (m.)	*bonfire*
pirtī (f.)	*in the sauna*

 06.05

 LET'S PRACTISE!

Es gribētu satikties.

Nāciet ciemos!

Diemžēl es nevarēšu.

Es esmu aizņemts.

Es esmu aizņemta.

Es varētu atnākt pēc tam.

Es būšu brīvs.

Es būšu brīva.

Jā, labprāt.

Language points

GULĒT UN SĒDĒT *TO SLEEP AND TO SIT*

These two verbs describe states of being rather than action.

gulēt (*to sleep*)		**sēdēt** (*to sit*)	
es guļu	mēs guļam	es sēžu	mēs sēžam
tu guli	jūs guļat	tu sēdi	jūs sēžat
viņš, viņa, viņi, viņas guļ		viņš, viņa, viņi, viņas sēž	

Notice the stem change in the **tu** form. Otherwise the conjugation of these verbs is very similar to the **varēt** verbs.

NAV AND *DAUDZ* WITH THE GENITIVE CASE

The genitive case is also sometimes used after the word **nav**. For example, when you say that you don't have any money you will say **man nav naudas**, or if you haven't got time it will be **man nav laika**.

It is also used when you are talking about indefinite quantities, like *lots of*: **daudz darba** (*lots of work*), **daudz laika** (*lots of time*) and **daudz vietas** (*lots of room, or space*). Generally, expressions of indefinite quantity are used for uncountable things – these are things such as work, time, space, ice, flour, milk, meat and so on.

When used for countable things, the **daudz** takes on an ending and behaves like an adjective: **daudzi cilvēki** (*many people*), **daudzas vasarnīcas** (*many summer houses*) and so on.

ŠAJĀ ISTABĀ IR ... *IN THIS ROOM THERE IS ...*

durvis	*door*	gulta	*bed*	vanna	*bath*
logi	*windows*	skapis	*wardrobe*	izlietne	*sink*
sienas	*walls*	grīdsega	*carpet*	klozetpods	*toilet pan*
griesti	*ceiling*	aizkari	*curtains*	skalojamais	*cistern*
grīda	*floor*	lampa	*lamp*	krāns	*tap*
televizors	*TV set*	paklājs	*rug*	žalūzijas	*blinds*
klubkrēsls	*armchair*	kamīns	*fireplace*	galds	*table*
dīvāns	*sofa*	glezna	*painting*	krēsls	*chair*
spilvens	*cushion*	stāvlampa	*standard lamp*	spogulis	*mirror*
plaukti	*shelves*				

 06.06

Kur jūs dzīvojat? *Where do you live?*

Here are three small texts with people describing where they live. Read or listen to the texts and see how much you can pick up without consulting the vocabulary list.

Gundega stāsta: Es dzīvoju pilsētas centrā, Vecrīgā. Mans dzīvoklis ir mazs. Mana guļamistaba ir vēl mazāka. Istabā ir tikai gulta, skapis un krēsls. Virs gultas pie sienas ir plauktiņš. Uz plauktiņa ir lampa, modinātājpulkstenis un grāmatas. Viss cits ir skapī – vai zem gultas.

Džons stāsta: Mums ir saulaina trīsistabu māja Rīgas nomalē. Mums ir arī mazs dārziņš. Māja nav liela, bet mums ir liela viesistaba. Viesistabā ir dīvāns, televizors, galds un lieli grāmatu plaukti. Pie sienām ir gleznas. Pie loga ir aizkari.

Arī galds ir pie loga. Uz galda ir vāze. Ziemā mēs ēdam pie galda, bet vasarā mēs ēdam ārā, dārzā.

Māra stāsta: Mūsu dzīvoklī ir garš, plašs gaitenis. Gaitenī ir skapis. Tajā ir ģimenes mēteļi, zābaki un lietussargi. Uz grīdas ir paklājs. Pie durvīm ir spogulis.

plauktiņš (m.)	*shelf (dim.)*
modinātājpulkstenis (m.)	*alarm clock*
trīsistabu	*three-room*
nomalē (f.)	*on the outskirts*
dārziņš (m.)	*garden (dim.)*
mēs ēdam (ēst)	*we eat*
plašs, plaša	*spacious (m., f.)*
tajā	*in it*
mētelis (m.)	*coat*
zābaks (m.)	*boot*

Dialogue 4

Pēteris has finally come to visit Laima and Kārlis. He rings the doorbell and Laima answers.

 06.07

Laima	Labvakar! Lūdzu, lūdzu, nāciet iekšā! … Mēteli var ielikt skapī.
Pēteris	Paldies … Jauks dzīvoklis. Omulīgs!
Laima	Paldies, dzīvoklis nav liels, tikai 48 kvadrātmetri. Tomēr tas ir ļoti ērts: augsti griesti, plašas istabas. Arī ziemā ir silts. Diviem cilvēkiem pietiek. Un mums patīk būt otrajā stāvā.
Pēteris	Cik istabu jums ir?
Laima	Faktiski divas: viesistaba un guļamistaba. Protams, ir arī maza virtuve un vannas istaba.
Pēteris	Vai šis ir jūsu dzīvoklis? Vai tas jums pieder?
Laima	Nē, dzīvoklis mums nepieder. Mēs īrējam. Mēs jau gribētu nopirkt, bet dzīvokļi Rīgā ir dārgi.
Pēteris	Vai dzīvoklis ir mēbelēts?
Laima	Nē, mēbeles ir mūsu.
Pēteris	Ja drīkst jautāt, cik jūs maksājat mēnesī?
Laima	Tikai 200 latus. Bet tad vēl ir komunālie maksājumi: gāze, elektrība, siltais un aukstais ūdens, apkure.

TIP

Please note since 1 January 2014 the Latvian currency has been the Euro.

V nāciet iekšā! (nākt)	do come in! (imp.)
ielikt	to put in
omulīgs, omulīga	cosy (m., f.)
kvadrātmetrs (m.)	square metre
augsts, augsta	high (m., f.)
otrajā stāvā	on the second floor
mēs īrējam (īrēt)	we are renting
nopirkt	to buy
mēbelēts, mēbelēta	furnished (m., f.)
jautāt	to ask or enquire
maksājat (maksāt)	you are paying
lats (m.)	lat (Latvian currency unit)
komunālie maksājumi (m. pl.)	utilities (lit. communal payments)
gāze (f.)	gas
elektrība (f.)	electricity
siltais ūdens (m.)	hot water (lit. warm water)
aukstais ūdens (m.)	cold water
apkure (f.)	heating

> **INSIGHT**
>
> **Man pieder** *It belongs to me*
> In the last unit we learnt how the notion *to have* is expressed in Latvian. There are a number of these sorts of structures – which we could call 'dative verbs' – in Latvian:
>
> | man ir | I have |
> |---|---|
> | man pietiek | (for me) it is enough |
> | man pieder | I own (lit. to me belongs) |
> | man garšo | I like (the taste of something) |
> | man patīk | I like |
> | man sāp | (to me) hurts |
> | man der | fits me |
> | man piestāv | suits me |
> | man nāk miegs | I'm sleepy (lit. to me comes sleep) |

PIRMAIS UN PĒDĒJAIS *THE FIRST AND THE LAST*

When we talk about floors, we say the *first floor*, that is we use the ordinal number: the one which tells us the order in which things are. In Latvian, too, you use ordinals, so *first floor* is **pirmais stāvs**. Note that the first floor in Latvia is the same as the first floor in North America – there is no ground floor, as in the UK or other countries.

These are the ordinal numbers up to 10:

1	*the first*	pirm**ais**
2	*second*	otr**ais**
3	*third*	treš**ais**
4	*fourth*	ceturt**ais**
5	*fifth*	piekt**ais**
6	*sixth*	sest**ais**
7	*seventh*	septīt**ais**
8	*eighth*	astot**ais**
9	*ninth*	devīt**ais**
10	*tenth*	desmit**ais**

and also:

the last	pēdēj**ais**

This is the masculine form of the ordinal numbers. In the feminine form the ending changes from **-ais** to **-ā**: pirm**ais** to pirm**ā**. Ordinals behave like adjectives and agree with the noun. So *the first day* becomes **pirmā diena** and *the second day* will be **otrā diena**.

Pirmdiena ir nedēļas pirm**ā** dien**a**.   *Monday is the first day of the week.*

If the question is **kurā stāvā?** (*on which floor?*), the answer will be in the locative case: *on the first floor* will be **pirmajā stāvā** (*or second* – **otrajā**, *third* – **trešajā**, then **ceturtajā**, **piektajā**, **sestajā**, **septītajā**, **astotajā**, **devītajā**, **desmitajā stāvā** and so on).

The locative case ending is the same for both the masculine and the feminine forms, for example, *on the seventh day* will be **septītajā dienā**.

LATVIJAS SIEVIETES THE WOMEN OF LATVIA

The Freedom Monument **Brīvības piemineklis** in the centre of Riga is crowned by a sturdy, muscular woman holding aloft three stars. The woman symbolizes Latvia: an apt concept considering that the women of Latvia are a particularly hardy lot. They've had to be – the human cost of two major world wars in the last century meant that the stock of men was greatly depleted, twice over. Women were left to keep the farms and the homesteads going, and to help regenerate the country once the war was ended. The **saimniece** – the woman who ran the household or farm – was no mere housewife, she was considered to have an important managerial role. When the state of Latvia was established in 1918, there was no question of women not having the vote. More recently, Latvia has had a woman president as well as a female foreign minister and prime minister. Women continue to be active and prominent in public life, both in the business world as well as in culture and the arts.

Dialogue 5

Ilze has had a boring morning at work. She would like to go out for lunch, so she calls her friend Elita.

Ilze	Kā tev iet šodien? Pie mums ir kluss, nekas nenotiek. Garlaicīgi. Vai negribi paēst pusdienas kopā ar mani? Tepat uz stūra, zem mūsu biroja, ir jauns zivju restorāns. Mēs varētu satikties pie avīžu kioska.
Elita	Tagad? Zini, šodien gan nevarēšu tevi satikt. Pašreiz pie mums ir delegācija no Zviedrijas. Šorīt man bija sanāksme. Tieši šobrīd esmu konferencē. Nedrīkstu viņus atstāt. Šovakar vēl būs darba vakariņas.
Ilze	Saprotu.
Elita	Vai mēs nevarētu satikties nākamnedēļ?
Ilze	Pagaidām nezinu. Redzēsim.
Elita	Svētdienas vakarā Viesturam būs ballīte. Vai tu iesi?
Ilze	Jā, noteikti. Sen viņu neesmu redzējusi.
Elita	Es arī nākšu. Nu tad – uz redzēšanos svētdien!

nekas nenotiek	*nothing is happening*
ar mani	*with me*
stūris (m.)	*corner*
zivju restorāns (m.)	*fish restaurant*
avīžu kiosks (m.)	*newspaper kiosk*
satikt	*to meet*
delegācija (f.)	*delegation*
šorīt	*this morning*
sanāksme (f.)	*meeting*
šobrīd	*at the moment*
konference (f.)	*conference*
saprotu (saprast)	*I understand*
pagaidām	*for now*
redzēsim (redzēt)	*we'll see*
ballīte (f.)	*party (coll.)*
sen	*for a long time, for ages*

Language points

NEVARĒŠU TEVI SATIKT *I WON'T BE ABLE TO MEET YOU*

The subject of this sentence is not mentioned, but we know that it is *I*, both from the context and from the form of the verb used: **(es) nevarēšu**. Another clue is that Elita says **tevi** to Ilze instead of **tu**, because in the sentence Elita is the subject and Ilze is the direct object and therefore the accusative form of the pronoun has to be used.

Here, the pronouns are shown in both the nominative and their accusative forms:

Nom.		Acc.	
es	→	mani	*me*
tu	→	tevi	*you*
viņš	→	viņu	*him*
viņa	→	viņu	*her*
mēs	→	mūs	*us*
jūs	→	jūs	*you (pl. or polite)*
viņi	→	viņus	*them (pl. m.)*
viņas	→	viņas	*them (pl. f.)*

The English equivalents of these pronouns in the accusative are almost the same as for the pronouns in the dative. Which Latvian one you use (**man** or **mani**, for example) will depend on the context, that is on the function of the word in the sentence:

| Viņa raksta vēstuli **viņam**. | *She writes a letter to him.* |
| Viņa **viņu** mīl. | *She loves him.* |

Dialogue 6

Fiona and David were invited to a party, but they are unable to go now because their son is ill. Fiona telephones to apologize.

 06.09

Fiona	Man ļoti žēl, bet šovakar mēs nebūsim. Harijs ir slims. Viņam ļoti sāp auss un ir augsta temperatūra.
Laima	Žēl. Es ceru, ka nav nekas nopietns?
Fiona	Es domāju, ka ne. Bet mēs nezinām. Šobrīd mēs gaidām ārstu.
Laima	Neuztraucieties! Gan jau būs labi. Gaidīsim jūs citā reizē. Paldies par zvanu.

man ļoti žēl	*I'm very sorry*
šovakar	*tonight, this evening*
slims, slima	*ill (m., f.)*
viņam sāp auss	*he has an earache*
temperatūra (f.)	*temperature*
žēl	*that's a pity, so sorry*
es ceru (cerēt)	*I hope*
nekas	*nothing*
neuztraucieties (uztraukties)	*don't worry (imp.)*

citā reizē	*at another time, some other time*
par	*for*
zvans (m.)	*call (coll.)*, lit. *bell*

> **INSIGHT**
>
> **The difference between adjectives and adverbs**
>
> Adjectives describe things (nouns), but adverbs describe *how* an action is being done (verbs). For example, you can say that he is a *bad* man (adjective) or that he behaved *badly* (adverb). The ending on the word indicates whether it is an adjective or an adverb. This is the same in Latvian:
>
> | | | |
> |---|---|---|
> | Tā ir **laba** grāmata. | *That's a good book.* | (adjective) |
> | Tas ir **labs** jautājums. | *That's a good question.* | (adjective) |
> | Man iet **labi**. | *I am (going) well.* | (adverb) |
> | Viņa ļoti **labi** runā angliski. | *She speaks English very well.* | (adverb) |
>
> Sometimes, however, the ending can be the same for both adjective and adverb:
>
> | | | |
> |---|---|---|
> | Mēs esam **labi** studenti. | *We are good students.* | (adjective) |
>
> In these situations you have to remember whether the **labi** is a description for the plural noun, or an attribute of the action word – the verb.

ES TEVI SATIKŠU PIE AVĪŽU KIOSKA *I'LL MEET YOU BY THE NEWSPAPER KIOSK*

We have already seen how the **-is** ending of masculine nouns undergoes palatalization in the plural form, as well as the singular genitive form (**brālis**, **brāļi**, **brāļa**). A similar process takes place with feminine nouns ending in **-e**, but only in the plural genitive form:

Nom. pl.	Gen. pl.	
(meite**ne**s)	meite**ņ**u skola	*girls' school*
(avī**ze**s)	avī**ž**u kiosks	*newspaper kiosk*
(mēbe**le**s)	mēbe**ļ**u veikals	*furniture store*
(spē**le**s)	spē**ļ**u laukums	*playing field*
(kur**pe**s)	kur**pj**u veikals	*shoe shop*
(sve**ce**s)	sve**č**u gaisma	*candlelight*
(ro**ze**s)	ro**ž**u smarža	*scent of roses*
(biļe**te**s)	biļe**š**u kase	*ticket office*
(vijo**le**s)	vijo**ļ**u orķestris	*violin orchestra*
(zi**vi**s)	zi**vj**u restorāns	*fish restaurant*
(bi**te**s)	bi**š**u medus	*bee honey*
(plū**me**s)	plū**mj**u sula	*plum juice*
(sē**ne**s)	sē**ņ**u mērce	*mushroom sauce*
(bie**te**s)	bie**š**u zupa	*beetroot soup*
(ave**ne**s)	ave**ņ**u želeja	*raspberry jelly*

(prie**d**es)	prie**ž**u mežs	*pine forest*
(izstā**d**es)	izstā**ž**u zāle	*exhibition hall*
(cigare**t**es)	cigare**š**u dūmi	*cigarette smoke*

Transcripts

DIALOGUE 1

David	*I'd like to meet up with you. When could we meet? Are you free on Saturday or on Sunday?*
Ilze	*No, on Saturday I have a concert, I'll be busy. But, you know, tomorrow we will be having a party at home. Would you would like to come to visit us tomorrow?*
David	*Yes, that would be nice. In the afternoon I have a Latvian language lesson; however, I could come after that.*
Ilze	*Come whenever you wish. Only call us beforehand. Do you have our telephone number?*
David	*No I don't (have). Could you give me your phone number, please? Before I come, I will ring.*

DIALOGUE 2

Laima	*Come and visit us.*
Pēteris	*Yes, with pleasure, but when?*
Laima	*Maybe next week? Will you be free on Monday?*
Pēteris	*Just a moment, I'll take a look in the diary …* *Unfortunately, on Monday I won't be able to, I will be on a business trip.*
Laima	*And on Tuesday?*
Pēteris	*On Tuesday also I am busy. I've got choir. Afterwards I am going to the neighbours', it's their wedding anniversary.*
Laima	*On Wednesday, then?*
Pēteris	*Yes, on Wednesday evening I'll be free. I could come visiting on Wednesday. Wednesday evening would be good.*
Laima	*OK, then we shall expect (lit. wait) you on Wednesday at 8 o'clock. Our friends the Browns will also be (there).*
Pēteris	*But I don't know where you live. Are you on the Internet?*
Laima	*Yes we are. What is your e-mail address? I will send you an e-mail. See you on Wednesday.*

DIALOGUE 3

Pēteris	*What are you doing at the weekend?*
Džons	*On Saturday we are going out to the country. We are going to visit my wife's colleague. He owns a beautiful summer house in the middle of the forest, by a lake. Do you not want to come along?*
Pēteris	*No thank you, I won't be able to. I don't have time. Currently we have lots of work. I had a tough week. Now I'm tired, and I want to rest. Tonight I'll have a warm bath and straight to bed. On Saturday I'll probably sleep.*
Džons	*That's a pity, other friends will be there as well, many interesting people. In the evening there will be a bonfire. We're going to have a sauna also.*

WHERE DO YOU LIVE?

Gundega narrates:

I live in the centre of town, in Vecrīga. My apartment is small. My bedroom is even smaller. In the room there is only a bed, a wardrobe and a chair. Above the bed, on the wall, there is a small shelf. On the shelf there is a lamp, an alarm clock and books. Everything else is in the wardrobe – or under the bed.

John narrates:

We have a sunny three-room house on the outskirts of Riga. We also have a small garden. The house isn't large, but we have a large sitting room. In the sitting room there is a sofa, a TV, a table and large bookshelves. There are paintings on the walls. There are curtains at the window. The table also is by the window. On the table there is a vase. In the winter we eat at the table, but in the summer we eat outside, in the garden.

Māra narrates:

In our apartment there is a long, spacious corridor. In the corridor there is a wardrobe. In it there are the family's coats, boots and umbrellas. On the floor there is a rug. There is a mirror by the door.

DIALOGUE 4

Laima	*Good evening! Please, do come in! … (You) can put (your) coat in the wardrobe.*
Pēteris	*Thank you … Nice apartment. Cosy!*
Laima	*Thanks, the apartment isn't big, only 48 square metres. However, it's very comfortable: high ceilings, spacious rooms. Even in winter it is warm. For two people it's enough. And we like being on the second floor.*
Pēteris	*How many rooms do you have?*

92

Laima	In fact two: a sitting room and a bedroom. Of course there is a small kitchen and a bathroom.
Pēteris	Is it your apartment? Does it belong to you?
Laima	No, it doesn't belong to us. We're renting. We would like to buy, but apartments in Riga are expensive.
Pēteris	Is the apartment furnished?
Laima	No, the furniture is ours.
Pēteris	If I may ask, how much do you pay per month?
Laima	Only 200 lats. Then there are the utilities payments: gas, electricity, hot and cold water, heating.

DIALOGUE 5

Ilze	How are you today? It's quiet here ('chez nous'), nothing is happening. It's boring. Do you want to have lunch with me? Right here on the corner, underneath our office, there's a new fish restaurant. We could meet by the newspaper kiosk.
Elita	Now? You know, I won't be able to meet you today. Currently we have a delegation from Sweden. This morning, I had a meeting. Right at this very moment, I'm at a conference. Mustn't leave them. Tonight there will be a working dinner.
Ilze	I understand.
Elita	Could we (not) meet next week?
Ilze	I don't know. Let's see.
Elita	On Sunday evening Viesturs is going to have a party. Are you going?
Ilze	Yes, definitely. Haven't seen him for ages.
Elita	I'll be coming too. Well then – see you on Sunday!

DIALOGUE 6

Fiona	I'm so sorry, but we won't be (coming) tonight. Harry is ill. He has acute earache and a high temperature.
Laima	That's a pity. I hope that it's nothing serious?
Fiona	I think not. But we don't know. At the moment we are waiting for the doctor.
Laima	Don't worry! It will surely be all right. We shall await you some other time. Thanks for your call.

⏺ Test yourself

1 Match up the days of the week with their Latvian counterpart.

a	Monday	**i**	trešdiena
b	Tuesday	**ii**	sestdiena
c	Wednesday	**iii**	ceturtdiena
d	Thursday	**iv**	svētdiena
e	Friday	**v**	pirmdiena
f	Saturday	**vi**	otrdiena
g	Sunday	**vii**	piektdiena

2 Vai tas ir pareizi? (*Is it correct?*)

    a Ja šodien ir otrdiena, tad vakar bija pirmdiena, bet rīt būs trešdiena.

    b Ja rīt būs sestdiena, tad vakar bija ceturtdiena.

    c Ja vakar bija sestdiena, tad šodien ir pirmdiena, bet rīt būs otrdiena.

    d Ja šodien ir piektdiena, tad vakar bija ceturtdiena, bet rīt būs svētdiena.

    e Ja vakar bija svētdiena, tad šodien ir sestdiena.

    f Ja šodien ir trešdiena, tad vakar bija otrdiena.

3 Read the following story and then answer the questions. There may be one or two new words there – see if you can get the gist or guess the meaning anyhow, as you would in real life.

Braunu ģimenes dzīvoklis.

Braunu ģimenei ir piecistabu dzīvoklis ar visām ērtībām. Dzīvoklis ir ceturtajā stāvā. Dzīvoklī ir viesistaba, ēdamistaba, trīs guļamistabas, virtuve, vannas istaba, tualete un garš gaitenis. Ģimenei ir daudz grāmatu, tāpēc viesistabā ir lieli grāmatu plaukti. Pie sienām ir fotogrāfijas. Viesistabā ir arī televizors, dīvāns, divi klubkrēsli, stāvlampa un kamīns. Virs kamīna ir veca glezna. Mēbeles ir vecas. Uz dīvāna ir spilveni, uz grīdas ir paklājs. Uz dīvāna parasti guļ kaķis, bet uz grīdas, pie kamīna, guļ suns. Virtuvē ir koka grīda. Virtuvē ir galds un četri krēsli, un arī visa sadzīves tehnika: ledusskapis, plīts, mikroviļņu krāsns, izlietne un dažādi skapji. Guļamistabās, protams, ir gultas. Pie logiem ir aizkari.

    a What is the story about?

    b How many rooms in the flat?

    c On which floor is it?

    d What is in the sitting room?

    e What's on the floor in the sitting room?

    f Who usually sleeps on the sofa?

    g How many chairs in the kitchen?

    h What is at the windows?

4 In which room(s) of a house or a flat would you normally find the following? Give the name of the room(s) in Latvian.

  a krāsns
  b izlietne
  c ledusskapis
  d gulta
  e galds
  f dīvāns
  g vanna

5 Circle the correct form of the verb. It needs to be in the future tense.

  a Svētdien es *būšu / būt / būsim* aizņemta.
  b Drīz viņi *runāšu / runāsim / runās* latviski.
  c Diemžēl mēs *nevaru / nevarēsim / nevar* atnākt.
  d Vai rīt jūs *būsit / bija / ir* darbā?
  e Rīt es *zināšu / zina / zināt* vai es būšu brīvs nākamnedēļ.
  f Ceturtdien mums *būs / esmu / būsit* viesības.
  g Kad jūs *nāk / nāks / nāksit* ciemos pie mums?
  h Pēc tam es *iet / iešu / ejam* pie draugiem.

6 How would you tell someone the following?

  a I would like to meet.
  b I will see them on Saturday.
  c That would be nice.
  d I'll send them an e-mail.
  e I'm very busy.
  f The flat is on the sixth floor.
  g I'll be free in the afternoon.
  h Tonight I will be at home.
  i Tomorrow I won't be at work.

Labu ēstgribu!
Bon appetit!

In this unit you will learn:
▶ *to order food and drink in a restaurant or bar*
▶ *about requesting things*
▶ *how to describe food and what is on the table*
▶ *to say what you like or dislike about food or drink*

Pārtika un dzērieni *Food and drink*

DĀRZEŅI UN SAKNES *GARDEN VEGETABLES AND ROOT VEGETABLES*

tomāts	*tomato*	burkāni	*carrots*
gurķis	*cucumber*	bietes	*beetroot*
salāti	*lettuce*	puravi	*leeks*
redīsi	*radishes*	zirņi	*peas*
lociņi	*chives*	pupas	*beans*
dilles	*dill*	baklažāns	*eggplant*
kartupeļi	*potatoes*	spināti	*spinach*
sīpoli	*onions*	sēnes	*mushrooms*
kāposts	*cabbage*		

AUGĻI *FRUIT*

āboli	*apples*	bumbieri	*pears*
apelsīni	*oranges*	vīnogas	*grapes*
citroni	*lemons*	plūmes	*plums*
greipfrūti	*grapefruit*	aprikozes	*apricots*
banāni	*bananas*		

OGAS *BERRIES*

zemenes	*strawberries*
avenes	*raspberries*
mellenes	*blueberries*

PIENA PRODUKTI *DAIRY PRODUCE*

piens	*milk*	sviests	*butter*
biezpiens	*cottage cheese*	kefīrs	*kefir*
siers	*cheese*	jogurts	*yoghurt*
saldais krējums	*cream*	saldējums	*ice cream*
skābais krējums	*sour cream*		

MAIZE UN KONDITOREJA *BREAD AND PATISSERIE*

baltmaize	*white bread*	rudzu maize	*rye bread*
saldskābmaize	*sourdough bread*	kviešu maize	*wheat bread*
rupjmaize	*wholemeal bread*	cepumi	*biscuits*
torte	*gateau*	konfektes	*sweets*
kēkss	*cake*	šokolāde	*chocolate*

GAĻAS NODAĻA *MEAT DEPARTMENT*

Gaļa *Meat*

liellopu gaļa	*beef*	šķiņķis	*ham*
cūkgaļa	*pork*	desa	*sausage*
jēra gaļa	*lamb*	vista	*chicken*
teļa gaļa	*veal*		

Zivis *Fish*

lasis	*salmon*	siļķe	*herring*
tuncis	*tuna*	sālītas, kūpinātas un saldētas zivis	*salted, smoked and frozen fish*

DZĒRIENU NODAĻA *DRINKS DEPARTMENT*

minerālūdens	*mineral water*
sula	*juice*
alus	*beer*
tēja (zāļu, melnā)	*tea (herbal, black)*
vīns	*wine*
kafija	*coffee*

CITAS PĀRTIKAS PRECES *OTHER FOODSTUFFS*

olas	*eggs*	medus	*honey*
rīsi	*rice*	rieksti	*nuts*
cukurs	*sugar*	eļļa	*oil*
milti	*flour*	etiķis	*vinegar*
ievārījums	*jam*	garšvielas	*spices*

Dialogue 1

John tells Māra that he is going to the shop.

 07.01

Džons	Es iešu uz veikalu.
Māra	Ko tu pirksi?
Džons	Es pirkšu žurnālu, cigaretes, sērkociņus un apelsīnu sulu.
Māra	Paņem arī šokolādi ar riekstiem.
Džons	Šokolāde taču nav veselīga. Labāk ēst saknes un dārzeņus – burkānus, salātus, tomātus … Tie ir veselīgi. Tos tu vari ēst, cik tu gribi.
Māra	Tas ir tik garlaicīgi … Paņem somu.
At the shop …	
Pārdevēja	Ko jūs vēlaties?
Džons	Man, lūdzu, šo žurnālu un apelsīnu sulu.
Pārdevēja	Un ko vēl?
Džons	Cigaretes un sērkociņus.
Pārdevēja	Smēķēt nav veselīgi. Vai tas būs viss?

Ko tu pirksi? (pirkt)	*What will you buy?*
sērkociņi (m. pl.)	*matches*
veselīgs, veselīga	*healthy (m., f.)*
tos	*those (acc.)*
tik	*so*

paņem (paņemt)	(you) get (literally: take)
Ko jūs vēlaties? (vēlēties)	What would you like?
Ko vēl?	What else?
šo	this (acc.)
Vai tas būs viss?	Will that be all?

Language points

KO? – 'WHAT?' AS THE DIRECT OBJECT (THE ACCUSATIVE CASE)

The accusative case is used for the direct object, that is, the thing or person having an action carried out on it by the subject of the sentence. The question word associated with the accusative case is **ko?**

In response to the question **Ko tu pirksi?** (*What will you buy?*) the reply could be:

(subject)		(verb)		(direct object)
nominative				accusative
Es	+	pirkšu	+	žurnālu.
I		will buy		a magazine.

Here is a table of accusative endings:

	Nominative	Accusative
Singular (masc.)	žurnāl-**s**	žurnāl-**u**
	las-**is**	las-**i**
	med-**us**	med-**u**
(fem.)	sul-**a**	sul-**u**
	šokolād-**e**	šokolād-**i**
	ziv-**s**	ziv-**i**
Plural (masc.)	sērkociņ-**i**	sērkociņ-**us**
	divriteņ-**i**	divriteņ-**us**
	al-**i**	al-**us**
(fem.)	cigaret-**es**	cigaret-**es**
	vīnog-**as**	vīnog-**as**
	brokast-**is**	brokast-**is**

INSIGHT

Uz means 'on' - but also 'to'

The preposition **uz** when meaning *to somewhere* requires the accusative case of the noun in the singular:

| Džons iet **uz** veikal**u**. | John is going to the shop. |
| Kārlis iet **uz** tirg**u**. | Kārlis is going to the market. |

We saw previously that if **uz** has the meaning of *on* or *upon (something)*, it takes the genitive:

Lampa ir **uz** gald**a**.   *The lamp is on the table.*

To summarize: the preposition **uz** is followed by the noun in the genitive when it means *on* (describing place or position), but it is followed by the noun in the accusative when it means *to* (indicating direction):

Galdauts ir **uz** gald**a**. (gen.)   *The tablecloth is **on** the table.*

Mēs braucam **uz** Rīg**u**. (acc.)   *We are going **to** Riga.*

Of course, nouns in the plural go to the dative whatever the meaning of the preposition:

Glāzes ir **uz** gald**iem**.   *The glasses are **on** the tables.*

Mēs braucam **uz** lauk**iem**.   *We are going **to** the countryside.*

Dialogue 2

Fiona and David are dining out at a restaurant. David is going to start with some fish, and Fiona is going to have some soup.

 07.02

Oficiante	Ko jūs vēlētos?
Deivids	Es vēlos lasi ar salātiem.
Oficiante	Un jūs, kundze? Ko jums?
Fiona	Man, lūdzu, tomātu zupu ar ķiploku maizi.
Oficiante	Labi, tas būtu pirmais ēdiens. Un ko otrajā?
Deivids	Ko jūs ieteiktu?
Oficiante	Šodien mēs piedāvājam biznesa komplektu: pirmais ēdiens – salāti vai zupa, otrais – cepta liellopa gaļa, piedevas sēņu mērce ar kartupeļiem, un saldajā ēdienā – saldējums ar zemenēm.
Deivids	Labi, ņemsim biznesa komplektu. Man garšo sēnes. Divas porcijas, lūdzu.
Oficiante	Un ko jūs gribētu dzert?
Deivids	Mums, lūdzu, minerālūdeni un vīnu.
Oficiante	Sarkano vai balto vīnu?
Deivids	Šodien mēs ar sievu dzersim sarkano vīnu.
Oficiante	Pudeli vai glāzi?
Fiona	Pudeli.
She returns later and asks:	
Oficiante	Vai viss kārtībā?
Deivids	Jā, paldies, viss ir ļoti garšīgs.
At the end of the meal …	
Oficiante	Ko vēl varētu piedāvāt?
Deivids	Tikai rēķinu, lūdzu.

Ko jūs vēlētos? (vēlēties)	What would you like?
es vēlos (vēlēties)	I would like (lit. I desire)
pirmais ēdiens (m.)	the first course
ieteiktu (ieteikt)	would recommend
piedevas (f. pl.)	accompaniment, sides
biznesa komplekts (m.)	set meal
otrais ēdiens (m.)	the second course
piedāvāt	to offer
saldais ēdiens (m.)	dessert
porcija (f.)	portion

INSIGHT

Requesting things

There are a number of possible opening lines for requesting things. You can say:

Es gribētu …	I would like …
Es vēlos …	I would like (lit. wish (for) or desire …)
Man, lūdzu …	For me, please …
Mums, lūdzu …	For us, please …

Also:

Iedodiet man, lūdzu …	Give (to) me please …

All are polite. The main thing to remember, however, is that you as the subject of the sentence are requesting something as the direct object of the sentence. This means that the thing requested has to be in the accusative case:

(subject)		(verb)		(direct object)
Es	+	gribētu	+	sulu.
I		would like		juice.

 07.03

 LET'S PRACTISE!

es gribētu	es vēlos
man, lūdzu	mums, lūdzu
Iedodiet, man, lūdzu …	Iedodiet, mums, lūdzu …

DODIET MAN ŪDENI! *GIVE ME WATER!*

Although it is a masculine noun, the word for *water* – **ūdens** – doesn't fit in with the usual noun groups and has its own particular endings for each case:

nominative:	ūdens
genitive:	ūdens
dative:	ūdenim

accusative:	ūdeni
locative:	ūdenī

There are a few other nouns that work (or decline) in the same way: **uguns** (*fire*), **suns** (*dog*), **rudens** (*autumn*), **zibens** (*lightning*), **akmens** (*rock*) and **mēness** (*moon*).

Dialogue 3

Gundega wants to prepare a salad. She asks Nigel what sort of ingredients she should put in it.

 07.04

Gundega	Šovakar vakariņās es gribētu gatavot salātus. Ko mums vajag?
Nigel	Tomātus, gurķus, eļļu …
Gundega	Un vēl dilles arī?
Nigel	Nē, lūdzu, visu ko, tikai ne dilles. Dilles man negaršo.
Gundega	Varbūt lociņus?
Nigel	Jā, lociņus gan varētu. Un kādu gaļu mēs ēdīsim? Šķiņķi? Vistu? Desu?
Gundega	Gaļu es nēedu. Es esmu veģetāriete.
Nigel	Mans dēls arī ir veģetārietis. Viņš ēd tikai riekstus, frī kartupeļus un šokolādi.
Gundega	Es nevaru ēst riekstus. Man ir alerģija.

gatavot	*to prepare*
mums vajag (vajadzēt)	*we need*
veģetārietis, veģetāriete	*vegetarian (m., f.)*
frī kartupeļi (m. pl.)	*French fries*
alerģija (f.)	*allergy*

Language points

KAS IR GALDĀ? *WHAT'S ON THE TABLE?*

tase	*cup*	šķīvis	*plate*
bļoda	*bowl*	karote	*spoon*
nazis	*knife*	dakšiņa	*fork*
galdauts	*tablecloth*	salvete	*napkin*
glāze	*glass*	sāls	*salt*
pipari	*pepper*		

When you ask for a glass (of something), or simply a glass (as in a drinking vessel), it has to be in the accusative – **glāzi**:

Lūdzu, glāzi …	*A glass, please …*
Man vajag glāzi …	*I need a glass …*
Iedodiet man, lūdzu, glāzi …	*Please give me a glass …*

Dialogue 4

Gundega is preparing dinner and asks Nigel to help by setting the table.

 07.05

Gundega	Kamēr es gatavoju vakariņas, vai tu nevarētu uzklāt galdu?
Nigel	Jā, protams. Kas man jādara?
Gundega	Vispirms uzliec šķīvjus.
Nigel	Kur ir šķīvji?
Gundega	Šķīvji un bļodas ir skapītī pie plīts.
Nigel	Un kur ir glāzes?
Gundega	Glāzes ir plauktā, virs izlietnes. Galda piederumi – karotes, naži un dakšiņas – ir atvilktnē.

kamēr	*while, whilst*
uzklāt	*to set (the table)*
Kas man jādara? (darīt)	*What do I have to do?*
vispirms	*first of all*
uzliec (uzlikt)	*you put on (imp.)*
skapītis (m.)	*cupboard (dim.)*
galda piederumi (m. pl.)	*cutlery*
atvilktne (f.)	*drawer*

> **INSIGHT**
>
> ***Vai jums garšo …?*** *Do you like (the taste of) …?*
> To express likes or dislikes about food or drink only, we express the subject noun or pronoun in the dative with **garšo** or **negaršo**, for example **man garšo** (*I like*) and **man negaršo** (*I don't like*). Whatever is liked or disliked will be in the nominative:

Man garšo kafija.	*I like coffee.*
Deividam garšo tēja.	*David likes tea.*
Naidželam negaršo dilles.	*Nigel doesn't like dill.*
Visiem garšo šokolāde.	*Everyone likes chocolate.*

If you have enjoyed a dish or a drink you may say that it is **garšīgs** (*tasty*). Remember that mealtimes –
brokastis, pusdienas, vakariņas – are all feminine plural nouns, so we say:

garšīg**as** (or negaršīg**as)** brokast**is**, pusdien**as**, vakariņ**as**.

LATVIAN FOOD

In traditional Latvian cuisine, typical Northern European ingredients predominate: rye bread, herring and
salmon, beetroot, sour cream and cottage cheese, potato, pickled gherkin (**skābi gurķi**) and cabbage.
The food is the product of a harsh climate (short summers and long cold winters) and a close relationship
with the soil. The favourite herb is dill; it seems that this is something you either love or hate! Caraway seed
(**ķimenes**) is also used. Meat dishes mostly feature pork and also chicken. Whilst less popular, or necessary,
than during the Soviet period, many city dwellers still have a vegetable garden (**dārziņš**) somewhere outside
town, which they will tend during the summer months. A preference for locally-grown food remains, and for
seasonal fruit and vegetables, much of which is found in markets or exchanged amongst friends and relatives.
Locally caught and smoked fish can also be found, although this is not as common as it used to be.

In spring, birch tree juice (**bērzu sulas**) is collected, either drunk fresh or kept cool in a cellar as a refreshing
drink for the warmer summer months.

Dialogue 5

Kārlis and David are discussing what they are going to do about lunch.

 07.06

Kārlis	Ko mēs ēdīsim un dzersim pusdienās?
David	Šodien es gribētu ēst kādu sviestmaizi un iedzert alu. Man garšo Latvijas alus.
Kārlis	Norunāts! Vispirms iesim uz krogu. Bet pēc tam iesim uz kafejnīcu. Pēc pusdienām man patīk dzert kafiju, melnu kafiju – bez piena. Vai jums garšo kafija?
David	Patiesībā es nedzeru kafiju. Man garšo tēja. Es dzeru tēju, tēju ar pienu un cukuru.
Kārlis	Un kādu sviestmaizi ēdīsim?
David	Ar sieru, vai ar desu – vienalga.
At the pub …	
Viesmīle	Ko jūs vēlaties?
Kārlis	Man, lūdzu, sviestmaizi ar sieru un vienu alu.
Viesmīle	Lielo vai mazo? Nulle komats pieci vai nulle komats trīs?
Kārlis	Lielo, lūdzu – 0,5 (nulle komats pieci).
David	Un man, lūdzu, iedodiet maizi ar desu un vienu mazo alu.
Viesmīle	Nulle komats trīs?
David	Jā, nulle komats trīs.

ēdīsim (ēst)	*we will eat*
dzersim (dzert)	*we will drink*
sviestmaize (f.)	*sandwich*
norunāts	*agreed*
patiesībā	*in truth*
vienalga	*whatever*
nulle komats pieci	*nought point five*

> ### LATVIJAS ALUS LATVIAN BEER
>
> There is a town called Sabile in the northeast of Latvia which is famous for having the northernmost grapevines in Europe. Traditionally, however, Latvians drink beer when they are not putting away a **šņabis** or **degvīns** (*vodka*), some sort of fermented milk drink like kefīrs or a freshly-squeezed fruit juice (**svaigi spiesta augļu sula**). Nowadays there is a great range of beers, much of it **dzīvs** (*live*) and often unpasteurized. Some of the best-known brands are Tērvetes, Užavas, Brenguļu, Piebalgas, Lāčplēša, Bauskas, Cēsu, Aldaris and others. Beer on tap or *draught beer* is known as **izlejamais alus**.

Language points

ĒST UN DZERT *TO EAT AND TO DRINK*

Both of these are irregular verbs.

Tagadnē (*in the present tense*)

es dzer**u**	mēs dzer**am**
tu dzer	jūs dzer**at**
viņš, viņa, viņi, viņas dzer	

Nākotnē (*in the future tense*)

es dzer**šu**	mēs dzer**sim**
tu dzer**si**	jūs dzer**sit**
viņš, viņa, viņi, viņas dzer**s**	

Although the verb **dzert** (*to drink*) is irregular, in the future tense it follows the pattern usual to all verbs.

The verb **ēst** (*to eat*) in the future tense does not follow the pattern exactly, because the infinitive ends in -**st**. This is the way it works:

	šodien	rīt	Compare with:	
es	ēd**u**	ēdī**šu**	es	bū**šu**
tu	ēd	ēdī**si**	tu	bū**si**
viņš, viņa	ēd	ēdī**s**	viņi, viņas	bū**s**
mēs	ēd**am**	ēdī**sim**	mēs	bū**sim**
jus	ēd**at**	ēdī**sit***	jūs	bū**sit***
viņi, viņas	ēd	ēdī**s**	viņi, viņas	bū**s**

*In common usage the imperative form, **būsiet** and **ēdīsiet**, is widespread.

Note the pronunciation of the first **ē** changes: in the present tense it sounds like 'ad' in the future tense it sounds like 'air'.

AR KO? – 'WITH WHAT' OR 'WITH WHOM'? – THE INSTRUMENTAL CASE

There is another case which is called the instrumental (opinions differ as to whether it really exists in the Latvian language), for which the case question is **ar ko?**:

Es ēdu zupu **ar karoti**.

I eat soup with a spoon.

In effect, this is the same as the preposition **ar** (meaning *with*), which governs the accusative when and if the noun is in the singular.

The instrumental is used not only to express *with what?* but also *with whom?*:

Mēs **ar sievu** dzersim vīnu.	*(My) wife and I will drink wine.*
Es ēdu kopā **ar ģimeni**.	*I eat together with the family.*
Mēs runājam **ar draugu**.	*We are talking with a friend.*

The plural of the instrumental case is actually the same as the dative case with the preposition **ar**:

gaļa **ar** kartupeļ**iem**	*meat with potatoes*
saldējums **ar** zemen**ēm**	*ice cream with strawberries*

Don't forget that the preposition **bez** (*without*) requires the genitive case for nouns in the singular, so that whilst *coffee with milk and with sugar* is **kafija ar pienu un ar cukuru**, *coffee without milk and without sugar* becomes **kafija bez piena un bez cukura**.

But whichever preposition it is together with, the plural noun will always be in the dative:

šokolāde **ar** riekst**iem**	*chocolate with nuts*
šokolāde **bez** riekst**iem**	*chocolate without nuts*

Dialogue 6

Kārlis is about to go to the market.

 07.07

Kārlis	Ledusskapis ir tukšs. Es šodien iešu uz tirgu. Vai tu arī gribi kaut ko?
Laima	Nopērc augļus.
Kārlis	Kādus augļus tu vēlies?
Laima	Ābolus, apelsīnus, banānus. Vīnogas arī.
Kārlis	Vīnogas es nepirkšu. Tās ir pārāk dārgas.
Laima	Bet saldas un garšīgas.
Kārlis	Ja gatavas. Pašlaik vīnogas nav gatavas. Tās ir skābas un negaršīgas.

V tukšs, tukša	empty (m., f.)
nopērc (pirkt)	(you) buy
salds, salda	sweet (m., f.)
gatavs, gatava	ripe (m., f.), also ready
skābs, skāba	sour (m., f.)
negaršīgs, negaršīga	unpalatable, not tasty (m., f.)

INSIGHT

Kāds? – words describing food

The folowing words refer to the quality of food or drink:

svaigs	*fresh*	garšīgs	*tasty*
gatavs	*ripe*	negatavs	*unripe*
mīksts	*soft*	ciets	*hard*
veselīgs	*healthy*	sulīgs	*juicy*

Tie banāni nav gatavi. Tie ir cieti un zaļi.
Those bananas are not ripe. They are hard and green.
Šie banāni ir gatavi. Šie banāni ir mīksti un dzelteni.
These bananas are ripe. They are soft and yellow.

The following words refer to the flavour of food and drink:

skābs	*sour*	sāļš	*salty*
salds	*sweet*	rūgts	*bitter*
ass	*sharp (i.e. hot or spicy)*		

To say that something is too much, for example, *too sweet*, you use the modifier **pārāk**: **pārāk salds**.

The words **kūpināts**, **žāvēts**, **skābēts**, **marinēts**, **mazsālīts**, **cepts** and **vārīts** refer to the way food has been treated:

kūpināta vista	*smoked chicken*
žāvētas aprikozes	*dried apricots*
skābēti kāposti	*pickled cabbage (sauerkraut)*
marinēti gurķi	*marinated gherkins*
mazsālīts lasis	*lightly-salted salmon*
cepti kartupeļi	*fried, roasted or baked potatoes*
vārītas olas	*boiled eggs*

Adjectives always agree

Both adjective and number endings in the accusative are the same (in fact numbers behave like adjectives), and there is only the one ending for all three declensions.

> **Masc. endings:** singular **-u;** plural **-us**
> Man, lūdzu, vien**u** kūpināt**u** las**i**.
> *For me, please, one smoked salmon.*
> Es gribētu četr**us** gatav**us** banān**us**.
> *I would like four ripe bananas.*
>
> **Fem. endings:** singular **-u;** plural **-as**
> Iedodiet man, lūdzu, vien**u** pudel**i** vīna!
> *Please give me one bottle of wine.*
> Es gribētu div**as** sald**as** zemen**es**.
> *I would like two sweet strawberries.*

It is very important to remember that there is only the one ending for the adjective or number in the accusative, so even if you have combinations such as vien**u** pudel**i** or sald**as** zemen**es**, where the sounds are different, the adjective is still in agreement.

MAN, LŪDZU, BALTO *THE WHITE FOR ME, PLEASE*

As the Latvian language does not have any articles (no *a* or *the*) the importance of a noun can be stressed by using one of two types of adjectives. Until now you have most often seen the indefinite adjective: **jauns dzīvoklis, jauna mašīna** – roughly equivalent to *a new apartment*, *a new car*.

There are also definite adjectives. These have different endings: **jaun*ais* dzīvoklis, jaun*ā* mašīna**, and in meaning are more similar to *the new apartment*, *the new car*.

We used definite adjectives when speaking of *the* last – **pēdējais** and **pēdējā**, **pirmais** and **pirmā** (*the* first), and also **vienīgais** (*only*).

Es esmu vienīgais bērns.   *I am the only child.*

These endings may seem familiar as they are the same as for ordinal numbers.

Although you could also simply say **sarkanvīns** or **baltvīns**, we use the definite adjective when describing the specific wine we want: **saus*ais* / sald*ais* vīns** (*dry / sweet wine*) or **sarkan*ais* / balt*ais* vīns** (*red / white wine*). In the dialogue we have its accusative form:

Šodien mēs dzersim **sarkano**.   *Today we'll drink the red.*

Similarly, if you are ordering beer: **Man, lūdzu, vienu alu!** you will often be asked: **Lielo?** (*The large one?*) or **Mazo?** (*The small one?*)

When in Riga, people may ask you: **Pirmo reizi Rīgā?** – what they wish to know is whether it is *The first time in Riga?* for you!

There are some word combinations which always take the definite adjective, even if in English it may not always need a *the*:

kreisā, labā roka / kāja	*left, right arm / leg*
kreisais, labais spārns / krasts	*left, right wing / bank*
mobilais telefons	*mobile telephone*
klasiskā mūzika	*classical music*
modernā māksla	*modern art*
starptautiskā lidosta	*international airport*
centrālā stacija	*the central station*
siltais, aukstais ūdens	*warm, cold water*
komunālie maksājumi	*communal or utility payments*
Nacionālais teātris	*the National Theatre*
Klusais okeāns	*Pacific Ocean*
Baltais nams	*The White House*
Rīgas Melnais Balzams	*Riga Black Balsam*

Sometimes the adjective becomes so definite that it turns into a noun, for example **vietējais** is *a local person*. Other similar examples are: **pieaugušais** (*a grown-up* or *an adult*) and the colloquial **sīkie** (*the tinies*), referring to children.

Dialogue 7

Fiona is planning to go on a diet. She asks Māra what she has to eat during the day.

 07.08

Fiona	Ko tu parasti ēd brokastīs?
Māra	Brokastīs es ēdu jogurtu ar augļiem, varītu vai ceptu olu, maizi ar sieru un dažreiz arī pankūkas ar ievārījumu.
Fiona	Un pusdienās?
Māra	Pusdienās parasti es ēdu dārzeņu salātus ar vistu, dažreiz ar zivi. Pēc tam kādu saldo ēdienu. Diezgan bieži pēc pusdienām es ēdu arī torti vai cepumus. Un dzeru stipru kafiju bez cukura.
Fiona	Un vakariņās?
Māra	Vakariņās es neēdu daudz, tikai mazliet gaļas ar saknēm. Varbūt karbonādi ar burkāniem vai zirņiem krējumā. Neko daudz. Ak jā, un vēl kartupeļus. Bez kartupeļiem es nevaru dzīvot.

pankūkas (f. pl.)	*pancakes*
dažreiz	*sometimes*
bieži	*often*
stiprs, stipra (m., f.)	*strong*
karbonāde (f.)	*meat dipped in egg and fried*

Language points

ES IEŠU UZ TEĀTRI AR DRAUGU *I'M GOING TO THE THEATRE WITH A FRIEND*

The accusative case is not only used when talking about food and drink, but also for the direct object in any context. Here are some more examples of how it works. The verb and the noun in the accusative are in bold:

Šodien Deivids **spēlē golfu**.	*Today David is playing golf.*
Fiona ir mājās, un **lasa avīzi**.	*Fiona is at home and reading the paper.*
Dzīvoklī **nevar dzirdēt satiksmi**.	*In the apartment (one) can't hear the traffic.*
Laima gultā **skatās televizoru**.	*Laima is watching TV in bed.*
Pie datora Kārlis **raksta e-pastu**.	*At the computer Kārlis is writing an e-mail.*
Naidžels **gaida draudzeni Gundegu**.	*Nigel is waiting for (his) girlfriend Gundega.*
Viņš **pasūtīja galdiņu** restorānā.	*He booked a table in a restaurant.*
Gundega **pērk** lūpu **krāsu**.	*Gundega is buying lipstick.*
Viņa **neredz pulksteni**.	*She doesn't see the clock.*
Viņa **dod naudu** pārdevējai.	*She is giving money to the sales assistant.*
Ilze **nevar atrast** dzīvokļa **atslēgas**.	*Ilze can't find the apartment keys.*
Viņa **meklē atslēgas** rokassomā.	*She is looking for for the keys in (her) handbag.*
Millija raud, viņa **grib** jaunu **divriteni**.	*Milly is crying, she wants a new bicycle.*
Tirgū **nepārdod divriteņus**.	*At the market (they) don't sell bicycles.*
Harijs **saprot** latviešu **valodu**.	*Harry understands the Latvian language.*

Transcripts

DIALOGUE 1

John	*I'm going to the shop.*
Māra	*What are you going to buy?*
John	*I will buy a magazine, cigarettes, matches and orange juice.*
Māra	*Get some chocolate with nuts as well.*
John	*Chocolate isn't healthy. It's better to eat root vegetables and garden vegetables – carrots, lettuce, tomatoes …*
	They are healthy. Those you can eat as much as you like.
Māra	*That's so boring … Take a bag.*
*****	
Saleswoman	*What would you like?*
Džons	*For me, please, this magazine and orange juice.*
Saleswoman	*And what else?*
Džons	*Cigarettes and matches.*
Saleswoman	*It's not healthy to smoke. Will that be all?*

DIALOGUE 2

Waitress	*What would you like?*
David	*I'd like salmon with salad.*
Waitress	*And you, madam, what for you?*
Fiona	*For me, please, tomato soup with garlic bread.*
Waitress	*OK, that would be the first course. And for the second (course)?*
David	*What would you recommend?*
Waitress	*Today we are offering a set lunch. First course is salad or soup, second course roast beef, accompanied by potatoes and mushroom sauce, and for dessert – ice cream with strawberries.*
David	*Right, we'll take the set meal. I like mushrooms. Two portions, please.*
Waitress	*And what would you like to drink?*
David	*For us, please, mineral water and wine.*
Waitress	*Red or white wine?*
David	*Today my wife and I will drink red wine.*
Waitress	*Bottle or glass?*
Fiona	*A bottle.*
***	
Waitress	*Is everything OK?*
David	*Yes thanks, everything is very tasty.*
***	
Waitress	*Anything else? (Lit. What else could we offer?)*
David	*Only the bill, please.*

DIALOGUE 3

Gundega	*Tonight I would like to prepare a salad for dinner. What do we need?*
Nigel	*Tomatoes, cucumbers, oil …*
Gundega	*And some dill as well?*
Nigel	*No, please, everything but dill. I don't like dill.*
Gundega	*Chives perhaps?*
Nigel	*Yes, we could (have) some chives. And what kind of meat shall we eat? Ham? Chicken? Sausage?*
Gundega	*I don't eat meat. I'm a vegetarian.*
Nigel	*My son is a vegetarian too. He only eats nuts, potato fries and chocolate.*
Gundega	*I can't eat nuts. I've got an allergy.*

DIALOGUE 4

Gundega	*While I'm preparing dinner, could you set the table?*
Nigel	*Yes, of course. What do I have to do?*
Gundega	*First of all put on the plates.*
Nigel	*Where are the plates?*
Gundega	*Plates and bowls are in the little cupboard by the stove.*
Nigel	*And where are the glasses?*
Gundega	*Glasses are on the shelf above the sink. Cutlery – spoons, knives and forks – is in the drawer.*

DIALOGUE 5

Kārlis	*What shall we eat and drink for lunch?*
David	*Today I would like to eat a sandwich and drink beer. I like Latvian beer.*
Kārlis	*Agreed! First of all, we'll go to the pub. But after that, let's go to a café. After lunch I like to drink coffee, black coffee – without milk. Do you like coffee?*
David	*Actually I don't drink coffee. I like tea. I drink tea, tea with milk and sugar.*
Kārlis	*And what kind of sandwich shall we eat?*
David	*With cheese, or with sausage – whatever.*
***	
Barmaid	*What would you like?*
Kārlis	*For me, please, a cheese sandwich and a beer.*
Barmaid	*The large or the small? Point five or point three?*
Kārlis	*The large, please, zero point five.*
David	*And for me please, give me a sandwich with sausage and a small beer.*
Barmaid	*The point three?*
David	*Yes, nought point three.*

DIALOGUE 6

Kārlis	*The fridge is empty. I'm going to the market today. Do you want something as well?*
Laima	*Buy (some) fruit.*
Kārlis	*What sort of fruit do you want?*
Laima	*Apples, oranges, bananas. Grapes as well.*
Kārlis	*I'm not buying grapes. They're too expensive.*
Laima	*But sweet and tasty.*
Kārlis	*If ripe. At the moment the grapes aren't ripe. They're sour and unpalatable.*

DIALOGUE 7

Fiona	*What do you usually eat for breakfast?*
Māra	*For breakfast I eat yogurt with fruit, a boiled or fried egg, bread with cheese, and sometimes also pancakes with jam.*
Fiona	*And for lunch?*
Māra	*For lunch I usually eat a garden salad with chicken, sometimes with fish. Afterwards, some kind of dessert. Fairly often after lunch I have some gateau or biscuits. And I drink strong coffee, without sugar.*
Fiona	*And for dinner?*
Māra	*At dinner I don't eat much, only a bit of meat with vegetables. Pehaps a karbonade, with carrots or peas in cream. Nothing much. Oh yes, and potatoes as well. I can't live without potatoes.*

Test yourself

1 Ask for the following food items using the sentence **Es gribētu, lūdzu** … (in the accusative case, of course):

āboli, sula, olas, mērce, ledus, ievārījums, tēja, burkāni, kafija, sviests, maize, lasis, cepumi, zupa, šokolāde.

2 You're in a café in Riga with a friend who doesn't speak any Latvian. You now have to order for her as well as for yourself. Answer the following questions in Latvian.

  a How would you ask for tea with milk?

  b How would you ask for tea without milk?

  c How would you ask for coffee with milk and with sugar?

  d How would you ask for some bread and butter?

  e How would you ask for the salad without oil?

  f How would you ask for strawberries with cream?

  g Your friend is allergic to nuts – how do you say 'without nuts'?

  h How would you say that you have an allergy?

3 Tell someone **kāpēc** – *why* you don't like something. Don't forget to make the adjective agree with the noun.

Example: Man negaršo desa. Kāpēc? Tāpēc, ka tā ir pārāk asa.

Man negaršo … Kāpēc?

a	medus	*too sweet*
b	siļķes	*too salty*
c	citroni	*too sour*
d	alus	*too bitter*

4 Something is not quite right with these foods! A mad cook has run amok with the menu and mixed up the pairs. Match the appropriate description to the food item. (Clue: we have made the adjectives match the items they are describing.)

a	salds	**i**	greipfrūts
b	žāvēta	**ii**	kartupeļi
c	rūgts	**iii**	zivis
d	cepta	**iv**	citrons
e	svaigi	**v**	pipars
f	vārīti	**vi**	vīnogas
g	sāļi	**vii**	augļi
h	skābs	**viii**	rieksti
i	veselīgi	**ix**	čipsi
j	ass	**x**	banāns
k	sulīgas	**xi**	medus
l	cieti	**xii**	gaļa
m	mīksts	**xiii**	salāti
n	kūpinātas	**xiv**	aprikoze

5 Finish off the phrases using the correct case.

    a sula ar (ledus)

    b tēja ar (citrons)

    c maize ar (desa)

    d maize ar (siers)

    e tēja ar (piens)

    f kafija ar (krējums)

    g omlete ar (sēnes)

    h zivs ar (rīsi)

    i saldējums ar (zemenes)

    j pica ar (spināti)

    k karbonāde ar (kartupeļi un mērce)

6 You are out for a meal. Answer the following questions in Latvian.

    a Say that you would like some mineral water.

    b If the waiter is offering you **pirmais ēdiens**, what is he talking about?

    c How would you ask your fellow diner what they would like?

    d How would you ask the waitress what she recommends?

    e What would someone say to you if they wished to know what you would like to drink?

    f You want to compliment the food or drink and to say that something is tasty. What word do you use?

Ejam iepirkties!
Let's go shopping!

In this unit you will learn:
▶ *to ask for quantities*
▶ *about buying clothing*
▶ *to express necessity*
▶ *to talk about likes and dislikes (not food)*

Dialogue 1

Ilze is food shopping. She needs some bread, mineral water and apples. She is talking to the male sales assistant.

🎧 08.01

Ilze	Sakiet, lūdzu, vai tā maize ir svaiga?
Pārdevējs	Jā, protams, ka svaiga.
Ilze	Iedodiet man, lūdzu, puskukuli maizes. Cik maksās?
Pārdevējs	Ls 0,52 (piecdesmit divus santīmus). Un ko vēl?
Ilze	Vienu pudeli minerālūdens.
Pārdevējs	Ko vēl?
Ilze	Lūdzu, iedodiet man vienu kilogramu ābolu.
Pārdevējs	Kurus ābolus jūs vēlaties?
Ilze	Tos sarkanos, lūdzu. Un tas būs viss.
Pārdevējs	Āboli būs 76 (septiņdesmit seši) santīmi. Kopā sanāk Ls 2,53 (divi lati piecdesmit trīs santīmi).
Ilze	Tas nav lēti.
Pārdevējs	Citur ir dārgāk.

> **TIP**
> Please note since 1 January 2014 the Latvian currency has been the Euro.

puskukulis (m.)	*half loaf*
Cik maksās?	*How much will it cost?*
Ko vēl?	*What else?*
kilograms (m.)	*kilogram*
santīms (m.)	*centime*
sanāk (sanākt)	*it comes to*
lēti	*cheap*
citur	*elsewhere*
dārgāk	*more expensive*

Language points

ASKING FOR QUANTITIES OF SOMETHING

Remember that when asking for something you use the accusative case. This applies to quantities too. But, because you are asking for a quantity *of* something, the food or drink item will be in the genitive case.

Look at the following examples:

Lūdzu, iedodiet man … (Es gribētu … / Es vēlos … / Man, lūdzu …)

litru (puslitru)	*a litre (half a litre)*	piena	*of milk*
kilogramu (puskilo)	*a kilo (half a kilo)*	miltu	*of flour*
divus kilogramus	*two kilos*	kartupeļu	*of potatoes*
100 gramus	*100 grams*	desas	*of sausage*
paku	*a packet*	sviesta	*of butter*
paciņu	*a small packet*	garšvielu	*of spice*
kukuli	*a loaf*	maizes	*of bread*
šķēli	*a slice*	šķiņķa	*of ham*
pudeli vai glāzi	*a bottle or glass*	sulas	*of juice*
gabalu	*a piece*	siera	*of cheese*
gabaliņu	*a small piece*	šokolādes	*of chocolate*

Compare these two sentences. The words in the accusative case (i.e. the direct object) are in bold:

Lūdzu, iedodiet man **maizi**!	*Please give me bread!*
Lūdzu, iedodiet man **kukuli** maizes!	*Please give me a loaf of bread!*

Here are some more examples. See how the adjective and numeral agrees with the accusative noun:

Es gribētu **maizi**.

  I would like [some] bread.

Es gribētu **svaigu maizi**.

  I would like [some] fresh bread.

Es gribētu **kukuli** maizes.

  I would like a loaf of bread.

Es gribētu **vienu kukuli** maizes.

  I would like one loaf of bread.

Es gribētu **vienu kukuli** svaigas maizes.

  I would like one loaf of fresh bread.

Dialogue 2

Kārlis is at the market buying dairy products. He is talking to the female sales assistant.

 08.02

Kārlis	Vai jums ir piena produkti?
Pārdevēja	Jā, protams. Ko jūs vēlaties?
Kārlis	Es gribētu, lūdzu, vienu paciņu sviesta un divus litrus piena.
Pārdevēja	Un ko vēl?
Kārlis	Gabalu siera, lūdzu.
Pārdevēja	Kuru sieru?
Kārlis	To, tur.
Pārdevēja	Cik daudz?
Kārlis	Apmēram 200 (divsimt) gramus.
The sales assistant cuts off a piece of cheese.	
Pārdevēja	Nu … tā. Vai pietiks?
Kārlis	Par daudz. Mazāk, lūdzu.
Pārdevēja	Nu … tā. Vai pietiks?
Kārlis	Par maz. Mazliet vairāk, lūdzu.
Pārdevēja	Nu … un tagad?
Kārlis	Paldies, pietiks.
Pārdevēja	Vai tas būs viss?
Kārlis	Jā, paldies.
Pārdevēja	Maisiņu arī vajadzēs?
Kārlis	Nē, paldies, man ir soma.

to	*that [one] (acc.)*
Cik daudz?	*How much? (of something)*
Vai pietiks? (pietikt)	*Will that be enough?*
vairāk	*more*
maisiņš (m.)	*carrybag (dim.)*
vajadzēs (vajadzēt)	*will need*

Language points

MAZLIET VAIRĀK *A LITTLE BIT MORE*

To form comparative and superlative degrees of both adjectives and adverbs you add little bits before and after (these are called prefixes and suffixes).

Adjectival comparatives change to match the gender and case. This means that their endings agree with the noun they are describing:

la**bs**, la**bāks**, **vis**la**bāk**a**is** (veikal**s**) *good, better, the best shop*

svaig**a**, svaig**āka**, **vis**svaig**ākā** (maiz**e**) *fresh, fresher, the freshest bread*

Adverbial comparatives are different. They are impersonal and refer to how something gets done, hence they don't have an ending indicating the gender or number:

dārg**i**, dārg**āk**, **vis**dārg**āk**   *expensive, more expensive, the most …*
lēt**i**, lēt**āk**, **vis**lēt**āk**   *cheap, cheaper, the cheapest*
maz, maz**āk**, **vis**maz**āk**   *a little, less, the least*

The comparative of **daudz** doesn't follow the usual pattern:

daudz, vairāk, **vis**vairāk   *much, more, the most*

INSIGHT

Talking about a part of something

Partitive words, such as *some*, *many* or *much*, are words that refer to a part or quantity of a group or amount. In Latvian, the word *some* (**daži**) is used only for countable things. If you want to ask for some milk, you will have to use **mazliet** (*a little bit of*) followed by the genitive **piena**.

Generally, when talking about indefinite quantities, you need to use the genitive case:

Viņa nestrādā, viņai ir **daudz laika**.   *She doesn't work, she has lots of time.*
Iedodiet mums **mazliet maizes**.   *Give us a little bread.*
Viņam nav **nemaz naudas**.   *He doesn't have any money at all.*

 08.03

 LET'S PRACTISE!
Vai tas būs viss?
Un ko vēl?
Pietiks, paldies.
Par daudz – mazāk, lūdzu.
Par maz – vairāk, lūdzu.
Mazliet vairāk.

VEIKALI UN PAKALPOJUMI *SHOPS AND SERVICES*

lielveikals	*supermarket*	grāmatnīca	*bookshop*
avīžu kiosks	*newsagency*	kurpju veikals	*shoe shop*
ziedu salons	*flower shop*	apģērbu veikals	*clothing shop*
pārtika	*food*	dāvanas	*gifts*
aptieka	*pharmacy*	bērnu preces	*children's goods*
ķīmiskā tīrītava	*the dry cleaner's*	veļas mazgātuve	*laundry*
elektrotehnika	*electrical equipment*		
(sadzīves tehnika)	(*domestic appliances*)		

apavu, somu, pulksteņu remonts *footwear, bag, watch repairs*

In everyday speech **ziedu salons** will often be referred to as **puķu veikals**.

Dialogue 3

Ilze is at the newspaper kiosk.

 08.04

Ilze	Vai jūs pārdodat transporta biļetes?*
Pārdevēja	Jā, cik jūs vēlaties?
Ilze	Iedodiet man, lūdzu, piecas biļetes.
Pārdevēja	Un ko vēl?
Ilze	Avīzi, lūdzu.
Pārdevēja	Kuru avīzi?
Ilze	Dienu.
Pārdevēja	Nu … tā. Vai tas būs viss?
Ilze	Šajos ziemas vakaros ir tumšs. Man arī vajag atstarotāju.
Pārdevēja	Atstarotāju? Vairs nav. Visi izpārdoti.
Ilze	Kur es varētu tādu nopirkt?
Pārdevēja	Pamēģiniet lielveikalā.

atstarotājs (m.)	*reflector*
vairs	*any more*
izpārdoti	*sold out*
pamēģiniet (pamēģināt)	*try (imp.)*

*Note that on public transport in Latvia you now use an electronic travel card called an **e-talons**.

Language points

IEDODIET BIĻETES *GIVE (ME) TICKETS*

Whilst it hasn't been indicated who, it is obvious from the construction that someone (the subject) should give the tickets (the direct object) to Ilze (the indirect object). Quite often in Latvian the subject of the sentence will not be named. However, a typical simple sentence will have all four elements: a subject, a verb, a direct object and an indirect object. For example, *The sales assistant gives the newspaper to Ilze* will be expressed like this:

subject (nominative)	verb	direct object (accusative)	indirect object (dative)
Pārdevēja	+ dod	+ avīzi	+ Ilzei.

PIRKT UN PĀRDOT – *'TO BUY' AND 'TO SELL'*

pārdot (to sell)

es pārdod**u**	mēs pārdod**am**
tu pārdod	jūs pārdod**at**
viņš, viņa, viņi, viņas pārdod	

pirkt (to buy)

es pērk**u**	mēs pērk**am**
tu pērc	jūs pērk**at**
viņš, viņa, viņi, viņas pērk	

In the future tense both of these verbs behave like regular verbs: *I will sell* is **es pārdošu** and *I will buy* is **es pirkšu**.

Pērc ar karti is a sign appearing increasingly more often in shops. Can you work out what it means?

> **FOLKLORE AND TRADITIONAL RELIGION**
>
> The Latvian folk religion is closely linked to nature. God or **Dieviņš** is described as a man in a plain grey coat, he is so gentle that when he walks through a cornfield it doesn't stir. The two next most important deities are **Laima** and **Māra** – goddess of fortune and the goddess of nature respectively. **Laima** was sometimes to be found in the **pirts** (or sauna) because, since this was the cleanest place in the ancient homestead, traditionally women went there to give birth. In Latvian, someone who was born under a lucky star is said to have been born **Laimas krekliņā** – *in Laima's shirt*. There was also **Jūras māte** (*Sea Mother*), **Vējamāte** (*Wind Mother*) and **Zemes māte** (*Earth Mother*). Two male deities were **Mēness** (*the Moon*) and **Pērkons** (*Thunder*). **Mēness** was known as the soldier's friend and also the ruler of the stars, but **Pērkons** was a more fierce being, a Jupiter or Zeus-like figure. All these deities feature in the **dainas**.

APĢĒRBS *CLOTHING*

blūze
cepure
cimdi
krekls
svārki
bikses
zeķes

uzvalks	*suit (man)*	kostīms	*suit (woman)*
džemperis	*jumper*	jaka	*cardigan*
krekls	*shirt*	blūze	*blouse*
bikses	*trousers*	svārki	*skirt*
zeķes	*socks*	zeķubikses	*tights*
apakšbikses	*underpants*	krūšturis	*bra*
šorti	*shorts*	tops	*top*
vējjaka	*windcheater*	mētelis	*coat*
zābaki	*boots*	kurpes	*shoes*
josta	*belt*	šalle	*scarf*
cepure	*hat*	cimdi	*gloves*

žakete	jacket	čības	slippers
kažoks	fur coat	kaklasaite, šļipse	necktie
papēži	heels	(sing.: papēdis)	
kabatas	pockets	(sing.: kabata)	

Dialogue 4

It's a Saturday. David and Fiona are going shopping at one of the large shopping centres. On the way there they run into one of David's colleagues, Kārlis.

 08.05

Kārlis	Ko jūs šodien darīsit?
David	Mēs iesim uz lielveikalu iepirkties.
Kārlis	Ko jūs pirksit?
Fiona	Dēlam pirksim džemperi. Man vajag kurpes, un Deividam vajag jaunu kreklu un jaunas bikses.

At the department store David tries on a shirt.

David	Vai man der šis krekls?
Pārdevēja	Es domāju, ka tas jums ir mazliet par lielu. Piedurknes ir par garu, un, redziet, te – par platu. Varbūt šis būs labāks?

Meanwhile Fiona is at the shoe shop.

Fiona	Es gribētu uzlaikot tās kurpes.
Pārdevējs	Kuras?
Fiona	Tās tur, skatlogā, kreisajā stūrī.
Pārdevējs	Kāds ir jūsu izmērs?
Fiona	Man liekas, ka izmērs būs 38. (trīsdesmit astotais). Vai tās ir ādas?
Pārdevējs	Jā, ādas.

The shop assistant brings the shoes and Fiona tries them on.

Pārdevējs	Vai der?
Fiona	Nē, neder. Nav pareizais izmērs. Mazliet par mazu.
Pārdevējs	Tad jums droši vien vajag 39. (trīsdesmit devīto). Acumirkli, es atnesīšu 39. izmēru.

He brings a larger size.

Pārdevējs	Vai der?
Fiona	Jā, tieši laikā! Šīs ir ļoti ērtas kurpes. Cena arī ļoti laba.
Pārdevējs	Izskatās labi. Jums piestāv. Vai ņemsit?
Fiona	Krāsa gan man nepatīk. Šīs melnās tādas … iedodiet man, lūdzu, tās baltās.

iepirkties	*to shop or to go shopping*
man der	*(it) fits me*
par lielu	*too large*
piedurknes (f. pl.)	*sleeves*
par garu	*too long*
par platu	*too wide*
uzlaikot	*to try on*
skatlogs (m.)	*shop display window*
kreisajā stūrī	*in the left corner*
izmērs (m.)	*size*
neder	*doesn't fit*
pareizais	*the correct*
par mazu	*too small*
man liekas	*I think or believe (lit. it seems to me)*
atnesīšu (atnest)	*I will bring*
tieši laikā	*just right*
cena (f.)	*price*
jums piestāv	*suits you*

INSIGHT

Kā tas izskatās? *How does it look?*
You are shopping for clothes and things are going well. This is what you could say:

Izskatās labi.	*It looks good.*
Man der.	*It fits me.*
Man piestāv.	*It suits me.*
Tieši laikā!	*Just right!*

Problēmas *Problems with clothing*
But sometimes not everything is as it should be:

nepareizais izmērs	*the wrong size*
Man neder.	*It doesn't fit me.*
Man nepiestāv.	*It doesn't suit me.*
par lielu	*too large*
par mazu	*too small*
par garu	*too long*
par īsu	*too short*
par platu	*too wide*
par šauru	*too narrow*

Dialogue 5

Laima admires Gundega's shoes.

 08.06

Laima	Man patīk tavas sarkanās kurpes. Vai tās ir jaunas?
Gundega	Nē, tās ir pavisam vecas. Skaties – papēži jau nodiluši.
Laima	Bet tev piestāv. Ar to sarkano kleitu izskatās ļoti labi. Kur tu pirki?
Gundega	Vairs neatceros. Man šķiet, ka varbūt kaut kur Barona ielā. Tur atrodas daži labi kurpju veikali. Parasti es iepērkos tur.
Laima	Īstenībā es tagad meklēju zābakus. Nāk ziema, un man nav ko vilkt kājās.
Gundega	Jā, man arī vajag zābakus. Un siltu, biezu mēteli.
Laima	Pērc kažoku. Kad krīt sniegs, kažoks ir vislabākais.
Gundega	Droši vien. Bet man šķiet, ka šoreiz es pirkšu vilnas mēteli. Man jau ir kažokādas cepure.

pavisam	*completely*
nodiluši	*worn away*
vairs neatceros (atcerēties)	*I don't remember anymore*
man šķiet	*it seems to me*
iepērkos (iepirkties)	*I shop*
īstenībā	*actually*
vilkt	*to wear*
biezs, bieza	*thick (m., f.)*
krīt (krist)	*falls, is falling*
šoreiz	*this time*
vilna (f.)	*wool*
kažokāda (f.)	*fur*

Language points

MAN VAJAG SILTU, BIEZU MĒTELI *I NEED A WARM, THICK COAT*

Here are some words to describe clothing:

silts	*warm*	vilnas	*woollen*
biezs	*thick*	kažokādas	*fur*
plāns	*thin*	kokvilnas	*cotton*
ādas	*leather*	puķains	*flowery*
svītrains	*striped*	spilgts	*vivid*
rūtains	*checked*		

> **INSIGHT**
>
> **Man vajag …** *I need …*
>
> One way of expressing necessity is the structure **man vajag**. This is unusual in that it requires the accusative case:
>
> **Ko** tev vajag?   *What do you need?*
>
> Man vajag **zābakus**.   *I need boots.*
>
> When speaking about the future, you simply change the verb part to **vajadzēs**.
>
> A shop assistant may ask you:
>
> Maisiņu **vajadzēs**?   *Will (you) need a carrier bag?*
>
> Similarly, when speaking about the past, the verb part changes to **vajadzēja**:
>
> Deividam **vajadzēja** jaunu kreklu.   *David needed a new shirt.*

Dialogue 6

Kārlis and Laima are getting dressed and ready to go out to a party. They are not impressed with each other's choice of clothing.

 08.07

Laima	Tu taču nevilksi to violeto kreklu.
Kārlis	Es gribēju vilkt balto, bet tas ir netīrs.
Laima	Kāpēc tu to neaiznesi uz veļas mazgātuvi? Vai tev nav cita?
Kārlis	Nē, tas ir mans vienīgais baltais krekls. Starp citu, tās sarkanās kurpes nepiestāv tai kleitai. Un tā baltā rokassoma … tā ir šausmīga!
Laima	Šī puķainā kleita ir mana mīļākā kleita!
Kārlis	Kleita nav slikta, bet tev vajag citas kurpes.
Laima	Citu kurpju man nav. Tikai tie brūnie zābaki.
Kārlis	Tos brūnos zābakus gan nevelc!
Laima	Es domāju, ka man vajadzēs jaunas kurpes.
Kārlis	Es jau zinu. Jaunas kurpes … jaunu rokassomu … jaunu dzīvokli … jaunu vīru … kur tas viss beigsies?

nevilksi (vilkt)	*you won't wear*
netīrs, netīra	*dirty (m., f.)*
neaiznesi (aiznest)	*(you) didn't take (lit. carry)*
šausmīgs, šausmīga	*horrible (m., f.)*
mīļākais, mīļākā	*favourite (m., f.)*
jau	*already*
Kur tas viss beigsies? (beigties)	*Where will it all end?*

Language points

PATĪK AND NEPATĪK – EXPRESSING LIKE AND DISLIKE

The verb **man patīk** works the same way as the verb **man garšo**, and they both mean *to like*, but they are not exactly the same. The latter, **man garšo**, is used only when talking about things which are eaten or drunk. **Man patīk** can be used for everything or anything that you like or dislike: clothes, hobbies, books, films, people, activities, the weather and so on.

TĀS SARKANĀS KURPES *THOSE RED SHOES*

The definite ending on adjectives is used when speaking about something concrete or known, or something that has already been mentioned previously.

It is also used after demonstrative pronouns (**šis**, **tas**, etc.) or possessive (**mans**, **jūsu**, etc.) pronouns. In the previous dialogues we saw definite adjectives in the accusative case:

šīs melnās kurpes	*these black shoes*
to sarkano kleitu	*that red dress*
to violeto kreklu	*that purple shirt*
es gribēju vilkt **balto** …	*I wanted to wear the white …*
tos brūnos zābakus	*those brown boots*

See how the endings change across the cases:

		Nominative	Locative	Accusative
Singular	*masc.*	balt**ais**	balt**ajā**	balt**o**
	fem.	balt**ā**	balt**ajā**	balt**o**
Plural	*masc.*	balt**ie**	balt**ajos**	balt**os**
	fem.	balt**ās**	balt**ajās**	balt**ās**

To summarize, for the accusative of definite adjectives:

▶ The singular ending for both masculine and feminine is **-o**.
▶ The plural endings are **-os** (masculine) and **-ās** (feminine).

For example: **šodien es vilkšu …**:

balt**o**	*kreklu, mēteli, kleitu, blūzi, cepuri, kostīmu, uzvalku, šalli*
balt**os**	*zābakus, svārkus, cimdus*
balt**ās**	*kurpes, bikses, zeķes*

Dialogue 7

Elita bought a new suit, but on getting home discovered that there were a few problems with it. She has returned to the shop to complain.

08.08

Elita	Es gribu sūdzēties!
Pārdevēja	Jā, lūdzu, kas par lietu?
Elita	Es vakar te nopirku kostīmu, bet vēlāk mājās pamanīju, ka žaketei ir notrūkusi poga un svārkiem ir saplīsis rāvējslēdzējs.
Pārdevēja	Kā tas var būt? Vai kostīms ir jauns?
Elita	Jā, kostīms ir pavisam jauns. Vakar pirkts, taču!
Pārdevēja	Vai jums ir čekiņš?
Elita	Jā, te ir jūsu veikala kvīts.
Pārdevēja	Parādiet!

sūdzēties	*to complain*
Kas par lietu?	*What's up?*
pamanīju (pamanīt)	*I noticed*
notrūkusi (notrūkt)	*has come off*
poga (f.)	*button*
saplīsis (saplīst)	*has broken*
rāvējslēdzējs (m.)	*zip*
čekiņš (m.)	*receipt*
kvīts (f.)	*receipt*
parādiet (parādīt)	*show (imp.)*

INSIGHT

Ko tu šodien vilksi? *What will you wear today?*

Another way of asking what someone is wearing is **Kas viņam** or **viņai mugurā?**, literally *What has he* or *she got in* (meaning *on*) *their back?*. This form of expression is typical when talking about clothing.

There are a number of similar metaphorical expressions which describe how things are worn – don't take them too literally:

Galvā – es vilkšu cepuri.	*On my head – I will wear a hat.*
Ap kaklu – šalli.	*Around my neck – a scarf.*
Rokās – cimdus.	*On my hands – gloves.*
Pirkstos – gredzenus.	*On my fingers – rings.*
Kājās – bikses.	*On my legs – trousers.*
Kājās – kurpes, zeķes.	*On my feet – shoes, socks.*
Mugurā – kreklu, džemperi, kleitu, žaketi, svārkus.	*On my back – a shirt, a jumper, a dress, a jacket, a skirt.*

Transcripts

DIALOGUE 1

Ilze	*Tell me, is that bread fresh?*
Saleswoman	*Yes, of course it's fresh.*
Ilze	*Give me, please, a half loaf of bread. How much will that cost?*
Saleswoman	*52 centimes. And what else?*
Ilze	*One bottle of mineral water.*
Saleswoman	*What else?*
Ilze	*Please give me 1 kilogram of apples.*
Saleswoman	*Which apples do you want?*
Ilze	*Those red ones, please. And that will be all.*
Saleswoman	*The apples will be 76 santims. Together it comes to 2 lats and 53 santims.*
Ilze	*That's not cheap.*
Saleswoman	*It's more expensive elsewhere.*

DIALOGUE 2

Kārlis	*Do you have dairy products?*
Saleswoman	*Of course. What would you like?*
Kārlis	*I would like, please, a packet of butter and 2 litres of milk.*
Saleswoman	*And what else?*
Kārlis	*A piece of cheese, please.*
Saleswoman	*Which cheese?*
Kārlis	*That one there.*
Saleswoman	*How much?*
Kārlis	*About 200 gram.*
***	
Saleswoman	*There you are. Will that be enough?*
Kārlis	*Too much. Less, please.*
Saleswoman	*There you are. Will that be enough?*
Kārlis	*Too little. A bit more, please.*
Saleswoman	*There you are … and now?*
Kārlis	*Thanks, that will be enough.*
Saleswoman	*Will that be all?*
Kārlis	*Yes, thanks.*
Saleswoman	*Will you need a carry bag too?*
Kārlis	*No thanks, I've got a bag.*

DIALOGUE 3

Ilze	Do you sell tickets for public transport?
Saleswoman	Yes, how many do you want?
Ilze	Give me five tickets, please.
Saleswoman	And what else?
Ilze	A newspaper, please.
Saleswoman	Which newspaper?
Ilze	Diena.
Saleswoman	There you are. Will that be all?
Ilze	These winter nights it's dark. I also need a reflector.
Saleswoman	A reflector? Haven't got any more. All sold out.
Ilze	Where could I buy one?
Saleswoman	Try at the supermarket.

DIALOGUE 4

Kārlis	What are you doing (lit. will you do) today?
David	We are going shopping to the supermarket.
Kārlis	What will you buy?
Fiona	We'll buy a jumper for our son. I need shoes, and David needs a new shirt and new trousers.

***

David	Does this shirt fit me?
Saleswoman	I think that it's a little small for you. The sleeves are too long and see here – it's too wide. Perhaps this one will be better?

***

Fiona	I'd like to try on those shoes.
Saleswoman	Which ones?
Fiona	Those there, in the window, in the left corner.
Saleswoman	What's your size?
Fiona	I think that the size should (will) be 38. Are they leather?
Saleswoman	Yes, leather.

***

Saleswoman	Do they fit?
Fiona	No, they don't fit. It's the wrong size. A little too small.
Saleswoman	Then you probably need a 39. Just a moment, I'll bring you a 39.

***

Saleswoman	Do they fit?
Fiona	Yes, just right! These are very comfortable shoes. A very good price too.
Saleswoman	(They) look good. They suit you. Will you take (them)?
Fiona	I don't like the colour. These black ones are kind of … please give me those white ones.

DIALOGUE 5

Laima	*I like your red shoes. Are they new?*
Gundega	*No, they're quite old. Look – the heels are already worn.*
Laima	*But they suit you. They look great with that red dress. Where did you buy (them)?*
Gundega	*I don't remember anymore. I think that perhaps it was somewhere on Barona iela. There are a few good shoe shops located there. Usually I shop there.*
Laima	*In fact I'm now looking for boots. Winter is coming, and I don't have anything to wear on my feet.*
Gundega	*Yes, I need boots too. And a warm, thick coat.*
Laima	*Buy a fur coat. When the snow is falling, a fur coat is the best.*
Gundega	*Probably. But I think that this time I'll buy a woollen coat. I already have a fur hat.*

DIALOGUE 6

Laima	*Surely you're not going to wear that purple shirt?*
Kārlis	*I wanted to wear the white one, but it's dirty.*
Laima	*Why didn't you take it to the laundry? Don't you have another?*
Kārlis	*No, it's my only white shirt. By the way, those red shoes don't go with that dress. And that white handbag … it's horrible!*
Laima	*This flowery dress is my favourite!*
Kārlis	*The dress isn't bad, but you need other shoes.*
Laima	*I haven't got any other shoes. Only those brown boots.*
Kārlis	*Don't wear those brown boots!*
Laima	*I think that I'll need new shoes.*
Kārlis	*I know. New shoes … new handbag … new apartment … new husband. Where will it all end?*

DIALOGUE 7

Elita	*I wish to complain!*
Saleswoman	*Yes, please, what's up?*
Elita	*I bought a suit here yesterday, but later at home I noticed that a button had come off the jacket and the zip fastener was broken on the skirt.*
Saleswoman	*How can that be? Is the suit new?*
Elita	*Yes, quite new. Bought yesterday (wasn't it).*
Saleswoman	*Do you have a receipt?*
Elita	*Yes, here is your shop's receipt.*
Saleswoman	*Show (me)!*

Test yourself

1 Change the following into the plural. Then ask for the items (as if you were in a shop), using the accusative case.

Example: (2) paciņa sviesta → divas paciņas sviesta

  a (6) gatavs banāns

  b (4) sulīgs apelsīns

  c (10) svaiga ola

  d (5) žāvēta aprikoze

  e (9) salds ābols

  f (7) kūpināts lasis

  g (2) liela zivs

  h (3) mazs kukulis maizes

2 Match the appropriate measurements or containers and the adjoining food items (in the genitive case, of course). We have done the first one for you:

  a kilograms (cepumu)

  b gabaliņš (siers)

  c puslitrs (piens)

  d trauciņš (ievārījums)

  e gabals (gaļa)

  f pudele (eļļa)

  g kukulis (maize)

  h paciņa (garšvielas)

  i paka (milti)

  j litrs (minerālūdens)

  k 200 grami (makaroni)

  l šķēle (desa)

  m pusotrs kilograms (tomāti)

3 Now let's do the reverse. Do this exercise in three steps: 1) Change the nouns in column A to the genitive. 2) Combine with the word in column B and then 3) Use the phrase in the sentence **Iedodiet man, lūdzu …**What happens to the food items in column B?

  Example:

  Step 1: apelsīni → apelsīnu

  Step 2: apelsīnu sula

  Step 3: Iedodiet man, lūdzu, apelsīnu sulu.

	A	B
a	apelsīni	sula
b	sēnes	mērce
c	plūmes	ievārījums
d	ķiploki	desa

e	gaļa	salāti
f	siers	maize
g	sīpoli	zupa
h	vista	karbonāde

4 Where do you need to go to if …? Find the correct answer in the right-hand column.

a	you need a hair dryer?	**i**	grāmatnīca
b	you need to repair your watch?	**ii**	ziedu salons
c	you need a new dictionary?	**iii**	apavu, somu un pulksteņu remonts
d	your suit needs dry cleaning?	**iv**	kurpju veikals
e	you wish to buy some flowers?	**v**	ķīmiskā tīrītava
f	you need a new pair of shoes?	**vi**	elektrotehnika

5 Here are some specialist shops and some items of shopping you need. Answer the questions in Latvian.

a	Ko var nopirkt tirgū?	(*fruit*)
b	Ko var nopirkt apģērbu veikalā?	(*a jacket*)
c	Ko var nopirkt avīžu kioskā?	(*a newspaper*)
d	Ko var nopirkt grāmatnīcā?	(*a map of Riga*)
e	Ko var nopirkt lielveikalā?	(*food*)
f	Ko var nopirkt dāvanu veikalā?	(*a painting*)

6 How would you say the following in Latvian?

a a checked skirt
b a stripy shirt
c comfortable shoes
d a warm coat
e a woollen scarf
f a leather handbag

7 Match the descriptions to the articles of clothing using the definite form of the adjective.

a tās (sarkans) kurpes
b tas (balts) krekls
c tie (rūtains) svārki
d šis (dzeltens) džemperis
e tās (svītrains) bikses
f šī (puķains) kleita
g tā (biezs) cepure
h tā (spilgts) kaklasaite

8 Problems with clothing. Look at the illustrations and say what the problems are.

9 Cikos viņš zvanīja?
At what time did he ring?

In this unit you will learn:
- ▶ *to talk about time*
- ▶ *to make telephone calls*
- ▶ *to make arrangements*
- ▶ *how to talk about things in the past*

Dialogue 1

Fiona is out shopping. Suddenly she realizes that it may be later than she thought, so she asks a passer-by the time.

 09.01

Fiona	Sakiet, lūdzu, cik pulkstenis? Cik ir pareizs laiks?
Garāmgājējs	Divpadsmit un 20 minūtes. Nē, atvainojiet, tagad ir pusviens.
Fiona	Jau? Drīz būs pusdienu laiks! Tikko vēl bija rīts …

garāmgājējs (m.)	*passer-by*
tagad ir pusviens	*it's 12.30 now*
drīz	*soon*
tikko	*just now*
bija (būt)	*it was*

Language points

CIK IR PULKSTENIS? *WHAT'S THE TIME?*

Tagad laiks ir:	The time is now:
deviņi	*9.00*
deviņi un 15 minūtes	*9.15*
deviņi un 25 minūtes	*9.25*
pusdesmit	*9.30*
pusdeviņi	*8.30*
astoņi un 45 minūtes	*8.45*

134

CIKOS? *AT WHAT TIME?*

Kad? meaning *when?* is used to find out about time in a general sense (tomorrow, yesterday, soon, next week, in a certain month or season).

When someone wants to know more specifically *at what time?*, they will ask **cikos?** This is a kind of locative form of the question word **cik?**, so the answer also will be in the locative. In addition, the plural form is used (as if time was thought of in hours). Even *at one o'clock* is expressed as **vienos**.

It logically follows that:

at 2 o'clock	is	divos
at 3 o'clock		trijos
at 4 o'clock		četros
at 5 o'clock		piecos
at 6 o'clock		sešos
at 7 o'clock		septiņos
at 8 o'clock		astoņos
at 9 o'clock		deviņos
at 10 o'clock		desmitos
at 11 o'clock		vienpadsmitos
at 12 o'clock		divpadsmitos

The half hour is spoken of in advance, so *5.30* effectively becomes 'half six': **pussešos**.

If it's not on the hour or the half hour, then it gets a little more complicated.

plkst. 9.00	pulksten deviņos
plkst. 13.00	pulksten vienos (trīspadsmitos)
plkst. 10.30	pulksten desmitos trīsdesmit minūtēs *or* desmitos trīsdesmit *or* pus vienpadsmitos
plkst. 20.24	pulksten divdesmitos divdesmit četrās minūtēs *or* astoņos divdesmit četrās

Dialogue 2

A domestic conversation.

 09.03

Māra	Cikos tu būsi mājās?
Džons	Es nezinu. Varbūt piecos, varbūt sešos.
Māra	Mēs šodien ejam uz koncertu. Vai tu to zināji?
Džons	Nē, es domāju, ka mēs šovakar spēlēsim bridžu kopā ar vecmāmiņu?

Māra	Nē, tas ir parīt. Šovakar astoņpadsmitos trīdesmit mēs ejam uz koncertu. Brauni arī būs. Pēc koncerta iesim uz viesībām. Mēs esam ielūgti pie Ozoliem.
Džons	Ak jā! Labi, ka tu atgādināji! Es biju aizmirsis. Nu labi, tad es būšu mājās mazliet agrāk. Vai Brauni ēdīs vakariņas kopā ar mums?
Māra	Nē, mēs satiksimies operas namā. Šovakar ēdīsim vakariņas agrāk.
Džons	Labi, bet pirms vakariņām es vēl gribēšu nomazgāties un pārģērbties.
Māra	Un tūlīt pēc vakariņām – uz koncertu.

cikos	*at what time*
ejam (iet)	*we are going*
bridžs (m.)	*bridge (card game)*
parīt	*day after tomorrow*
pēc	*after*
mēs esam ielūgti (ielūgt)	*we are invited*
atgādināji (atgādināt)	*you reminded*
es biju aizmirsis (aizmirst)	*I had forgotten*
agrāk	*earlier*
operas namā (m.)	*at the opera house*
pirms	*before*
nomazgāties	*to wash*
pārģērbties	*to change clothes*

Language points

PIRMS UN PĒC *BEFORE AND AFTER*

When using the prepositions **pirms** (*before*) and **pēc** (*after*) with plural nouns such as **brokastis**, **pusdienas** and **vakariņas** (all feminine plurals), the noun is in the dative, as always:

pirms	brokast**īm**, pusdien**ām**, vakariņ**ām**
pēc	brokast**īm**, pusdien**ām**, vakariņ**ām**

When talking about time, the **pulkstens viens**, **divi**, **trīs** and so on are referring to *hours*, and so these too behave as if they were plural nouns, in this instance masculine:

pirms vien**iem**	*before one (o'clock)*
pēc deviņ**iem**	*after nine (o'clock)*

Unusually, when talking about time, the numeral **trīs** is also declined:

pirms **trijiem**	*before three (o'clock)*
pēc **trijiem**	*after three (o'clock)*

Otherwise, singular nouns with the prepositions **pirms** and **pēc** are in the genitive case:

pirms koncert**a**	*before the concert*	pēc koncert**a**	*after the concert*
pirms skol**as**	*before school*	pēc skol**as**	*after school*

Dialogue 3

A telephone conversation. There is a call for Laima. She's not home, so Kārlis answers.

 09.04

Kārlis	Klausos!
Draudzene	Labdien, vai Laima mājās?
Kārlis	Nē, pašlaik nav.
Draudzene	Kad viņa būs?
Kārlis	Apmēram pēc stundas. Piezvaniet vēlāk.
Draudzene	Ap cikiem?
Kārlis	Nu tā, pēc sešiem.
Draudzene	Tajā laikā es vedu bērnus uz baseinu. Vai es nevarētu zvanīt mazliet vēlāk, nu tā – ap septiņiem?
Kārlis	Tad zvaniet pirms pus deviņiem, jo no pus deviņiem līdz pus desmitiem Laima skatās ziņu raidījumu Panorāma.

klausos (klausīties)	*hello (lit.: I'm listening)*
stunda (f.)	*hour*
vēlāk	*later*
ap	*around*
vedu (vest)	*I take (transport, convey)*
līdz	*until*
skatās (skatīties)	*watches*
raidījums (m.)	*broadcast*

Language points

AP CIKIEM? *AT ABOUT WHAT TIME?*

The preposition **ap** means *around*, and with singular nouns requires the accusative.

It can also be used to talk about time: **ap cikiem?** means *at about what time?*, again using the plural form, as if we were talking about hours. In reply, we use the dative form of the number as before, for example: **ap vieniem** meaning *at about one (o'clock)*.

NO CIKIEM LĪDZ CIKIEM? *FROM WHAT TIME UNTIL WHAT TIME?*

Similarly, when asking about a concrete period of time and using the prepositions **no** (*from*) and **līdz** (*until*), we use **cikiem**. Again the answer will be in the dative:

no 12.00 līdz 13.00   no divpadsmit**iem** līdz vien**iem** (trīspadsmit**iem**)

no 9.00 līdz 17.30   no deviņ**iem** līdz piec**iem** trīsdemit (pusseš**iem**)

no 16.45 līdz 18.00   no sešpadsmit**iem** četrdesmit piec**ām** līdz astoņpadsmit**iem**

Dialogue 4

Ilze calls the National Museum of Art to find out at what time it opens.

 09.05

Ilze	Labrīt, vai tas būtu Nacionālais mākslas muzejs?
Muzejs	Jā, kā varam jums palīdzēt?
Ilze	Kāds ir jūsu darba laiks?
Muzejs	Darbdienās, izņemot pirmdienās, mēs strādājam no desmitiem rītā līdz pieciem pēcpusdienā.
Ilze	Pirmdienās jūs nestrādājat?
Muzejs	Nē, pirmdienās muzejs ir slēgts.
Ilze	Vai muzejs ir atvērts arī nedēļas nogalēs?
Muzejs	Sestdien muzeja darba laiks ir no pulksten desmitiem līdz sešpadsmitiem, bet svētdien – līdz piecpadsmitiem.
Ilze	Vai muzejs ir atvērts visu dienu?
Muzejs	Jā, mēs strādājam visu dienu, bez pusdienu pārtraukuma.
Ilze	Paldies. Uz redzēšanos!

palīdzēt	*to help*
darba laiks (m.)	*opening hours*
darbdiena (f.)	*weekday*
slēgts, slēgta	*closed (m., f.)*
atvērts, atvērta	*open (m., f.)*
visu dienu	*for the whole day*
pārtraukums (m.)	*break*

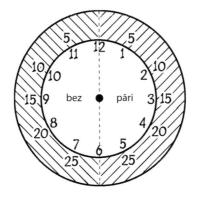

INSIGHT

Telling the time

When the large hand is in this half, you say **bez**

Minutes to

Bez x [*dative*] minūtēm y [*nominative*]

When the large hand is in this half, you say **pāri**

Minutes past

X [*nominative*] minūtes **pāri** y [*dative*]

For example:
Pulkstenis (tagad) ir

9.15 Piecpadsmit minūtes **pāri** deviņ**iem**.
8.45 **Bez** piecpadsmit minūt**ēm** deviņi.

So another way of expressing the time is to say that there are 'x minutes *over* (**pāri**) the hour, or 'x minutes *to* the hour', which is expressed as **bez** (literally 'without').

Note also that the 24-hour clock is used in Latvian, i.e. *at 1 p.m.* will be expressed either as **vienos** or **trīspadsmitos**.

Dialogue 5

David calls a restaurant to make a booking. It is a restaurant by the River Daugava and David would like a table with a view.

 09.06

Restorāns	Restorāns 'Rūpnīca'.
David	Labdien, es gribētu pasūtīt galdiņu.
Restorāns	Kad? Šovakar? Šovakar diemžēl restorāns ir pilns, viss rezervēts.
David	Nē, mēs gribējām nākt šo piektdien.
Restorāns	Cikos?
David	Pus astoņos.
Restorāns	Cik cilvēkiem?
David	Četriem cilvēkiem.
Restorāns	Pus astoņos mums nebūs brīva galdiņa četriem cilvēkiem. Mēs jums varam piedāvāt laiku astoņos piecpadsmit. Vai nebūs par vēlu?
David	Piecpadsmit pāri astoņiem. Mazliet vēlāk nekā gribējām, bet būs labi. Mēs gribētu galdiņu ar skatu uz upi. Vai būtu iespējams sēdēt kaut kur pie loga, ar skatu uz Daugavu?
Restorāns	Redzēsim. Es parunāšu ar kolēģiem. Mēģināsim kaut ko izkārtot.

pasūtīt	*to book, order*
galdiņš (m.)	*table (dim.)*
pilns, pilna	*full (m., f.)*
rezervēts	*reserved*
mes gribējām (gribēt)	*we wanted*
par vēlu	*too late*
skats (m.)	*view*
redzēsim (redzēt)	*we shall see*
iespējams	*possible*
izkārtot	*to arrange*
kaut ko	*something*
Jūrmala	*the state president*

JŪRMALA

Literally meaning *seaside*, the suburb of Jūrmala has long been the playground of Riga. Consisting of a series of coastal resorts (Lielupe, Bulduri, Dzintari, Majori, Dubulti, Pumpuri, Vaivari) lining the beach (**pludmale**) of the Baltic Riviera, the ornate pre-war summer houses (**vasarnīcas**) of Jūrmala testify to its enduring popularity. During the Soviet years, even Svetlana Stalin is said to have kicked up her heels in Jūrmala whilst her father was busy holding court in Moscow. These days, Jūrmala is still flashy and home to some upmarket spas, but it also has a far more sedate role as the location of the residence of the **valsts prezidents** (*the president of the state*).

Dialogue 6

It's Sunday evening, and Māra and Gundega are on the telephone, catching up with each other after the weekend.

 09.07

Māra	Ko jūs vakar darījāt?
Gundega	Vakar pa dienu mēs atpūtāmies, tāpēc ka mēs bijām ļoti noguruši. Principā nedarījām neko. Es lasīju, Naidžels pie datora spēlēja kaut kādas spēles. Vakarā bijām uz viesībām. Mājās pārnācām ļoti vēlu – ap trijiem no rīta. Šorīt ilgi gulējām. Un ko jūs?
Māra	No rīta bijām tirgū. Pēc tam mēs tīrījām māju un strādājām dārzā. Sākumā meitas mums palīdzēja, vēlāk viņas aizgāja ciemos pie draugiem. Kamēr viņas projām, mēs vakariņojām restorānā, bet pēc tam aizgājām uz kino. Pēc filmas negribējām iet mājās, tāpēc vēl aizgājām uz krogu. Pusnaktī bijām mājās. Šorīt savācām meitenes, un pēc pusdienām vēl aizbraucām uz jūrmalu. Peldēties negājām, jo laiks bija vēss, tomēr pastaigājamies pa pludmali. Sīkie smiltīs spēlējās …
Gundega	Kāda bija filma?
Māra	Ai, filma nebija interesanta. Gara un garlaicīga. Es neko nesapratu … Vispār sēdējām tālu no ekrāna, 30. rindā. Un kāds aiz mums visu laiku pļāpāja.

V pa dienu	*during the day*	
atpūtāmies (atpūsties)	*we rested*	
noguruši (nogurt)	*tired (pl.)*	
principā	*on principle*	
pārnācām (pārnākt)	*we came back*	
vēlu	*late*	
no rīta	*in the morning*	
ilgi	*long (duration of time)*	
tīrījām (tīrīt)	*we cleaned*	
sākumā (m.)	*at the beginning*	
projām	*away*	
pusnakts (m.)	*midnight*	
savācām (savākt)	*collected*	
peldēties	*to swim*	
vēss	*cool*	
pastaigājamies (pastaigāties)	*we strolled*	
pa	*along*	
pludmale (f.)	*beach*	
sīkie (m. pl.)	*children (coll.)*	
smiltis (f. pl.)	*sand*	
ekrāns (m.)	*screen*	
pļāpāja (pļāpāt)	*chatted, was chatting*	

Language points

KO JŪS VAKAR DARĪJĀT? *WHAT DID YOU DO YESTERDAY?*

When you are talking about things and events that took place in the past, you need to use the past tense of the verb. The regular verbs in the past tense are quite predictable and all behave in the same way. Here is how they work in the different families:

	runāt	**varēt**	**lasīt**
es	runā**ju**	varē**ju**	lasī**ju**
tu	runā**ji**	varē**ji**	lasī**ji**
viņš, viņa	runā**ja**	varē**ja**	lasī**ja**
mēs	runā**jām**	varē**jām**	lasī**jām**
jūs	runā**jāt**	varē**jāt**	lasī**jāt**
viņi, viņas	runā**ja**	varē**ja**	lasī**ja**

Notice that long sounds predominate, as if it all happened such a long time ago. With the irregular verbs, the endings are familiar, but some of the stems change into something quite unlike the infinitive. Here are the stems for some of the more common irregular verbs:

būt (*to be*)	→	**bi-**	es bi**ju** (bi**ji**, bi**ja**, bi**jām**, bi**jāt**)
iet (*to go*)	→	**gā-**	es gā**ju** (gā**ji**, etc.)

Some of them don't have a **-j-** in the ending:

pirkt (*to buy*)	→	**pirk-**	es pirk**u** (pirk**i**, etc.)
griezt (*to cut*)	→	**griez-**	es griez**u**

Some do both in that they have an unexpected stem and no **-j** in the ending:

braukt (*to go*)	→	**brauc-**	es brauc**u**
ņemt (*to take*)	→	**ņēm-**	es ņēm**u**
dot (*to give*)	→	**dev-**	es dev**u**
saprast (*to understand*)	→	**saprat-**	es saprat**u**
atrast (*to find*)	→	**atrad-**	es atrad**u**

Dialogue 7

A colleague from the bank, Ilze, has telephoned David at home. David's wife Fiona takes the call.

 09.08

Fiona	Hallo! Jā, lūdzu?
Ilze	Labvakar! Vai es varētu runāt ar Deividu?
Fiona	Kas runā, lūdzu?
Ilze	Šeit runā Ilze.
Fiona	Uzgaidiet, lūdzu. Nenolieciet klausuli.
David is in the bath, so he gets Fiona to say that he's not in.	
Fiona	Diemžēl Deivids ir izgājis. Ko viņam pateikt?
Ilze	Lūdzu pasakiet viņam, ka zvanīju es – Ilze.
Fiona	Varbūt viņš var jums piezvanīt? Vai viņam ir jūsu telefona numurs?
Ilze	Man liekas, ka jā.

uzgaidiet (gaidīt)	*wait (imp.)*
nenolieciet (nolikt)	*don't put down (imp.)*
klausule (f.)	*receiver*
izgājis, izgājusi (iziet)	*gone out (m., f.)*
pateikt	*to tell*

09.09

 LET'S PRACTISE!

Hallo!	Uzgaidiet!
Jā, lūdzu?	Nenolieciet klausuli!
Vai tā ir … Ilze?	Klausos!
Vai tas ir … Jānis?	Kas runā, lūdzu?
Es gribētu runāt ar …	Viņa ir izgājusi. Ko viņai pateikt?
Es vēlētos runāt ar …	Viņš ir izgājis. Ko viņam pateikt?
Vai es lūdzu varētu runāt ar…?	

Dialogue 8

Nigel receives an unexpected telephone call at work. It's a girl to whom he gave his telephone number at a night club.

 09.10

Nigel	Jā, lūdzu?
Meitene	Vai tas būtu Naidžels?
Nigel	Jāā-ā. Kas runā, lūdzu?
Meitene	Aizvakar mēs satikāmies naktsklubā. Tu man iedevi telefona numuru, un teici, lai es tev piezvanu.
Nigel	Es tagad nevaru runāt, es esmu darbā. Piezvani man vēlāk! Nē – labāk zvani man šovakar!
Meitene	Tu teici, ka šovakar tu iesi uz teātri.
Nigel	Ak jā, pareizi … Piezvani man starpbrīdī. Luga sākas astoņos un beidzas desmitos. Starpbrīdis būs ap deviņiem.
Meitene	Es saprotu. Nekas, es tevi netraucēšu. Uz redzēšanos.

aizvakar	*the day or evening before last*
starpbrīdis (m.)	*interval*
luga (f.)	*play*
sākas (sākties)	*begins*
beidzas (beigties)	*finishes*
netraucēšu (traucēt)	*I won't disturb or bother*

Language points

SACĪT AND *TEIKT* – 'TO SAY' OR 'TO TELL'

The verbs **teikt** and **sacīt** both mean the same thing, however the tendency is to use **teikt** in the past or future tenses, but to use **sacīt** in the imperative and the present.

Here are the more commonly-used forms of these verbs:

Tagadnē (in the present tense)		**Pagātnē** (in the past tense)	**Nākotnē** (in the future tense)
es	saku	teicu (sacīju)	teikšu
tu	saki	teici (sacīji)	teiksi
viņš	saka	teica (sacīja)	teiks
mēs	sakām	teicām (sacījām)	teiksim
jūs	sakāt	teicāt (sacījāt)	teiksit (teiksiet)
viņi	saka	teica (sacīja)	teiks

Sacīt looks quite similar to **sākt** (*to begin*), but works differently. **Sākt** is conjugated like **nākt** (*to come*), except in the past tense.

Dialogue 9

At the office, David wants to start a meeting, but Kārlis hasn't arrived yet.

 09.11

David	Vai varam sākt?
Zane	Mēs vēl gaidām Kārli.
David	Kur viņš ir? Vai kāds viņam ir zvanījis?
Zane	Jā, es viņam zvanīju. Viņš teica, ka ir trolejbusā, un ka viņš drīz būs.
Ilze	Vai tu viņam jautāji, kāpēc viņš kavējas?
Zane	Viņš teica, ka viņš esot palīdzējis mātei pārvākties.
David	Pagaidīsim vēl piecas minūtes un tad sāksim.

sākt	*to begin*
trolejbuss (m.)	*trolleybus*
kavējas (kavēties)	*is late*
pārvākties	*to move (house)*

Lūdzu, pasakiet viņam ... *Please tell him ...*

Certain verbs are followed by a noun in the dative case. The verbs **palīdzēt** (*to help*), **jautāt** (*to enquire*), **zvanīt** (*to ring or phone*), **teikt / sacīt** (*to say*) and **piekrist** (*to agree with*) all work in this way and involve addressing someone directly:

Lūdzu pasakiet **viņai** ...	*Please tell her ...*
Es zvanīšu **ārstam**.	*I will ring the doctor.*
Bērni palīdzēja **mātei**.	*The children helped mother.*
Žurnālists jautā **direktoram**.	*The journalist asks the director.*
Es **jums** nepiekrītu.	*I don't agree with you.*

Prefixes

Uzgaidiet and **pasakiet** are imperative forms of the verbs **uzgaidīt** and **pasacīt**, which in turn are the verbs **gaidīt** (*to wait*) and **teikt** (**sacīt**) (*to say*) with prefixes. These particular prefixes don't greatly change the meaning of the verb.

This is not always the case, however. Sometimes, the prefix will change the meaning of the verb completely. For example pār**dot** (*to sell*), pa**dot** (*to pass* or *to hand*) and aiz**dot** (*to lend*) are all constructed from the verb **dot** (*to give*) with prefixes added, and they express completely different things.

Of the prefixes, **ie-** and **iz-** are very common, and are amongst the most consistent in meaning. Often – but again, not always – they indicate inward motion (**ie-**) or outward motion (**iz-**):

ieeja, izeja	*entrance, exit*
ieiet, iziet	*to go in, to go out*
iekāpt, izkāpt	*to get (climb) in, to get (climb) out*
ieskaitīt	*to include* (skaitīt – *to count*)
izvēlēties	*to pick out, choose or select*
izņemot	*excepting* (ņemt – *to take*)

Dialogue 10

It is late at night and Nigel is disturbed by a phone call. It turns out to be a wrong number.

 09.12

Nigel	Klausos! Jā, lūdzu!
Sieviete	Labvakar! Vai jūs mani dzirdat?
Nigel	Jā, es jūs dzirdu. Lūdzu, runājiet!
Sieviete	Es vēlos runāt ar ārstu.
Nigel	Kas jūs esat? Kā jūs sauc?
Sieviete	Jums zvana ... bet kāpēc jūs gribat zināt, kā mani sauc?
Nigel	Es jūs nepazīstu. Ko jūs gribat? Kāpēc jūs zvanāt man pusnaktī?
Sieviete	Vai šī nav Linezera slimnīca?
Nigel	Nekādā gadījumā! Kļūda. Jūs kļūdījāties!
Sieviete	Atvainojiet! Laikam sajaucu numurus.
Nigel	Nekas.

V dzirdat (dzirdēt)	you hear
es jūs nepazīstu (pazīt)	I don't know you
Nekādā gadījumā!	Under no circumstances!
kļūda (f.)	mistake
kļūdījāties (kļūdīties)	you made a mistake
sajaucu (sajaukt)	I mixed up

INSIGHT

Es jūs dzirdu I hear you

Although it both looks and sounds exactly the same, the **jūs** in this sentence is not in the nominative, but in the accusative, because it is the direct object of the sentence:

Subject + direct object + verb

Es	jūs	dzirdu.	I hear you.

Similarly:

Es	jūs	nepazīstu.	I don't know you.

Language points

CIK BIEŽI? *HOW OFTEN?*

Visu dienu means *for the whole day* or *all day long*. A similar expression is **katru dienu** (*every day* or *each day*). Here are some other possible responses to the question **Cik bieži?** (*How often?*):

vienmēr	always
bieži	often
parasti	usually
dažreiz	sometimes
reti	rarely
nekad	never

KO JŪS DARĪJĀT? *WHAT DID YOU DO?*

The verb **darīt** (*to do*) has only one function, the literal meaning *to do something*. The question **Ko jūs darāt?** is not used to ask about occupation, as it can be in English. Other usages of the word *do* in English also do not have a parallel in Latvian. Look at the Latvian equivalents of the following phrases:

Do you have?	*Vai jums ir?*
Do you know?	*Vai jūs zināt?*
Do you like?	*Vai jums patīk?*

Transcripts

DIALOGUE 1

Fiona	*Tell me, please, what is the time? What's the right time?*
Passer-by	*12.20. No, excuse me, it's now half past 12.*
Fiona	*Already? It will be lunchtime soon. (And) just a moment ago it was still morning …*

DIALOGUE 2

Māra	*At what time will you be home?*
John	*I don't know. Perhaps at five, maybe at six.*
Māra	*We're going to a concert today. Did you know that?*
John	*No, I thought that we're playing bridge with granny tonight.*
Māra	*No, that's the day after tomorrow. Tonight at 6.30 we're going to a concert. The Browns are going to be [there] too. After the concert we're going to a party. We've been invited to the Ozols.*
John	*Oh yes! It's good that you reminded (me). I had forgotten. OK, then I'll be home a little earlier. Are the Browns dining together with us?*
Māra	*No, we'll meet at the opera house. Tonight we'll have dinner earlier.*
John	*OK, but before dinner I'll want to wash and to change.*
Māra	*And immediately after dinner – to the concert.*

DIALOGUE 3

Kārlis	*Hello!*
Female friend	*Good day, is Laima at home?*
Kārlis	*No, at the moment (she) isn't.*
Female friend	*When will she be (home)?*
Kārlis	*In about an hour. Ring later.*
Female friend	*At about what time?*
Kārlis	*Well, after six.*
Female friend	*At that time I take the children to the pool. Couldn't I ring a little later, well – at about seven?*
Kārlis	*Then ring before 8.30, because from 8.30 until 9.30 Laima watches the news progamme Panorama.*

DIALOGUE 4

Ilze	*Good morning, would that be the National Museum of Art?*
Museum	*Yes, how can we help you?*
Ilze	*What are your opening times?*
Museum	*On weekdays, except Mondays, we work from ten in the morning until five in the afternoon.*
Ilze	*You don't work on Mondays?*
Museum	*No, on Mondays the museum is closed.*
Ilze	*Is the museum open on weekends as well?*
Museum	*On Saturday the museum is open from ten until four, but on Sunday – until three.*
Ilze	*Is the museum open all day (long)?*
Museum	*Yes, we work all day, without a lunch break.*
Ilze	*Thank you. Bye!*

DIALOGUE 5

Restaurant	*Restaurant 'Rūpnīca'.*
David	*Good afternoon, I would like to book a table.*
Restaurant	*When? Tonight? Tonight the restaurant is full, everything is booked.*
David	*No, we wanted to come this Friday.*
Restaurant	*At what time?*
David	*At half past seven.*
Restaurant	*For how many people?*
David	*For four people.*
Restaurant	*At half past seven we won't have a table free for four people. We can offer you the time of 8.15. That won't be too late?*
David	*8.15? A little later than we wanted, but that'll be OK. We'd like a table with a view towards the river. Would it be possible to sit somewhere by the window, with a view of the Daugava?*
Restaurant	*We shall see. I'll speak to (my) colleagues. We'll try to sort something out.*

DIALOGUE 6

Māra	*What did you do yesterday?*
Gundega	*Yesterday during the day we rested, because we were very tired. Basically, we didn't do anything. I read, Nigel played games on the computer. In the evening we went to a party. We got home very late, about 3 o'clock in the morning. This morning we slept late. What about you?*
Māra	*In the morning we were at the market. After that we cleaned the house and worked in the garden. At the start [our] daughters helped us, later they went visiting friends. Whilst they were away, we had dinner at a restaurant, but after that we went to the cinema. After the film we didn't want to go home, so we went to a pub. We were home at midnight. This morning we collected the girls and after lunch we went to the seaside. We didn't go swimming, because the weather was cool, however we went for a stroll along the beach. The children played in the sand.*
Gundega	*What was the film like?*
Māra	*Oh, it wasn't interesting. Long and boring. I didn't understand anything. We were sitting a long way from the screen, in Row 30. And somebody behind us was chatting all the time.*

DIALOGUE 7

Fiona	*Hello. Yes, please?*
Ilze	*Good evening. Could I speak to David?*
Fiona	*Who's speaking, please?*
Ilze	*It's Ilze speaking here.*
Fiona	*Wait a moment, please. Don't hang up.*
***	
Fiona	*Unfortunately David has gone out. What (shall I) tell him?*
Ilze	*Please tell him that I rang – Ilze.*
Fiona	*Perhaps he can call you? Does he have your telephone number?*
Ilze	*I think that he has.*

DIALOGUE 8

Nigel	*Yes, please?*
Girl	*Would that be Nigel?*
Nigel	*Ye-es. Who's speaking, please?*
Girl	*The night before last we met at a nightclub. You gave me (your) telephone number, and told me to call you.*
Nigel	*I can't talk now, I'm at work. Ring me later. No, better call me tonight.*
Girl	*You said that you were going to the theatre tonight.*
Nigel	*Oh yes, that's right … Ring me during interval. The play starts at eight, and ends at ten. The interval will be at about nine.*
Girl	*I understand. No matter, I won't disturb you. Goodbye.*

DIALOGUE 9

David	*Can we start?*
Zane	*We're still waiting (for) Kārlis.*
David	*Where is he? Has anyone called him?*
Zane	*Yes, I called him. He said that he is on the trolleybus, and that he'll be here soon.*
Ilze	*Did you ask him why he's late?*
Zane	*He said that he'd helped his mother move house.*
David	*Let's wait another five minutes and then let's begin.*

DIALOGUE 10

Nigel	*Hello. Yes, please?*
Woman	*Good evening! Can you hear me?*
Nigel	*Yes, I hear you. Please speak!*
Woman	*I wish to speak to a doctor.*
Nigel	*Who are you? What's your name?*
Woman	*You're being phoned by … but why do you want to know my name?*
Nigel	*I don't know you. What do you want? Why are you calling me at midnight?*
Woman	*Isn't this Linezers Hospital?*
Nigel	*Definitely not! It's a mistake. You've made a mistake.*
Woman	*I beg your pardon! I must have mixed up the numbers.*
Nigel	*Don't mention it.*

☑ Test yourself

1 Read the text and then answer the questions. Use the glossary at the end of the book to find out the meaning of any new words.

Mana diena: Zanes stāsts *(My day: Zane's story)*

Darba dienās es ceļos pulksten 6.00 no rīta. Pamodinu bērnus un gatavoju brokastis. Brokastis mēs ēdam 7.00. Tad bērni iet uz skolu, un es steidzos uz darbu. No rītiem viss vienmēr notiek steigā, jo katru dienu pirms darba es eju uz baseinu. Darbā man jābūt 8.30, bet es nekad neesmu laikā. Pulksten 12.00 mums parasti ir pusdienu pārtraukums. Mēs ar kolēģiem bieži ēdam ēdnīcā. Dažreiz pusdienlaikā es eju iepirkties. Darba diena beidzas 17.00. Uz mājam es braucu ar tramvaju. Vakariņas mēs ēdam ap 19.00. Bieži mans vīrs ir vēl darbā un nāk mājās pēc 20.00, tāpēc viņš ēd vēlāk. Pēc vakariņām mēs parasti skatāmies televizoru. Dažreiz mēs aizbraucam uz jūrmalu pastaigāties, bet tas notiek diezgan reti.

Now, answer the following questions in Latvian.

a At what time does Zane get up?

b What does she do at 7 a.m.?

c At what time should she be at work?

d What usually happens at 12 o'clock?

e What does she sometimes do during her lunch hour?

f At what time does her working day finish?

g When does she have dinner?

h Does Zane's husband always eat dinner together with the family?

 09.13

2 Read the following times out loud.

a	7:00 (septiņos)	mēs parasti ēdam brokastis
b	11:30	es esmu darbā
c	8:20	bērni iet uz skolu
d	17:00	es šodien būšu pilsētā
e	4:10	es nekad neesmu mājās
f	3:00	mēs bijām naktsklubā
g	18:00	viņi vienmēr ēd vakariņas
h	8:30	sākas Panorāma
i	21:00	visa ģimene ir mājās

Check with the recording, if you have it.

3 Answer the following questions.

a How would you ask at what time something ends in Latvian?

b You are informed that the museum is **atvērts deviņos**. What does this mean?

c You're on the phone and someone says **Viņa ir izgājusi**. Will you be able to speak to the person you wanted?

d How would you ask the time in Latvian?

e How would you tell someone to call later in Latvian?

f A friend tells you to visit **pēc pusdienām**. When will that be?

4 **Kam jūs zvanījāt?** (*Whom did you call?*) Change the following nouns into the dative case and make sentences to answer the above question.

Example: direktors → Es zvanīju direktoram.

a	restorāns	**f**	Fiona
b	Kārlis	**g**	skolotājs
c	policija	**h**	Ilze
d	Deivids	**i**	draudzene
e	draugi	**j**	kolēģis

5 Fill in the missing parts of the telephone dialogues.

a Ar ko jūs gribat runāt?

(*With the doctor.*)

Diemžēl viņš ir izgājis. Ko viņam pateikt?

(*Please tell him that my child is ill. He has an earache.*)

b Ar ko jūs gribat runāt?

(*With the secretary.*)

Diemžēl viņa ir izgājusi. Ko viņai pateikt?

(*Please tell her that I won't be at work today. I shall work at home.*)

c Ar ko tu gribi runāt?

(*With Auntie.*)

Diemžēl viņa ir izgājusi. Ko viņai pateikt?

(*Please tell her that I won't be able to come visiting tonight.*)

d Ar ko jūs vēlaties runāt?

(*With David.*)

Diemžēl viņš ir izgājis. Ko viņam pateikt?

(*Please tell him that we will be at the restaurant at seven. We will book a table.*)

6 You call a restaurant to arrange a dinner. Fill in the other half of the conversation. You may wish to use Dialogue 5 to help you.

Restaurant	Restorāns 'Kartupeļu māja'.
You	(I would like to book a table.)
Restaurant	Kad?
You	(On Saturday, at 8 o'clock.)
Restaurant	Cik cilvēkiem?
You	(For seven people.)
Restaurant	Jūsu vārdu lūdzu?
You	(Spell your name and tell them that you would like to sit by the fireplace, if possible.)

MY DAY: ZANE'S STORY

On weekdays I get up at 6 a.m. I wake the children and prepare breakfast. We eat breakfast at 7 a.m. Then the children go to school and I hurry to work. In the mornings everything always happens in a hurry, because every day before work I go to the swimming pool. I should be at work at 8.30 a.m., but I'm never on time. At 12.00 we usually have a lunch break. My colleagues and I often eat in the canteen. Sometimes at lunchtime I go shopping. The working day finishes at 5 p.m. I go home by tram. We eat dinner at about 7 p.m. Often my husband is still at work and comes home after 8 p.m., so he eats later. After dinner we usually watch television. Sometimes we go to the seaside for a walk, but that happens fairly rarely.

10 Taisni uz priekšu
Straight ahead

In this unit you will learn:
▶ *travelling and transport vocabulary*
▶ *to ask for directions*
▶ *to obtain travel information*
▶ *about buying tickets*

Dialogue 1

David and Fiona have arranged to go to the theatre. David is going there straight from work, Fiona is going from home. Unfortunately they are both going to different theatres. David asks the way to the National Theatre.

 10.01

David	Sakiet, lūdzu, kur atrodas Nacionālais teātris?
Garāmgājējs	Tepat netālu. Ejiet atpakaļ pa bulvāri līdz galam, un teātris būs jums priekšā, mazliet pa kreisi uz stūra, blakus parkam.
Meanwhile Fiona is looking for the Dailes Theatre.	
Fiona	Es meklēju teātri. Sakiet, lūdzu, kur ir Dailes teātris?
Garāmgājējs	Turpiniet iet taisni uz priekšu pa Brīvības ielu, līdz šķērsielai. Tā būs Miera iela. Teātris ir aiz Miera ielas, kreisajā pusē, blakus parkam.

ejiet (iet)	*go (imp.)*
atpakaļ	*back*
pa	*along*
pa kreisi	*to the left*
turpiniet (turpināt)	*continue (imp.)*
taisni	*straight*
uz priekšu	*ahead, forward*
šķērsiela (f.)	*sidestreet*
puse (f.)	*side, also half*

154

Skaties pa labi, skaties pa kreisi *Look to the right, look to the left*

The preposition **pa** is an elusive little word with a number of meanings.

The phrases **pa kreisi** and **pa labi** simply mean *to the left* or *to the right*.

As a preposition **pa** governs the noun in the accusative. It can mean *along*:

Es eju **pa** ielu.	*I am walking along the street.*

It can also mean *around*:

Mēs ceļojam **pa** pasauli.	*We are travelling around the world.*

In English you say that you are speaking *on* the phone, but in Latvian it is **pa telefonu**:

Šobrīd viņa runā **pa** telefonu.	*At the moment she is speaking on the phone.*

Occsionally, in certain instances, **pa** requires the dative:

Pa ceļam uz pilsētu.	*On the way to town.*

Language points

EJIET TAISNI UZ PRIEKŠU! *GO STRAIGHT ON!*

Ejiet! (*Go!*) and **Turpiniet!** (*Continue!* or *Keep going!*) are both examples of the imperative form of the verb. The imperative is formed in the following way:

In the singular we use the same second person form:

tu **ej**	→	**Ej** taisni uz priekšu!	*Go straight on!*
tu **runā**	→	**Runā** lēnāk!	*Speak more slowly!*

In the plural (or formal *you* (**jūs**)), the ending -**iet** (-**jiet**) is added to the second person singular:

tu **ej**	→	Ej**iet** līdz galam.	*Go as far as the end!*
tu **brauc**	→	Brauc**iet** ātrāk!	*Drive faster!*
tu **runā**	→	Runā**jiet** lēnāk!	*Speak more slowly!*

Dialogue 2

Nigel is driving along Lāčplēša iela. He needs to get to the Hotel Alberts, but doesn't know the way. He asks someone in the street for help.

10.02

Nigel	Sakiet, lūdzu, kā var nokļūt līdz viesnīcai 'Alberts'?
Garāmgājējs	Jums jābrauc līdz krustojumam, jāpagriežas pa kreisi, tad jābrauc uz priekšu līdz pirmajam luksoforam. Tur jāpagriežas pa labi, un jūs būsit tieši pretī viesnīcai. Viesnīca būs ielas kreisajā pusē.
Nigel	Paldies, es atkārtošu. Tātad: līdz krustojumam, pa kreisi, taisni uz priekšu, tad pie gaismām pa labi. Pareizi?
Garāmgājējs	Tieši tā.

Kā var nokļūt …?	*How can one get to …?*
jābrauc (braukt)	*must go*
krustojums (m.)	*crossroads, intersection*
jāpagriežas (pagriezties)	*must turn*
luksofors (m.)	*traffic lights*
pa labi	*to the right*
tieši pretī	*directly opposite*
atkārtošu (atkārtot)	*I will repeat*

 10.03

 LET'S PRACTISE!

Kur ir …?

Kur atrodas?

Kā var nokļūt līdz …?

pa labi

pa kreisi

taisni uz priekšu

līdz galam

atpakaļ

labajā pusē

kreisajā pusē

Language points

JUMS JĀBRAUC *YOU MUST GO*

The verbs **jābrauc**, **jāpagriežas** and **jāiet** are all in the debitive mood which expresses the obligation or necessity of doing something. In English you would use *have to* or *must*.

jābrauc – *have to go* or *must go* (by vehicle)

jāpagriežas – *have to turn* or *must turn*

jāiet – *have to go* or *must go* (on foot)

This particular form of the verb stays the same (i.e. it is not declined), whichever name, pronoun or noun it is used with. As in the so-called 'dative verbs' (like **man ir**, for example) the doer i.e. the person's (name, pronoun or noun), when mentioned, must be in the dative case.

Verbs in the debitive mood are formed in the following way:

Name, pronoun or noun in the dative case	Third person of the present tense	Verb with the prefix jā-
man	(brauc)	jābrauc
mums		
jums	(pagriežas)	jāpagriežas
tev		
Deividam	(iet)	jāiet
Fionai		

The only exception is the verb **būt**, which is simply formed by adding the prefix **jā-** to the infinitive **būt**, so you get **jābūt**:

Man **jābūt** darbā deviņos.   *I have to (must) be at work at nine.*

In colloquial speech people sometimes add the verb **ir**. This does not change the meaning. Both forms are equally correct:

Man jābrauc uz Rīgu. = Man **ir** jābrauc uz Rīgu.   *I have to (must) go to Riga.*

The negative of the debitive mood is formed by putting **nav** in the middle, as follows:

Man **nav** jābrauc.   *I don't have to go.*
Jums **nav** jāmaksā.   *You don't have to pay.*

It is simple to use it in the future, past and conditional tenses.

Viņam **būs** jābrauc.   *He will have to go.*
Viņai **bija** jābrauc.   *She had to go.*
Mums **būtu** jābrauc.   *We should go.*

Remember that when you say **man ir**, **man patīk** or **man garšo** the 'object' (actually the subject) is in the nominative. Likewise here too – the same rule applies:

Man jāraksta **vēstule**.   *I have to (must) write a letter.*
Jums jāaizpilda **anketa**.   *You have to (must) fill in a form.*
Bērniem jāēd **augļi**.   *Children have to (must) eat fruit.*

Dialogue 3

Kārlis and David have been on a business visit to a country town, and are now having to get back to Riga by train. Kārlis enquires about train times at the local station.

 10.04

Kārlis	Cikos atiet nākamais vilciens uz Rīgu?
Stacija	Vai, jums nelaimējās! Tikko iepriekšējais aizgāja. Tagad līdz nākamajam vilcienam būs jāgaida – apmēram stunda.
Kārlis	Vai nav cita?
Stacija	Ir viens pirms tam, bet tas nav tiešais. Ar to jums Talsos vajadzēs pārsēsties citā vilcienā.
David	Es gribu braukt ar tiešo. Nekas, būs jāpagaida.
Kārlis	Jāgaida, jāgaida. Man tā gaidīšana ir līdz kaklam …
David	Tā viņš ir … vai tu gribi iet kājām līdz Rīgai?

atiet (atiet)	*departs (public transport)*
Vai!	*Oh!*
jums nelaimējās (nelaimēties)	*you were unlucky*
iepriekšējais	*the previous*
aizgāja (aiziet)	*went*
nākamais	*the next*
tiešais	*the direct*
pārsēsties	*to change (public transport)*
gaidīšana	*waiting*
tā viņš ir	*that's the way it is*
iet kājām	*to go on foot*

> **INSIGHT**
>
> ### Public transport
>
> A **vilciens** stops at a **stacija**, but an **autobuss**, **tramvajs** or **trolejbuss** stops at a **pietura**. The *next stop* is **nākamā pietura**, and the *next station* is **nākamā stacija**. The **maršruts** is the *route* the vehicle takes. The *end of the line* or *final stop* is **galapunkts**. A *timetable* is a **saraksts**. The formal terms for *arrival* and *departure* are **pienāk** and **atiet**, although colloquially people also say **iebrauc** and **izbrauc**.
>
> *To board* or *get on* is **iekāpt** and *to alight* or *get off* is **izkāpt**.
>
> You can buy a travel card **e-talons** in a **kiosks**, which you swipe *when you get onto the bus, trolleybus or tram* **(kad jūs iekāpjat autobusā, trolejbusā vai tramvajā)**. If you haven't done so, you are likely to get caught by a **kontrolieris** (*inspector*).
>
> The *coach station* is **autoosta**. **Uzgaidāmā telpa** is the *waiting room*. **Atiešanas laiks** is the *departure time*, **pienākšanas laiks** is the *arrival time*. **Pienākšanas vieta** is the *platform* where the bus or coach arrives.
>
> **Osta** is a *port* or *harbour*. Passenger vessels (**prāmis** (*ferry*) or **kuģis** (*ship*)) will stop at a **pasažieru osta**. **Laiva** is a *boat*, **motorlaiva** a *motorboat* and **burulaiva** or **jahta** is a *yacht*.
>
> An *airport* is a **lidosta**, a *flight* is a **reiss** or **lidojums**, and *take-off* is **pacelšanās** and *landing* is **nolaišanās** (or **nosēšanās**). The *next flight* will be **nākamais reiss**. *Check-in* is **reģistrācija**. *Boarding* is **iekāpšana**, and the *boarding card* is **iekāpšanas karte** or **talons**.

Dialogue 4

Fiona takes the children to the beach at Jūrmala. She is not quite sure how to get there by public transport, so she asks her neighbour.

 10.05

Fiona	Sakiet, lūdzu, kā es varu nokļūt Jūrmalā?
Kaimiņš	Jūs varat braukt ar vilcienu vai ar mikriņu.
Fiona	Kas tas ir – 'mikriņš'?
Kaimiņš	Nu, mikro autobuss. Maršruta taksometrs. Mazais busiņš.
Fiona	Cik ilgi iet mikro autobuss? Cik ilgi jābrauc?
Kaimiņš	Normāli apmēram pusstundu. Tagad, kamēr liela satiksme ielās, ar vilcienu ir ātrāk.
Fiona	Ar kuru vilcienu es varu braukt uz Jūrmalu?
Kaimiņš	Vislabāk būs braukt ar vilcienu, kas iet uz Tukumu.
Fiona	Kur es varētu nopirkt biļetes?
Kaimiņš	Gan vilcienā, gan stacijā – biļešu kasē, pretī ieejai.
Fiona	Paldies.
Kaimiņš	Laimīgi!

mikriņš (maršruta taksometrs) (m.)	*microbus service (coll.)*
ātrāk	*quicker*
vislabāk	*it is best*
laimīgi	*good luck*

INSIGHT

Līdz, blakus, pretī, pāri *Go as far as the end*

With all prepositions, nouns in the plural are governed by the dative case, but there are a few prepositions that require the dative also with the singular noun:

Ejiet **līdz** galam.	*Go to (as far as) the end.*
Teātris atrodas **blakus** parkam.	*The theatre is situated next to the park.*
Jūs būsit **pretī** viesnīcai.	*You will be opposite the hotel.*
Pārdaugava ir **pāri** tiltam.	*Pārdaugava is over the bridge.*

Remember that the preposition **līdz** is also used when talking about time:

Mēs strādāsim **līdz** vakaram.	*We'll work until evening.*
No cikiem **līdz** cikiem …?	*From what time until what time …?*

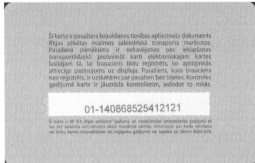

Dialogue 5

Nigel enquires at the tourism information centre about travelling to Liepaja, a large port city on the western coast of Latvia.

 10.06

Nigel	Es gribētu braukt uz Liepāju. Sakiet, lūdzu, kā var nokļūt līdz Liepājai?
Uzziņas	Ar automašīnu līdz Liepājai var nokļūt apmēram divās stundās.
Nigel	Man nav mašīnas, man jābrauc ar sabiedrisko transportu.
Uzziņas	Tad jūs varat braukt ar vilcienu, autobusu vai lidmašīnu. Vilciens atiet no centrālās dzelzceļa stacijas, autobuss – no autoostas. Bet, ja gribat lidot, tad jums jābrauc uz lidostu.
Nigel	Vai jūs zināt, cikos atiet nākamais vilciens uz Liepāju?
Uzziņas	Diemžēl nezinu. Man nav saraksta. Jums jājautā stacijā.
Nigel	Vai jūs nezināt, cik maksā nokļūt līdz Liepājai?
Uzziņas	To arī nezinu. Ar lidmašīnu ir dārgāk, bet ātrāk. Ar autobusu ir lētāk, bet lēnāk.
Nigel	Un ar vilcienu?
Uzziņas	Vairāk vai mazāk tas pats.

uzziņas (f. pl.)	*information*
sabiedriskais transports (m.)	*public transport*
centrālais, centrālā	*the central (m., f.)*
saraksts (m.)	*timetable, also list*
lētāk	*cheaper*
tas pats, tā pati	*the same (m., f.)*

INSIGHT

Ar lidmašīnu ir dārgāk, bet ātrāk *By plane it's more expensive, but quicker*

Remember that unlike comparatives of adjectives, comparatives of adverbs are not gender or number specific. Because the adverb is about *how* something is done, referring to the verb instead of a noun, it doesn't need a defining ending. Hence **ātri** and **lēni** simply become **ātrāk** and **lēnāk**:

Kuģis iet **ātri**, bet lidmašīna iet **ātrāk.**	*A ship goes fast, but a plane goes faster.*
Ar divriteni ir **lēnāk** nekā ar motociklu.	*By bicycle is slower than by motorcycle.*

To compare, here are the adjectival comparatives:

Kuģ**is** ir lēnāk**s** nekā lidmašīna.	*A ship is slower than a plane.*
Lidmašīn**a** ir ātrāk**a** nekā kuģis.	*A plane is faster than a ship.*

Here are some more common adverbial comparatives:

dārgāk, **lētāk**	*more expensive, cheaper*
tuvāk, **tālāk**	*nearer, further*
agrāk, **vēlāk**	*earlier, later*

Dialogue 6

At the railway station Nigel asks about trains to Liepaja.

 10.07

Nigel	Sakiet, lūdzu, cikos iet nākamais vilciens uz Liepāju?
Stacija	Vilciens atiet sešos vakarā.
Nigel	Un pēc tam? Nākamais?
Stacija	Tas ir vienīgais. No Rīgas uz Liepāju vilciens iet tikai vienreiz dienā. No Rīgas tas atiet sešos un Liepājā pienāk deviņos vakarā, bet no Liepājas uz Rīgu tas atiet sešos no rīta un pienāk Rīgā deviņos. Brauciens ilgst apmēram trīs stundas.
Nigel	Cik maksā biļete, lūdzu?
Stacija	Četri lati (Ls 4).
Nigel	Tas nav dārgi. Vai tas ir turp un atpakaļ?
Stacija	Nē, turp un atpakaļ būs astoņi lati (Ls 8).

TIP

Please note since 1 January 2014 the Latvian currency has been the Euro.

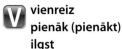

vienreiz	*once*
pienāk (pienākt)	*arrives (only for public transport)*
ilgst	*lasts*
turp un atpakaļ	*return (ticket), lit. 'there and back'*

Language points

IET UN BRAUKT – 'TO GO': TWO DIFFERENT VERBS OF MOTION

The meaning of **iet** is *to go* in a general sense, or to get somewhere on foot. If you are travelling in or on any kind of vehicle or driving, you must use the verb **braukt**. This is how the two are conjugated in the present tense.

iet (*to go*)   **braukt** (*to go* – by vehicle)

es eju	mēs ejam	es braucu	mēs braucam
tu ej	jūs ejat	tu brauc	jūs braucat
viņš, viņa, viņi, viņas iet		viņš, viņa, viņi, viņas brauc	

These are both irregular verbs. In the future tense they both follow the normal pattern, but in the past tense the stem again changes from the infinitive:

es gāju	mēs gājām	es braucu	mēs braucām
tu gāji	jūs gājāt	tu brauci	jūs braucāt
viņš, viņa, viņi, viņas gāja		viņš, viņa, viņi, viņas brauca	

Look at the usage of the verbs **iet** and **braukt** in the following examples:

Es braucu uz Rīgu ar vilcienu.	*I travel (go) to Riga by train.*
Vilciens iet 12.30.	*The train goes at 12.30.*

Another difference is that whilst you may say **aizbraukt** (*to go away (by vehicle)*) and its opposite **atbraukt** (*to come (by vehicle)*), the opposite of **aiziet** (*to go away*) is **atnākt** (*to come* or *to arrive*) rather than **atiet** (*to depart*), which is used only for transport.

> **INSIGHT**
>
> **Es braucu ar vilcienu *I go by train***
> In Latvian instead of saying that you are travelling *by* or *on* a vehicle, you say that you are travelling **ar** (*with*) a vehicle:
>
> | vilciens | *train* | ar vilcienu | *by train* |
> |---|---|---|---|
> | trolejbuss | *trolleybus* | ar trolejbusu | *by trolleybus* |
> | tramvajs | *tram* | ar tramvaju | *by tram* |
> | lidmašīna | *airplane* | ar lidmašīnu | *by aeroplane* |
> | divritenis | *bicycle* | ar divriteni | *by bicycle* |

The combination **iet kājām** means *to go on foot* and **staigāt** means *to walk*.
If you are actually on the train or bus, you use the locative case:

Es esmu **vilcienā**.   *I am on the train.*

Mēs esam **autobusā**.   *We are on the bus.*

Never use **uz** – unless you are actually perched up on top of the roof of the train or bus! When in English you say that you are *on* the bus you are in fact saying that you are *in* the bus (hence also the use of the locative in Latvian).

Dialogue 7

Nigel has decided to take a plane to Liepāja and now needs to get to the airport. He goes back to the tourist information centre to find out.

 10.08

Nigel	Sakiet, lūdzu, kā es varētu nokļūt līdz lidostai?
Uzziņas	Jums jābrauc ar 22. autobusu vai ar taksometru – bet ar taksi būs dārgi.
Nigel	Cik tālu no pilsētas līdz lidostai?
Uzziņas	Nav pārāk tālu. Ja nav liela satiksme, tad no Vecrīgas līdz lidostai var nokļūt pusstundā.
Nigel	Kur atrodas tuvākā autobusa pietura?
Uzziņas	22. autobuss atiet no Abrenes ielas. Īstenībā tur ir arī galapunkts.

Nigel has found the bus stop, but is not sure that he has found the right bus, so he checks with the driver.

Nigel	Sakiet, lūdzu, vai šis ir pareizais autobuss?
Šoferis	Uz kurieni jūs vēlaties braukt?
Nigel	Uz lidostu.
Šoferis	Jā, šis ir pareizais autobuss.
Nigel	Kur man jāizkāpj?
Šoferis	Jums jābrauc līdz pašam galam. Lidosta ir galapunkts.

taksis (taksometrs) (m.), **taksis (coll.)**	*taxi*
nav pārāk tālu	*it's not too far*
jāizkāpj (izkāpt)	*must get off*
līdz pašam galam	*as far as the very end*
galapunkts (m.)	*final stop*

Language points

NĀKAMAIS AUTOBUSS? TUVĀKĀ PIETURA? *THE NEXT BUS? THE NEAREST STOP?*

Both ordinal numbers (**pirmais**, **otrais**, etc.) and definite adjectives (**pēdējais**, **nākamais**, **pareizais**) change endings according to gender and through the various cases.

The ending for the dative form of the definite adjective is not dissimilar to the dative ending for nouns:

līdz pēdēj**ai** pietur**ai**	*to (as far as) the last stop*
līdz nākam**ajam** vilcien**am**	*until the next train*

Here is a table showing how ordinal numbers and definite adjectives change with the cases:

Masculine

Nominative	Locative	Accusative	Dative
pirm**ais**	pirm**ajā**	pirm**o**	pirm**ajam**
pareiz**ais**	pareiz**ajā**	pareiz**o**	pareiz**ajam**
nākam**ais**	nākam**ajā**	nākam**o**	nākam**ajam**
pēdēj**ais**	pēdēj**ā**	pēdēj**o**	pēdēj**am**

Feminine

Nominative	Locative	Accusative	Dative
pirm**ā**	pirm**ajā**	pirm**o**	pirm**ajai**
tuvāk**ā**	tuvāk**ajā**	tuvāk**o**	tuvāk**ajai**
pēdēj**ā**	pēdēj**ā**	pēdēj**o**	pēdēj**ai**

 10.09

 LET'S PRACTISE!

Vai šī ir pareizā pietura?
Vai šis ir pareizais autobuss?
Kur ir tuvākā pietura?
Cikos atiet pēdējais vilciens?
Cikos iet nākamā lidmašīna?

TRAMSPOTTING IN RIGA

'There's something inherently romantic about train travel, and Riga's trams are essentially old-fashioned trains gliding on hundreds of kilometres of tracks on both sides of the River Daugava. Even if the streets are paved with asphalt, the area around the tracks is usually paved with cobblestones – an ever-present reminder of antique times.

Trams have been modernized over the years and the new system spares commuters an encounter with a conductor who can't wait for her shift to end. But despite colourful advertisements on the outside, peddling anything from trade union membership and phone books to laundry detergents and power tools, the interiors of trams can be a bit grubby and travelling at rush hour is like crowd surfing at a rock concert.

That said, trams are still an excellent way to see the city and they're a bargain to boot. You can also venture off to parts of Riga few tourists will ever see and even if the areas are a bit dodgy, you can take in their decaying Soviet ambience from the safety of your tram. Today 252 trams cover 11 routes on both sides of the river, transporting over 75 million customers every year.

As scanning machines have replaced tram conductors, you must buy your travelcard at newspaper kiosks throughout the city (and then 'show' it to the yellow contraptions below the green arrow').

Adapted from *Riga in your Pocket* guide.

Dialogue 8

Fiona and David have come to visit Laima and Kārlis. Laima wants to know how they got there.

 10.10

Laima	Kā jūs atbraucāt? Ar auto?
Fiona	Nē, mums nav mašīnas.
Laima	Tiešām?
Fiona	Jā, mēs izdomājām, ka, Rīgā dzīvojot, mums nevajag auto. Nav kur likt. Garāžas mums nav. Vispār centrā ir grūti atrast stāvvietu. Un maksas stāvvietas ir dārgas. Arī degviela ir dārga.
Laima	Ko jūs darāt, ja jūs gribat braukt garākā ceļojumā? Ko jūs darāt brīvdienās?
Fiona	Braucam ar transportu – ar vilcienu vai ar autobusu. Dažreiz īrējam mašīnu, bet tas notiek reti. Ja garāks atvaļinājums, un braucam uz ārzemēm, tad parasti lidojam.
Laima	Manuprāt Latvijā ir bīstami braukt ar auto.
Fiona	Es jums piekrītu. Ceļi ir slikti, īpaši laukos. Un šoferi … Bieži, autobusa pieturā stāvot un gaidot, es skatos: mašīnas brauc garām tik ātri! Šausmas …
Laima	Brauc kā traki! Arī pie stūres sēžot, nav viegli nenervozēt.

atbraucāt (atbraukt)	*came (by vehicle)*
tiešām	*really*
izdomājām (izdomāt)	*we figured out*
likt	*to put*
stāvvieta (f.)	*a place to park*
maksas stāvvieta (f.)	*paid parking*
degviela (f.)	*fuel*

ceļojums (m.)	*journey, trip*
manuprāt	*to my mind*
bīstami	*dangerous*
īpaši	*particularly*
šoferis (m.)	*driver*
pietura (f.)	*stop (transport)*
garām	*past*
šausmas (f. pl.)	*horror*
traks, traka	*mad (m., f.)*
stūre (f.)	*steering wheel*
viegli	*easy*
nervozēt	*to be anxious*

Language points

STĀVOT UN GAIDOT *WHILST STANDING AND WAITING*

To describe that we are in the middle of doing something, that is whilst performing an action, we use a particular form of the verb called the passive participle. In Latvian there are various types of participles. The ones ending in **-ot** generally (but not always) correspond to English *-ing* words, where they refer to continuous action. There were a number of these participles in the above dialogue:

dzīvojot	*whilst living*
stāvot	*whilst standing*
gaidot	*whilst waiting*
sēžot	*whilst sitting*

Transcripts

DIALOGUE 1

David	*Tell me, please, where is the National Theatre located?*
Passer-by	*Right here, not far. Go back along the bulvāris, as far as the end, and the theatre will be in front of you, a little to the left, on the corner next to the park.*
***	
Fiona	*I am looking for the theatre. Tell me, please, where is the Dailes Theatre?*
Passer-by	*Continue to go straight onwards along Brīvības iela, as far as the side street. That'll be Miera iela. The theatre is beyond Miera iela, on the left side, next to the park.*

DIALOGUE 2

Nigel	*Tell me, please, how can one get to the Hotel Alberts?*
Passer-by	*You must go as far as the intersection, then you must turn to the left, then you have to go straight ahead to the first set of lights. There you must turn right, and you will be directly opposite the hotel. The hotel will be on the left side of the street.*
Nigel	*Thank you, I will repeat. So then: as far as the intersection, to the left, straight ahead, then right at the lights. Correct*
Passer-by	*Exactly.*

DIALOGUE 3

Kārlis	*At what time does the next train depart for Riga?*
Station	*Oh dear, you've been unlucky! The previous one left just a moment ago. Now you'll have to wait until the next train – about an hour.*
Kārlis	*Isn't there any other?*
Station	*There's one before that, but it's not a direct (one). With that one you'll have to change trains at Talsi.*
David	*I want to take the direct one. Never mind, we'll have to wait.*
Kārlis	*Must wait, must wait … I've had this waiting 'right up to here' (lit. 'up to the neck').*
David	*That's just the way it is … do you want to go to Riga on foot?*

DIALOGUE 4

Fiona	*Tell me, please, how can I get to Jūrmala?*
Neighbour	*You can go by train or by mikriņš.*
Fiona	*What's that, a 'mikriņš'?*
Neighbour	*Well, it's a microbus. Fixed-route taxi. The small bus.*
Fiona	*How long does it take? How long does one have to travel?*
Neighbour	*Normally about half an hour. Now, when there is a lot of traffic on the streets, it's quicker by train.*
Fiona	*Which train can I take to go to Jurmala?*
Neighbour	*Best to take the train which goes to Tukums.*
Fiona	*Where may I buy tickets?*
Neighbour	*Both on the train and at the station – at the ticket office opposite the entrance.*
Fiona	*Thanks.*
Neighbour	*Good luck!*

DIALOGUE 5

Nigel	*I would like to go to Liepāja. Tell me, please, how can I get to Liepaja?*
Information	*By car you can get to Liepaja in about two hours.*
Nigel	*I don't have a car, I've got to go by public transport.*
Information	*Then you can go by train, coach or plane. The train departs from the central station, the coach from the bus station. But if you want to fly, you must go to the airport.*
Nigel	*Do you know at what time the next train to Liepaja goes?*
Information	*Unfortunately I don't know. I don't have a timetable. You must enquire at the station.*
Nigel	*Do you know how much it costs to get to Liepaja?*
Information	*I don't know that either. By plane it's more expensive, but quicker. By coach it is cheaper, but slower.*
Nigel	*And by train?*
Information	*More or less the same.*

DIALOGUE 6

Nigel	*Tell me, please, at what time does the next train to Liepaja depart?*
Station	*The train departs at six in the evening.*
Nigel	*And afterwards? The next one?*
Station	*That's the only one. The train goes from Riga to Liepaja once a day only. It departs Riga at six and arrives in Liepaja at nine in the evening, but from Liepaja to Riga it departs at six in the morning and arrives in Riga at nine. The journey lasts about three hours.*
Nigel	*How much does a ticket cost, please?*
Station	*Four lats.*
Nigel	*That's not expensive. Is that return?*
Station	*No, return will be eight lats.*

DIALOGUE 7

Nigel	*Tell me, please, how can I get to the airport?*
Information	*You must take the number 22 bus or go by taxi, but by taxi it will be expensive.*
Nigel	*How far is it from the city to the airport?*
Information	*It's not too far. If there isn't much traffic, then you can get from Vecriga to the airport in half an hour.*

Nigel	Where is the nearest bus stop?
Information	Bus 22 departs from Abrenes iela. Actually that's the end of the line as well.

***

Nigel	Tell me, please, is this the right bus?
Driver	Where do you want to go?
Nigel	To the airport.
Driver	Yes, this is the right bus.
Nigel	Where do I get off?
Driver	You must go to the very end. The final stop is the airport.

DIALOGUE 8

Laima	How did you come? By car?
Fiona	No, we don't have a car.
Laima	Really?
Fiona	Yes, we figured out that whilst living in Riga we don't need a car. (There's) nowhere to put it. We don't have a garage. Generally, it's difficult to find parking in the centre. And paid parking is expensive. Fuel also is expensive.
Laima	What do you do if you want to go on a longer journey? What do you do on holidays?
Fiona	We go by public transport, by train or by coach. Sometimes we hire a car, but that happens rarely. If it's a longer vacation, and we're going abroad, then we usually fly.
Laima	In my opinion it's dangerous to travel by car in Latvia.
Fiona	I agree with you. The roads are poor, particularly in the countryside. And the drivers … Often, whilst standing and waiting at the bus stop, I watch: the cars drive past so fast. Terrifying!
Laima	They drive like mad! It's not easy not to be anxious when sitting behind the wheel as well.

⚡ Test yourself

1 Join up the words in English with their Latvian equivalent.

a	station	**i**	lidmašīna
b	aeroplane	**ii**	lidosta
c	train	**iii**	stacija
d	tram	**iv**	vilciens
e	taxi	**v**	pietura
f	airport	**vi**	galapunkts
g	final stop	**vii**	tramvajs
h	bus stop	**viii**	autobuss
i	bus	**ix**	taksometrs

2 You are a tourist in Riga. In Latvian, do the following:

a tell someone that you are looking for …

b ask them *where is* …

c ask them *how far is it to* …

d ask *how can you get to* …

e ask for the nearest bus stop.

f tell someone that the bus station is next to the market.

3 You are at the information office. Ask how to get to the suburbs or neighbourhoods of Riga (shown in brackets). Remember that the endings on the place names will change according to the prepositions.

a Vai šis tramvajs iet uz (Jugla)?

b Ar kuru trolejbusu es varu braukt uz (Teika)?

c Vai šis autobuss iet uz (Sarkandaugava)?

d Vai ar šo vilcienu es varu braukt līdz (čiekurkalns)?

e Ar ko es varētu braukt uz (Mežaparks)?

f Ar kuru tramvaju man jābrauc uz (Imanta)?

g Vai ar šo autobusu mēs varam nokļūt līdz (Pļavnieki)?

h Vai šis trolejbuss iet uz (Purvciems)?

Do the same with the following destinations.

i Vai šis autobuss iet uz (Rīgas lidosta)?

j Vai ar šo trolejbusu es varu nokļūt līdz (pilsētas centrs)?

k Vai šis tramvajs iet līdz (Matīsa tirgus)?

4 Look at the map and say whether the statements are *true* (**pareizi)** or *false* (**nepareizi)**.

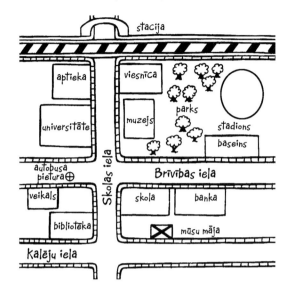

a Veikals ir tuvu pie stacijas.
b Baseins ir netālu no stadiona.
c Mūsu māja ir pie parka.
d Muzejs ir tālu no viesnīcas.
e Autobusa pietura ir pie veikala.

5 Using the map on the previous page and starting with the words: **No …, ejiet …**, give someone instructions on how to get …
   a from our house to the station.
   b from the hotel to the bank.
   c from the school to the swimming pool.
   d from the university to the library.
   e from our house to the shop.

6 Use the correct form of the words in brackets.
   Example: Austrālija ir tālu no <u>Latvijas.</u> (Latvija)
   a Tirgus ir netālu no (teātris).
   b Tirgus ir blakus (kanāls).
   c Mēs būsim Londonā līdz (sestdiena).
   d Cik tālu līdz (stacija)?
   e Mūsu vasarnīca ir netālu no (Baltijas jūra).
   f Bērnu skola ir blakus (stacija).
   g 22. autobuss iet no (lidosta) līdz (centrs).
   h Veikals ir atvērts no (deviņi) līdz (pieci).
   i Bankas darba laiks ir no (desmit) līdz (trīs).
   j Mūsu vecāki būs Latvijā līdz (nedēļas nogale).

7 Geographical and place names in Latvian tend to have feminine endings, with feminine endings (**Rīga**, **Latvija**, **Daugavpils**, **Mazirbe**).

Some Latvian town and place names do exist in the masculine form, and often they are in the plural: **Saulkrasti**, **Ainaži**, **Bulduri**, **Dzintari**, **Majori**, **Dubulti**, **Asari**, **Ķemeri**, **Talsi**, **Balvi**.

In addition, Latvian names for *Helsinki* and *Athens* are **Helsinki** and **Atēnas**.

What happens when these place names are used with the prepositions **uz** and **līdz**?

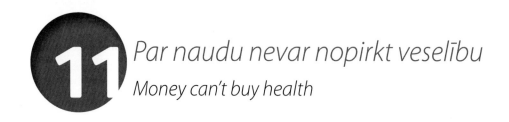

11 Par naudu nevar nopirkt veselību
Money can't buy health

In this unit you will learn:
▶ *to describe health problems*
▶ *to buy medication from a pharmacy*
▶ *about dealing with other services (hairdresser, bank, post office)*

Dialogue 1

At the school where she works Laima unexpectedly meets her boss, Jānis Siliņš.

 11.01

Laima	Kā jums iet? Dzirdēju, ka jūs esat bijis slims.
Direktors	Jā, pēdējās dažas dienas man sāpēja galva un kakls. Bija arī klepus un temperatūra. Sāku domāt, ka man ir gripa.
Laima	Un kā šodien? Vai jums tagad ir labāk?
Direktors	Jā, šodien es jūtos daudz labāk. Galva vairs nesāp, un klepus – kā nebijis.
Laima	Vai jūs lietojāt zāles pret gripu?
Direktors	Nē, zāles es neesmu dzēris. Tikai kumelīšu tēju ar medu un citronu.
Laima	Ak tā? Parasti tādās reizēs es dzeru aspirīnu.

sāpēja (sāpēt)	*it hurt*
klepus (m.)	*cough*
gripa (f.)	*flu*
es jūtos (justies)	*I feel*
vai jūs lietojāt (lietot)	*did you use (here: did you take)*
zāles (f. pl.)	*medicine*
pret	*against (here with the meaning: for)*
kumelīšu tēja (f.)	*camomile tea*

Language points

KAS JUMS KAIŠ? *WHAT'S WRONG?*

Es jūtos slikti. / Man nav labi. / Es nejūtos labi.	*I don't feel well.*
Es esmu slims / slima.	*I am ill.* (m., f.)
Es esmu saaukstējies / saaukstējusies.	*I have a cold.* (m., f.)

Man ir augsts / zems asinsspiediens.	*I have high / low blood pressure.*
Man ir kaut kas acī / ausī.	*I have something in my eye / ear.*
Man ir paģiras.	*I have a hangover.*
Man sāp mugura / zobs.	*My back / tooth hurts.*
Man ir bezmiegs.	*I have insomnia.*
Man reibst.	*I'm dizzy.*
Man ir iesnas / vīruss / slikta dūša / salauzta kāja (roka).	*I have a runny nose / a virus / nausea / a broken leg (arm).*

SOME MEDICAL VOCABULARY

acu ārsts	*eye doctor*	psihiatrs	*psychiatrist*
bērnu ārsts	*children's doctor*	terapeits	*general practitioner*
ginekologs	*gynaecologist*	medmāsa	*nurse*
ķirurgs	*surgeon*	stomatologs (*also* zobārsts)	*dentist*
traumatologs	*A & E specialist*	traumatoloģijas punkts	*A & E*
rentgens	*X-ray*	asinsanalīze	*blood test*
ambulance	*outpatient clinic*	slimības lapa	*medical certificate*
ārsta prakse	*doctor's surgery or medical practice*		
ātrā (*also* neatliekamā) palīdzība	*ambulance*		

Dialogue 2

An acquaintance, Tija, meets Kārlis on the street and notices that he looks unwell.

 11.02

Tija	Kā jūs jūtaties?
Kārlis	Es nejūtos labi.
Tija	Kas vainas? Kas jums kaiš?
Kārlis	Man sāp vēders un ir slikta dūša.
Tija	Vai jūs esat bijis pie ārsta?
Kārlis	Vēl ne. Pie ārsta vēl neesmu bijis.
Tija	Jums tūlīt jāiet pie ārsta.
Kārlis	Jā, iešu, es iešu. Es jau pierakstījos. Rīt būs konsultācija.
At the health centre, Kārlis takes his number and goes to the reception.	
Reģistratūra	Pie kā?
Kārlis	Pie terapeites Vaimanes.
Reģistratūra	Vai jums ir pieraksts?
Kārlis	Jā, protams. Pulksten desmitos piecdesmit.

Reģistratūra	Jā … Kārlis Ozoliņš?
Kārlis	Tas esmu es.
Reģistratūra	Kāds ir jūsu personas kods?
Kārlis	150762 – 11834
Reģistratūra	Apdrošināšanas polise ir?
Kārlis	Nē, nav.
Reģistratūra	Tad jums būs jāmaksā. Tur ir kase. Vispirms samaksājiet, tad ejiet uz ārstes kabinetu. Dakteres Vaimanes kabinets ir trešajā stāvā.

jūtaties (justies)	*you feel*
Kas jums kaiš?	*What's the matter with you?*
slikta dūša (f.)	*nausea*
vēl ne	*not yet*
pierakstījos (pierakstīties)	*I registered*
konsultācija (f.)	*consultation*
pieraksts (m.)	*appointment*
personas kods (m.)	*identity number*
apdrošināšana (f.)	*insurance*
polise (f.)	*policy*
kabinets (m.)	*consulting room*

> **INSIGHT**
>
> **Man sāp galva** *I have a headache*
>
> The verb **sāpēt** is used only in the third person **sāp**, together with the noun or pronoun in the dative: **man sāp galva**, **Jānim sāp kāja**, **viņai sāp mugura**, **bērnam sāp zobs**. **Man sāp kakls** has two possible meanings – it can be that you have *a sore throat*, or that you have *a sore neck*, although the more common expression for *sore throat* is **angīna** (nothing to do with heart disease).

Language points

THE PERFECT TENSES

When you say that you *have done* something, you are using a form of the perfect tense. In the dialogues, the phrases **es neesmu dzēris**, **jūs esat bijis** and **es neesmu bijis** are all examples of the perfect tense. (Do not confuse with **es esmu slims**, where **slims** is an ordinary adjective).

A perfect tense expresses that an action in the past has been started and is usually finished or completed. It consists of an auxiliary verb (in Latvian it is always a form of **būt**) and a past participle indicating the gender and number.

We have already seen perfect tenses in action in previous chapters:

Viņš ir izgājis.	*He has gone out.*
Es biju aizmirsis.	*I had forgotten.*

The participle of non-reflexive verbs is formed by using the past stem of the verb plus the endings **-is**, **-usi**, **-uši**, **-ušas**. These are used for masculine singular, feminine singular, masculine plural and feminine plural subjects respectively. If the stem ends in a long suffix vowel, the endings are preceded by a **-j**:

		(m. sing.)	(f. sing.)	(m. pl.)	(f. pl.)
runāt	→	runāj**is**	runāj**usi**	runāj**uši**	runāj**ušas**
varēt	→	varēj**is**	varēj**usi**	varēj**uši**	varēj**ušas**
lasīt	→	lasīj**is**	lasīj**usi**	lasīj**uši**	lasīj**ušas**

With irregular verbs, once you find the stem, the endings follow the same pattern. The key is to know the stem:

būt	→	bij**is**	bij**usi**	bij**uši**	bij**ušas**

(Others are: iet → gāj**is;** dot → dev**is**; saprast → saprat**is**; ēst → ēd**is;** dzert → dzēr**is**)

Some verbs (without a vowel before the end **-t** of the infinitive form) – for example, **braukt**, **pirkt**, **nākt** and **sākt** – behave differently. With these, a consonant interchange occurs in the stem and the participles are as follows:

	(m. sing.)	(f. sing.)	(m. pl.)	(f. pl.)
braukt →	brau**c**is	brau**k**usi	brau**k**uši	brau**k**ušas

(pirkt → pir**c**is, pir**k**usi; nākt → nā**c**is, nā**k**usi; sākt → sā**c**is, sā**k**usi)

Note that with these the stem of the masculine singular is always different to the others.

If speaking about a mixed group (male and female), or if we don't know the gender of the group, we use the masculine plural form.

Dialogue 3

At the pharmacy, Kārlis is buying medication for his digestive problems.

 11.03

Kārlis	Man vajag zāles. Pēdējās divas dienas man sāp vēders un ir bijusi caureja.
Aptiekāre	Vai jums ir recepte?
Kārlis	Jā, te ir recepte.

The pharmacist brings the medicines and explains how they must be used.

Aptiekāre	Te būs zāles pret vēdersāpēm: pa trim pilieniem glāzē ūdens, jādzer ik pa sešām stundām. Tās būs pret sāpēm. Un tad vēl šīs zāles: jādzer trīsreiz dienā, divas tabletes pirms ēšanas. Tās būs pret caureju.

Another customer comes in.

Aptiekāre	Labdien! Kā varam jums palīdzēt?
Klients	Nedēļas nogalē mēs bijām laukos. Mani sakoda odi, un tagad man visur niez. Ko jūs ieteiktu?
Aptiekāre	Šis krēms noteikti palīdzēs. Kur jūs bijāt?
Klients	Mēs bijām pie ezera, meža vidū.
Aptiekāre	Odiem patīk ūdens. Vai jums nebija ugunskura? Odiem dūmi nepatīk. Bet nākamreiz lietojiet kādu līdzekli pret odiem.

caureja (f.)	*diarrhoea*
recepte (f.)	*prescription*
vēdersāpes (f. pl.)	*stomach ache*
piliens (m.)	*drop*
ik pa sešām stundām	*every six hours*
sāpes (f. pl.)	*pain*
trīsreiz	*thrice*
tablete (f.)	*tablet*
ēšana (f.)	*eating*
mani sakoda (kost)	*I was bitten*
ods (m.)	*mosquito*
visur	*everywhere*
man niez	*I'm itching*
krēms (m.)	*cream*
dūmi (m. pl.)	*smoke*
nākamreiz	*next time*
līdzeklis pret odiem (m.)	*mosquito repellent*

Dialogue 4

Elita has gone to the hairdresser. She is going on a first date and wants to get a haircut.

11.04

Elita	Es gribētu apgriezt matus.
Palīga	Jums būs jāgaida. Friziere ir aizņemta. Varbūt jūs varētu atnākt pēc pusstundas?
Elita	Es uzgaidīšu tepat uz vietas.

Elita waits until the hairdresser is free. The hairdresser is now ready and asks her what she wants.

Friziere	Lūdzu, sēdieties šeit. Ko jūs vēlaties? Negribat ielikt ilgviļņus?
Elita	Nē, vienkārši mati par garu, neko nevaru redzēt. Gribu tikai apgriezt. Pirmo reizi iešu uz randiņu.
Friziere	Nu, un kā?

Elita	Priekšā uz pieres ļoti īsus, bet aizmugurē garus. Sānos arī, lūdzu, atstājiet tāpat, kā ir.
Friziere	Un ko darīsim ar celiņu?
Elita	Celinš lai paliek vidū.
Friziere	Vai izmazgāt?
Elita	Jā, bet pēc tam lūdzu izžāvēt ar fēnu.

V

apgriezt	*to trim*
sēdieties (sēsties)	*sit down (imp.)*
ilgviļņi (m. pl.)	*permanent wave*
vienkārši	*simply*
randiņš (m.)	*date*
aizmugurē	*at the back*
sānos	*at the sides*
tāpat, kā ir	*the same as it is*
celiņš (m.)	*parting*
izmazgāt	*to wash*
izžāvēt	*to dry*
fēns (m.)	*hairdryer*

INSIGHT

Lai paliek vidū *Let it stay in the middle*

The word **lai** has a number of meanings or functions. Here it means *let it (do something)*:

lai paliek	*let it stay*
lai viņa runā	*let her speak*
lai viņi nāk	*let them come*

It can also have a commanding or instructive tone:

Lai viņš piezvana vēlāk!	*Let him call later!* (implying 'get him to call later!')

As a joining word, or conjunction, **lai** has the meaning *in order to*. It is used with a verb in the conditional mood:

Lai runātu ar konsulu, nospiediet vienu!	*In order to speak to the Consul, press 1.*
Lai studētu, studenti ņem kredītus.	*In order to study, students take loans.*

The word combination **lai gan** means *although*.

Lai gan komanda spēlēja labi, viņi tomēr zaudēja spēli	*Although the team played well, they nevertheless lost the game.*
Lai gan viņš ir precējies, viņš nedzīvo kopā ar sievu.	*Although he is married, he doesn't live together with (his) wife.*

Dialogue 5

At the barber's. Nigel is going grey, so he has decided that he needs to colour his hair. The barber is reluctant.

 11.05

Frizieris	Ko? Jūs vēlaties krāsot matus?
Nigel	Kāpēc nē? Redziet, man ir sirmi mati. Es negribu izskatīties vecs.
Frizieris	Bet jums ir ūsas. Un tās ir baltas!
Nigel	Ūsas var noskūt.
Frizieris	Un bārdu?
Nigel	To arī.

krāsot	*to colour, dye or paint*
Kāpēc nē?	*Why not?*
sirmi	*grey (only when referring to hair)*
noskūt	*to shave*

Language points

INTRODUCTION TO REFLEXIVE VERBS

In Latvian, verbs have two kinds of endings in the infinitive. So far we have been mainly working with verbs ending in **-t** (**strādāt**, **lasīt**, **varēt**, **ēst**, **dzert**, **dot**, **iet**, **būt**, and so on).

There are also verbs ending in **-ties.** These are known as reflexive verbs, because the meaning is often (but not always) reflexive, for example the verbs **mazgāt** (*to wash*) and **mazgāties** (*to wash oneself*). The reflexive form can have an interactive element to it: whilst **saprast** means *to understand*, the reflexive **saprasties** means *to get on* (i.e. *to understand each other*), similarly **sarunāties** means *to chat* or *to converse*.

Sometimes the meaning of a reflexive verb and its non-reflexive counterpart is almost identical, for example **sēdēt** (*to sit*) and **sēsties** (*to sit oneself down*). (In Dialogue 4 we saw **sēdieties**, the imperative of **sēsties**.)

Just as often, the two forms diverge in meaning: there is **mācīt** (*to teach*) and **mācīties** (*to learn*), likewise **skaidrot** (*to explain*) and **skaidroties** (*to clear up*).

Many reflexive verbs do not have a non-reflexive counterpart at all. Examples include **atcerēties** (*to remember*), **steigties** (*to hurry*) and **brīnīties** (*to marvel, to be surprised*). There are reflexive verbs which derive from a combination of non-reflexive verbs and prefixes. The prefixes play a varying role too, at some times more important than others. The verb **griezt** is *to cut*, but **griezties** means *to turn (oneself)*, while **pagriezties** means *to turn to or toward* and **atgriezties** is *to return*.

Dialogue 6

At the bank, David wishes to open an account. He also needs to change money.

 11.06

David	Es gribētu atvērt kontu. Kas man jādara?
Banka	Vai jūs vēlaties atvērt ārzemju valūtas vai latu kontu?
David	Latu kontu.
Banka	Jums jāaizpilda veidlapa. Apakšā jums vajadzēs parakstīties.
David	Vai varēšu lietot kredītkarti, lai izņemtu naudu no sava konta?
Banka	Jā, protams. Bankomāti ir pie katras bankas. Ievadiet PIN kodu un … Bet bez kartes mums vajadzēs jūsu pasi un bankas rekvizītus – konta nosaukumu un numuru.
David	Vēl es gribētu samainīt naudu.
Banka	No kā uz ko? No dolāriem uz latiem?
David	Nē, no mārciņām uz latiem. Kāds šodien ir maiņas kurss?

 TIP
Please note since 1 January 2014 the Latvian currency has been the Euro.

bankas konts (m.)	*bank account*
ārzemju valūta (f.)	*foreign currency*
jums jāaizpilda (aizpildīt)	*you must fill in (fill out) a form, etc.*
veidlapa (f.)	*form*
apakšā	*at the bottom*
kredītkarte (f.)	*credit card*
izņemt	*to take out*
bankomāts (m.)	*ATM, cashpoint*
ievadiet (ievadīt)	*enter (imp.)*
PIN kods (m.)	*PIN number*
katrs, katra	*each, also every (m., f.)*
rekvizīti (m. pl.)	*details*
nosaukums (m.)	*name or title*
samainīt	*to exchange*
dolārs (m.)	*dollar*
mārciņa (f.)	*pound*
maiņas kurss (m.)	*exchange rate*

Language points

SIMTI UN TŪKSTOŠI *HUNDREDS AND THOUSANDS*

We have already studied numbers up to 100. Here are the numbers 100–900. Sometimes, for ease of pronunciation, the numbers are abbreviated, so that in more complicated figures they may be contracted. We have given you both forms:

100	simts	simt
200	divi simti	divsimt
300	trīs simti	trīssimt
400	četri simti	četrsimt
500	pieci simti	piecsimt
600	seši simti	sešsimt
700	septiņi simti	septiņsimt
800	astoņi simti	astoņsimt
900	deviņi simti	deviņsimt

The numbers 1,000–9,000 work much the same:

1,000	tūkstotis	tūkstoš
2,000	divi tūkstoši	divtūkstoš

The noun following the tens, hundreds and thousands is in the genitive:

100	gadu	*100 years*
500	cilvēku	*500 people*
1000	latu	*1,000 lats*

In composite numbers such as 2,675, the shorter forms tend to be used: **div tūkstoš sešsimt septiņdesmit pieci**.

LATVIJAS NAUDA *LATVIAN CURRENCY*

At the time of writing, Latvia had not yet joined the euro-zone, but did join in 2004. On the 1 January 2014 the Latvian currency officially became the Euro, but prior to that the Latvian lat was the national currency. 100 santims equaled one lat. Banknotes came in denominations of 5, 10, 20, 50, 100 and 500 lats. There were also 1 and 2 lat coins, as well as smaller change. Almost all major hotels and restaurants accept credit cards these days. Most major banks are able to cash traveller's cheques. There are plenty of cash machines around. Currency exchange offices accept a wide range of foreign banknotes, but always check rates.

Dialogue 7

At the post office, Fiona has a letter and some postcards to send. She needs some stamps.

 11.07

Fiona	Man vajag pastmarkas. Te ir vēstule.
Darbiniece	Uz kurieni jūs gribat sūtīt vēstuli?
Fiona	Uz Amerikas Savienotajām Valstīm. Un tad vēl būs divas pastkartes uz Franciju.
Darbiniece	Uzlieciet vēstuli uz svariem …Vai jūs gribat ierakstīt?

Fiona	Nē.
Darbiniece	Pastmarka vēstulei būs 55 santīmi, un abām pastkartēm uz Franciju – tas ir Eiropas Savienībā – divreiz 36 santīmi. Kopā būs 1 lats un 27 santīmi.
Fiona	Kur ir pastkaste, lūdzu?
Darbiniece	Tepat, stūrī. Vai jūs redzat to lielo dzelteno kasti?
Fiona	Vēl pēdējais jautājums …
Darbiniece	Jā, lūdzu?
Fiona	Kur es varētu nopirkt aploksnes?
Darbiniece	Blakus – grāmatnīcā.

V

darbiniece (f.)	*female worker or employee*
pasts (m.)	*post office*
pastmarka (f.)	*postage stamp*
vēstule (f.)	*letter*
sūtīt	*to send*
pastkarte (f.)	*postcard*
uzlieciet (uzlikt)	*put on (imp.)*
svari (m. pl.)	*scales*
ierakstīt	*to register (mail)*
Eiropas Savienība (f.)	*European Union*
divreiz	*twice*
pastkaste (f.)	*postbox*
kaste (f.)	*box*
jautājums (m.)	*question*
aploksne (f.)	*envelope*

Priekšā ļoti īsus *At the front, very short*

The *front*, the *back* and the *sides* are **priekša**, **aizmugure** and **sāni** respectively. These words can be used to describe other things such as houses, gardens, clothing, sculptures and other objects. When you want to say *at the front* you use the locative form – **priekšā**, *at the back* is **aizmugurē** and *at the sides* is **sānos**. Similarly, *in the middle* is **vidū**. *At the top* is **augšā** and *at the bottom* is **apakšā**.

Language points

ŅEMT UN GRIEZT *TO TAKE AND TO CUT*

The verb **ņemt** simply means *to take*, but, with the addition of various prefixes, gains other meanings: **izņemt** (*to take out or withdraw*), **saņemt** (*to receive*) and **pieņemt** (*to accept*).

The verb **griezt** means *to cut*. In the previous chapter we saw its reflexive form – **pagriezties** (*to turn*).

Here are the simple present tense conjugations of both verbs:

ņemt		griezt	
es ņemu	mēs ņemam	es griežu	mēs griežam
tu ņem	jūs ņemat	tu griez	jūs griežat
viņš, viņa, viņi, viņas ņem		viņš, viņa, viņi, viņas griež	

The past tense forms are **es ņēmu** and **es griezu**. The future tense is quite straightforward for **ņemt** (**es ņemšu**), but unusual for **griezt**, as it takes on an additional syllable, the **-ī-**:

es griez**īšu**	mēs griez**īsim**
tu griez**īsi**	jūs griez**īsit**
viņš, viņa, viņi, viņas griez**īs**	

THE PASSIVE VOICE

We use the passive when it is not known or not important to know who exactly is performing the action (or who did so in the past):

Banka ir atvērta.	*The bank is open*.
Muzejs ir slēgts.	*The museum is closed*.
Rēķins ir samaksāts.	*The bill is* (or *has been*) *paid*.

The passive participle is formed by adding masculine or feminine, singular or plural endings to the infinitive of the verb. Notice that once again the endings match the nouns that they are referring to:

Mēs esam ielūgt**i**.	*We are invited*.
Friziere ir aizņemt**a**.	*The hairdresser is busy*.
Pusdienas ir ieskaitīt**as**.	*Lunch is included*.

Sometimes the verb **tikt** is used instead of the verb **būt**, especially when speaking about the process of something happening, or getting something done:

Ēdiens **tiek** sagatavots.	*The food **gets*** (or *is getting*) *prepared*.
Dokuments **tika** parakstīts.	*The document **got** signed*.
Māja **tiks** uzcelta.	*The house **will get** built*.

Often passive past participles are used as adjectives:

Krēsls ir salauzts. (salauzts krēsls – *a broken chair*)	*The chair is broken*.
Mašīna tiek lietota. (lietota mašīna – *a used car*)	*The car gets* (or *is getting*) *used*.
Zeķes tiek adītas. (adītas zeķes – *knitted socks*)	*The socks get knitted*.

Also:

Kartupeļi tiek cepti. (cepti kartupeļi – *fried potatoes*)	*The potatoes are getting fried*.
Olas ir vārītas. (vārītas olas – *boiled eggs*)	*The eggs are* (or *have been*) *boiled*.

Like adjectives, these participles can have definite endings:

atļaut**ais** ātrums	*the permitted speed*
aizliegt**ie** augļi	*forbidden fruit*

TIKT, SATIKT, LIKT, PALIKT *TO GET, TO MEET, TO PUT, TO REMAIN*

All of these verbs work in the same way, in all tenses. If you know one, it is possible to work out the others. Take note of the stem change for the **tu** form:

tikt (*to get*)

es tiek**u**	mēs tiek**am**
tu tie**c**	jūs tiek**at**
viņš, viņa tie**k**	viņi, viņas tie**k**

In the future tense it will be **es tikšu** (**satikšu**, **likšu**, **palikšu**) and so on. In the past tense it is **es tiku** (**satiku**, **liku**, **paliku**).

Dialogue 8

The friends are discussing travel. Nigel loves travelling, and tells everybody all about his adventures. Pēteris is not so sure.

 11.08

Nigel	Es esmu lidojis pāri Alpiem gaisa balonā, dzēris zirga pienu kopā ar mongoļu jātniekiem, ēdis ceptus skorpionus … Vai jūs esat bijuši Ķīnā?
Gundega	Nē, es nekad neesmu bijusi Āzijā. Bet es esmu dzirdējusi, ka tur ir ļoti interesanti.
Pēteris	Mani tas nemaz neinteresē. Es nekad neesmu vēlējies ceļot.
Elita	Tiešām? Mans kaimiņš nekad nav bijis ārzemēs. Viņš domā, ka, ja cilvēks ir daudz lasījis, viņam nekur nav jābrauc.
Pēteris	Es arī nekad neesmu sapratis kāpēc jāklejo pa pasauli. Vai nav labi mājās? Es pazīstu sievieti, kura daudzus gadus bija dzīvojusi Āfrikas džungļos. Kad viņa atgriezās Eiropā, viņa bija nelaimīga. Nevarēja pierast pie pilsētas dzīves.
Nigel	Tomēr, ja cilvēks ir daudz ceļojis un redzējis … viņš ir bagāts. Viņam paliek atmiņas, iespaidi, fotogrāfijas.
Pēteris	Un kur tu dzīvosi? Es nekur neesmu braucis, un tagad esmu varējis nopirkt dzīvokli.
Nigel	Ja es būtu gribējis, es būtu nopircis.
Elita	Tad jau labāk vienkārši palikt mājās. Visu var noskatīties televizijā.

gaisa balons (m.)	*hot air balloon*
zirgs (m.)	*horse*
mongoļi (m. pl.)	*Mongolians*
jātnieks (m.)	*horseman*
skorpions (m.)	*scorpion*
Ķīna (f.)	*China*
Āzija (f.)	*Asia*
mani tas neinteresē	*that doesn't interest me*
vēlējies (vēlēties)	*wished, desired (m. participle)*
jāklejo (klejot)	*one must wander or roam*
Āfrika (f.)	*Africa*
sieviete (f.)	*woman*
atgriezās (atgriezties)	*returned*

nelaimīgs, nelaimīga	unhappy (m., f.)
nevarēja pierast	was unable to get used to
dzīve (f.)	life
bagāts, bagāta	rich (m., f.)
viņam paliek (palikt)	he is left with
atmiņas (f. pl.)	memories
iespaidi (m. pl.)	impressions

Transcripts

DIALOGUE 1

Laima	*How are you? I heard that you'd been ill.*
Manager	*Yes, for the last few days I had a headache and a sore throat. I also had a cough and a temperature. I began to think that I have the flu.*
Laima	*And how is it today? Are you better now?*
Manager	*Yes, today I'm feeling much better. I don't have a headache anymore, and the cough – as if it had never been.*
Laima	*Were you taking medication for the flu?*
Manager	*No, I haven't taken any medicine. Only camomile tea with honey and lemon.*
Laima	*Oh yes? Usually at times like these I take aspirin.*

DIALOGUE 2

Tija	*How are you feeling?*
Kārlis	*I don't feel well.*
Tija	*What's wrong? What's the matter with you?*
Kārlis	*I have a stomach ache and nausea.*
Tija	*Have you been to the doctor?*
Kārlis	*Not yet. I haven't been to the doctor yet.*
Tija	*You must go to the doctor at once.*
Kārlis	*Yes, I'm going, I'm going. I've already made an appointment. The consultation will be tomorrow.*
***	
Reception	*Who are you seeing?*
Kārlis	*General practitioner Vaimane.*
Reception	*Do you have an appointment?*
Kārlis	*Yes, of course. At 10.50.*
Reception	*Yes … Kārlis Ozolins?*
Kārlis	*That's me.*
Reception	*What is your personal identity number?*
Kārlis	*150762 – 11834*

Reception	Do you have an insurance policy?
Kārlis	No, I haven't.
Reception	Then you will have to pay. (Over) there is the cashier. First of all pay, then go to the doctor's consulting room. Doctor Vaimane's consulting room is on the third floor.

DIALOGUE 3

Kārlis	I need some medicine. For the last two days I've had a stomach ache and I've had diarrhoea.
Chemist	Do you have a prescription?
Kārlis	Yes, here is the prescription.

***

Chemist	Here is the medicine for stomach pain: three drops in a glass of water to be taken every six hours. That's for the pain. And then this medicine as well: it must be taken three times a day, two tablets before meals. That will be for the diarrhoea.

***

Chemist	Good day. How can we help you?
Klients	Over the weekend we were in the countryside. I was bitten by mosquitoes, and now I'm itching all over. What would you recommend?
Chemist	This cream will definitely help. Where were you?
Klients	We were by a lake in the middle of the forest.
Chemist	Mosquitoes like water. Didn't you have a bonfire? Mosquitoes don't like smoke. But next time use some sort of mosquito repellent.

DIALOGUE 4

Elita	I would like to cut (my) hair.
Assistant	You'll have to wait. The hairdresser is busy. Perhaps you could come back in half an hour?
Elita	I'll wait here on the spot.

***

Hairdresser	Please sit here. What would you like? Would you like a perm?
Elita	No, (my) hair is simply too long, I can't see anything. I only want a trim. I'm going on a first date tonight.
Hairdresser	Well then, and how?
Elita	At the front on the forehead very short, but at the back long. At the sides, also, please leave it as it is.

Hairdresser	And what shall we do with the parting?
Elita	Let the parting stay in the middle.
Hairdresser	(Do you want us) to wash (it)?
Elita	Yes, but afterwards please blow dry.

DIALOGUE 5

Barber	What? You want to colour your hair?
Nigel	Why not? See, I've got grey hair. I don't want to look old.
Barber	But you have whiskers. And they are white!
Nigel	Whiskers can be shaved off.
Barber	And the beard?
Nigel	That too.

DIALOGUE 6

David	I would like to open an account. What must I do?
Bank	Do you want to open a foreign currency or lat account?
David	A lat account.
Bank	You must fill in a form. You'll have to sign at the bottom.
David	Will I be able to use a credit card to take out money from my account?
Bank	Yes, of course. There are cash machines at every bank. Enter the PIN number and … But without a card we shall need your passport and bank details – the name and number of the account.
David	I would also like to change some money.
Bank	From what to what? From dollars to lats?
David	No, from pounds to lats. What's the exchange rate today?

DIALOGUE 7

Fiona	I need stamps. Here is the letter.
Clerk	Where do you want to send the letter to?
Fiona	To the United States of America. And then there will be two postcards to France.
Clerk	Put the letter on the scales … Do you want to register it?
Fiona	No.
Clerk	A stamp for the letter will be 55 santims, and for both postcards to France – that's within the EU – two times 36 santims. Together that will be 1 lat and 27 santims.
Fiona	Where is the postbox, please?
Clerk	Right here, in the corner. Do you see that big yellow box?

Fiona	Another, final question …
Clerk	Yes, please?
Fiona	Where could I buy some envelopes?
Clerk	Next door – in the bookshop.

DIALOGUE 8

Nigel	I have flown across the Alps in a hot air balloon, drunk mare's milk together with Mongolian horsemen, eaten roasted scorpions … Have you been to China?
Gundega	No, I've never been to Asia. But I've heard that it is very interesting there.
Pēteris	I'm not interested at all (in that sort of thing). I've never wanted to travel.
Elita	Really? My neighbour has never been abroad. He thinks that if a person has read a lot, he doesn't have to go anywhere.
Pēteris	I too have never understood why you should wander around the world. Isn't it nice (to be) at home? I know a woman who had lived for many years in the African jungle. When she returned to Europe, she was unhappy. She couldn't get used to city life.
Nigel	However, if a person has travelled and has seen a great deal … he's rich. He is left with memories, impressions, photographs.
Pēteris	And where are you going to live? I haven't travelled anywhere, and now I've been able to buy an apartment.
Nigel	If I'd wanted to, I would have bought (one).
Elita	Then you may just as well simply stay at home. You can watch everything on TV.

Test yourself

1 Pick out all the participles in Dialogue 8.

2 Can you answer the following questions?
   a Kur var nosūtīt vēstuli?
   b Kur var samainīt naudu?
   c Kur var nopirkt pastmarkas?
   d Kur var apgriezt matus?
   e Kur var labot zobus?
   f Kur var atvērt kontu?

3 Here you can practise using the perfect tense. Remember that it is made up of two parts: the auxiliary (a form of **būt**) and the participle (a form of the verb). There is a list of participles in the grammar section at the back of the book.
   a Es vienmēr (dzīvot) lielās pilsētās.
   b Viņi (būt) ārzemēs daudzas reizes.
   c Mēs (ēst) jaunajā restorānā.
   d Deivids (aizbraukt) pie vecākiem Anglijā.
   e Vai tu (dzert) šampanieti?
   f Viņa (aiziet) iepirkties.
   g Vai jūs (dzirdēt) šo dziesmu?
   h Trīs stundas mēs (gaidīt) ārstu!
   i Es neesmu (lasīt) tavu grāmatu.
   j Mēs neesam (saņemt) naudu.
   k Vai viņš (rakstīt) vēstuli savam dēlam?

4 How would you say the following in Latvian?
   a Where is the post office?
   b I need an envelope and some stamps.
   c I would like to change money.
   d Where is the nearest bank?

5 You are at the hairdresser's. You want a wash, a cut and a dry. Put the following in the right order: **izžāvēt**, **mazgāt**, **apgriezt**.

6 Respond to the questions or statements, using the perfect tense.
   a Vai jūs vēlētos pusdienas? (*No, thank you, we have eaten.*)
   b Restorānā es gribētu sēdēt pie kamīna. (*Yes, I have spoken to (with) the waiter.*)
   c Vai jums garšo greipfrūtu sula? (*Yes, I have drunk grapefruit juice.*)
   d Vai jūs zināt, ka tirgū tagad var atrast ķīniešu garšvielas? (*Yes, I have bought Chinese spices at the market.*)
   e Vai jūs pazīstat Londonu? (*Yes, I have lived in London.*)

7 Answer the following questions.

    a **Kas vainas? Kas jums sāp?** – what's the difference?

    b A friend can't meet because he is **saaukstējies** – what's wrong?

    c The doctor tells you that you have **augsts asinsspiediens** – what's that? Should you be concerned?

    d How would you tell the doctor that your back hurts?

    e How would you ask someone for an aspirin?

12 Vai, cik skaisti!
Oh, how nice!

In this unit you will learn:
▶ *about the weather and the seasons of the year*
▶ *about seasonal festivals and personal celebrations*
▶ *how to say dates (months and years)*
▶ *to describe moods and feelings*

Dialogue 1

Having got up late on a Sunday morning, Laima asks Kārlis what the weather is like outside.

 12.01

Laima	Kāds ārā ir laiks?
Kārlis	Ārā ir silts, spīd saule. Skaista saulaina diena. Jauks laiks.
Laima	Brīnišķīgi! Pēc pusdienām brauksim uz jūrmalu – varēsim sauļoties.
Kārlis	Reizēm jūrmalā pēcpusdienā pūš vēss vējš … vējš ar zobiem.

spīd (spīdēt)	*the sun is shining*
jauks, jauka	*nice, pleasant (m., f.)*
sauļoties	*to sunbathe*
reizēm	*at times, sometimes*
pūš (pūst)	*blows*
vējš (m.)	*wind*

Dialogue 2

Pēteris has just come into the office looking gloomy. Viesturs asks him why.

 12.02

Viesturs	Kāpēc tik nelaimīgs? Kas noticis?
Pēteris	Nejauks laiks. Viss slapjš … fui!
Viesturs	Kā, vai ārā līst lietus? Kad nācu uz darbu, spīdēja saule.
Pēteris	Jā, no rīta bija saulains, bet tagad līst, un tieši šodien izgāju no mājas bez lietussarga. Lietusmēteli arī nepaņēmu.
Viesturs	Tā vienmēr ir. Ja lietussargs ir – nelīst, bet ja nav lietussarga, tad lietus ir garantēts.
Pēteris	Kāds laiks būs rīt? Neesmu redzējis laika prognozi.
Viesturs	Sinoptiķi solīja, ka skaidrosies. Šodien būs apmācies, bet rīt gaidāms silts laiks. Cerams, ka nelīs.

Kas noticis? (notikt)	*What's happened?*
nejauks, nejauka	*unpleasant (m., f.)*
slapjš, slapja	*wet (m., f.)*
fui	*yuk*
nācu (nākt)	*I came*
līst (līt)	*it's raining*
lietus (m.)	*rain*
lietusmētelis (m.)	*raincoat*
garantēts	*guaranteed*
laika prognoze (f.)	*weather forecast*
sinoptiķis (m.)	*forecaster*
solīja (solīt)	*promised*
skaidrosies (skaidroties)	*it will clear up*
apmācies	*overcast*
gaidāms	*is to be expected*
cerams	*it is to be hoped or hopefully*

Language points

TEMPERATŪRA

plus grādi = virs nulles
vēss, silts, karsts

mīnus grādi = zem nulles
vēss, auksts

Laika ziņas *The weather forecast*

Read the text and see if you can work out what the weather is going to be like. Will you need to take an umbrella? Will you need to wear your thick, warm winter coat?

Šodien mainīgs mākoņu daudzums, vietām lietus, pūtīs ziemeļu, ziemeļrietumu vējš 5–10 metru sekundē, gaisa temperatūra naktī +8 grādi, dienā +16 grādi.

Mākoņains, skaidrosies. Brīžiem neliels slapjš sniegs, sniegs. Ceļi būs slideni. Austrumu, dienvidaustrumu vējš, 3–13 m/s, gaisa temperatūra naktī – 4 grādi, dienā +2 grādi.

mainīgs mākoņu daudzums	*variable cloud cover*
vietām	*in places*
pūtīs (pūst)	*will blow*
sekunde (f.)	*second*
grāds (m.)	*degree*
mākoņains	*cloudy*
slidens	*slippery*

Dialogue 3

David is about to leave work. He asks his secretary about the weather.

🎧 12.03

David	Kāds šodien laiks? Kāda šodien gaisa temperatūra?
Sekretāre	Šodien ir diezgan auksts. Plus divi grādi.
David	Debesis ir tumši pelēkas, apmākušās. Laikam būs sniegs.
Sekretāre	Varbūt. Ceļi jau tagad ir apledojuši. Esiet uzmanīgi!

debesis (f. pl.)	*the sky*
apledojis, apledojusi	*frozen over (m., f.)*
Esiet uzmanīgi!	*Be careful!*

Gadalaiki *Seasons of the year*

Here are some descriptions of the seasons. Cover up the vocabulary and read the text. See if you can guess the meaning of the new words from the context. Can you work out which seasons are being talked about? Look up the words you didn't know and read the text again.

▶ Ziema – auksts, sniegs un ledus, svinam svētkus.

▶ Pavasaris – sāk kust sniegs, dienas kļūst garākas, daba mostas, plaukst koki.

▶ Vasara – silts, pat karsts, biežāk spīd saule, visur ziedi, dienas ir garas un naktis īsas.

▶ Rudens – vēsāks, vējains, koki maina krāsu, krīt lapas.

svinam (svinēt)	*we celebrate*
svētki (m. pl.)	*festivities, celebration, festival*
pavasaris (m.)	*spring*
kust	*to melt*
kļūst (kļūt)	*becomes*
daba (f.)	*nature*
mostas (mosties)	*awakens*
plaukst (plaukt)	*is budding*
vasara (f.)	*summer*
ziedi (m. pl.)	*blooms, blossoms*
rudens (m.)	*autumn*

> **INSIGHT**
>
> **Gadā ir 52 nedēļas un 12 mēneši** *There are 52 weeks and 12 months in a year*
>
> These are the months of the year:
>
> **Janvāris, februāris, marts, aprīlis, maijs, jūnijs, jūlijs, augusts, septembris, oktobris, novembris, decembris.**
>
> Like the days of the week, the names of months are not written with a capital letter (unless starting a sentence, of course).

12.04

LET'S PRACTISE!

Gadā ir 12 mēneši: janvāris, februāris, marts, aprīlis, maijs, jūnijs, jūlijs, augusts, septembris, oktobris, novembris, decembris.

LAIKA APSTĀKĻI UN DABAS PARĀDĪBAS *WEATHER CONDITIONS AND NATURAL PHENOMENA*

nokrišņi	*precipitation*	negaiss	*thunderstorm*
lietus (līst)	*rain (rains)*	vētra	*storm*
krusa (krīt)	*hail (falls)*	pērkons	*thunder*
sniegs (snieg)	*snow (snows)*	zibens	*lightning*
rasa	*dew*	varavīksne	*rainbow*
sals	*frost*	putenis	*blizzard*
saule (spīd)	*sun (shines)*	migla	*fog* or *mist*
mēness	*moon*	plūdi	*floods*
zvaigznes	*stars*	zemestrīce	*earthquake*
vējš (pūš)	*wind (blows)*		
mākoņi	*clouds*		

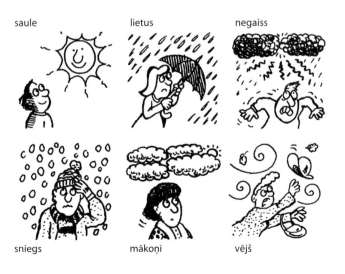

saule   lietus   negaiss

sniegs   mākoņi   vējš

Kāds laiks šodien? *What's the weather like today?*

Most people like to talk about the weather. Here are two stories about people's experiences of the weather. One of them is told by Gundega, the other by Viesturs. Read them and see if you can work out what happened, without looking up the new words.

GUNDEGA ATCERAS *GUNDEGA REMEMBERS*

Es atceros, tas bija pirms diviem gadiem. Bija vasaras brīvlaiks. Draudzene bija atbraukusi ciemos pie mums uz vasarnīcu Saulkrastos. Lai gan laiks nebija labs – mākoņains, vēss – viņa ļoti gribēja iet peldēties jūrā. Vectēvs jau teica, ka būs negaiss, bet mēs neklausījāmies. Aizgājām līdz jūrai. Jūrā lieli viļņi. Bija apmācies, tālumā tumši melni mākoņi. Varēja redzēt, ka būs vētra. Un tad … Vispirms mēs redzējām zibeni, tad dzirdējām pērkonu. Sāka pūst stiprs vējš un tad: vispirms lietus, pēc tam krusa. Trakums! Mēs skrējām uz mājām, bet lietus lija tik stipri, ka mums vajadzēja paslēpties zem ceriņu krūma. Gaidījām, kamēr pāries. Gaidījām un nosalām. Pēc kāda laika lietus beidza līt un debesīs parādījās skaista varavīksne. Taču mēs par to vairs nepriecājāmies. Diemžēl mums abām bija slikts garastāvoklis. Abas bijām slapjas un sliktā omā. Pārnācām mājās un vectēvs mums jautāja: 'Vai ūdens bija silts?' … Mēs neatbildējām …

atceros (atcerēties)	*I remember*
brīvlaiks (m.)	*vacation*
neklausījāmies (klausīties)	*we didn't listen*
vilnis (m.)	*wave*
tālumā	*in the distance*
skrējām (skriet)	*we ran*
paslēpties	*to hide*
ceriņu krūms (m.)	*lilac bush*
pāries (pāriet)	*it will pass* (here: *it will blow over*)
nosalām (nosalt)	*we were chilled through*
beidza (beigt)	*it stopped*
parādījās (parādīties)	*appeared*
nepriecājāmies (priecāties)	*we didn't take any joy in*
garastāvoklis (m.)	*state of mind*
oma (f.)	*mood*
pārnācām (pārnākt)	*we returned, came back*
neatbildējām (atbildēt)	*we didn't reply*

VIESTURS ATCERAS *VIESTURS RECALLS*

Šogad mums bija dīvaina ziema. Neparasti silta. Temperatūra turējās virs nulles. Mēs visi gaidījām sniegu. Pāris reizes uzsniga. Tad nekā. Cilvēki kļuva nervozi. Beidzot, vienu nakti aprīlī, pēc Lieldienām, uzsniga kārtīgs sniegs. Nākamajā rītā pilsēta bija tīra un balta. Cilvēki priecājās un smaidoši staigāja pa pilsētas ielām.

dīvains, dīvaina	*odd, strange (m., f.)*
neparasti	*unusually*
turējās (turēties)	*held*
pāris (m.)	*a couple*
beidzot	*finally*
Lieldienas (f. pl.)	*Easter*
kārtīgs, kārtīga	*decent (m., f.)*
smaidošs, smaidoša	*smiling (m., f.)*
staigāja (staigāt)	*walked*

> **INSIGHT**
>
> **Spīdēt, līt, pūst un snigt** *To shine, to rain, to blow and to snow*
> **Spīdēt** is a typical **varēt** verb, but **līt**, **pūst** and **snigt** are all irregular. Only the third person of these is used:
>
> | Šodien: | saule spīd | lietus līst | vējš pūš | sniegs snieg |
> | Rīt: | spīdēs | līs | pūtīs | snigs |
> | Vakar: | spīdēja | lija | pūta | sniga |
>
> **Skaidroties** means *to clear up*. It can be used to describe processes of external physical factors, such as the weather or a body of water. It also means *to make excuses*, literally, *to explain oneself*. (**Skaidrot** means *to explain* or *to clarify*).

Language points

CERAMS, KA NELĪS *LET'S HOPE IT WON'T RAIN*

The words **cerams** (*hopefully, let's hope*) (or, literally, *it is hoped*) and **gaidāms** (*to be expected*) are slightly different forms of a participle, the present passive participle, as indicated by the **-ams** and **-āms** endings. These have been derived from verbs **cerēt** (*to hope*) and **gaidīt** (*to wait*). Another present passive participle we have already seen is **pazīstams** (*acquainted, known*), from the verb **pazīt** (*to know, be acquainted*).

| Vai jūs esat pazīstami? | *Do you know each other?* |

Sometimes there are similarities between the **-āms** or **-ams** suffixes and the *-able* suffix in English:

Vai šis ūdens ir dzerams?	*Is this water drinkable?*
Vai šī sēne ir ēdama?	*Is this mushroom edible?*
Karstums ir neciešams.	*The heat is unbearable.*
Viņu bērni ir nevaldāmi.	*Their children are uncontrollable.*
Patīkams cilvēks.	*A likeable person.*
Neaizmirstams ceļojums.	*An unforgettable journey.*
Viņš ir ievērojams rakstnieks.	*He's a notable writer.*
Neticami!	*Unbelievable!*

Priecīgas Lieldienas! *Happy Easter!*

Celebrating the arrival of spring and new life, traditionally Easter is associated with painting and decorating eggs. Often the eggs are boiled in brown onion skins, imparting them with a warm golden brown hue; leaves and petals are tied on with thread to make imprints and form patterns. The Sunday before Easter is known as **Pūpolu svētdiena** (*Willow catkin Sunday*), a time for giving or collecting bunches of willow catkins. On Easter Sunday (**Lieldienu svētdienā**) everyone, both young and old, is meant to take a turn on the **šūpoles**, the swings, to clear away the cobwebs and to shake out the winter malaise.

Jāņi

June 24th is the **vārda diena** for all those named **Jānis**, but for Latvians it is a more universal celebration. Basically marking the summer solstice, **Jāņi** is the most popular and joyous of festivities, when everyone who can escapes to the countryside to spend the shortest night of the year in celebration. It is also known as **Līgo svētki**, as many of the songs that are sung on this occasion have a refrain of **līgo, līgo**. Revellers wear wreaths of flowers and oak leaves on their heads; they also, drink beer and eat **Jāņu siers**, a type of fresh cheese with caraway seed. There are bonfires, and it is considered bad luck to go to sleep. Some people, as a rule couples, may go off into the forest to seek the legendary **papardes zieds** (fern blossom), which is alleged to bloom on this one night only.

Precīgus Ziemassvētkus! *Happy Christmas!*

Celebrations start on December 24th with Christmas Eve (**Ziemassvētku vakars**), sometimes called **svētvakars** (*holy evening*). People may attend church services, and for some families the evening meal will be one of fish. Candles are lit in the **eglīte**, the Christmas tree, there is carol-singing and presents are exchanged. December 25th itself is known as **Pirmie Ziemassvētki**. At Christmas you have to eat nine times, so that the following year will bring wealth and happiness.

Laimīgu Jauno gadu! *Happy New Year!*

Instead of New Year's Eve, Latvians come together for **Vecgada vakars** (*Evening of the Old Year*). A typical activity on this evening is **laimes liešana**, literally *pouring luck* or *fate*. Spoonfuls of hot molten lead are dropped into a bucket of cold water, and the resultant shape is then interpreted as an omen or an indicator of what can be expected in the coming year. *New Year's Day* is **Jaungada diena**. During the Soviet period, this was the main wintertime celebration and for some people it is still more important than Christmas.

Other official holidays include **Latvijas Republikas Proklamēšanas diena** or **Valstssvēki** (*National Day*) on November 18th, **Darba svētki** (*Labour Day*) on May 1st and **Neatkarības pasludināšanas svētki** (*Independence Day*) on May 4th.

Although not an official holiday, **Sieviešu diena** (*Women's Day*) is also marked on March 8th, when women are presented with flowers by the male half of the population.

Other significant occasions are the **Kapu svētki** (*Graveyard Festival*) and **Svecīšu diena** (*Day of Candles*). Quite possibly as a relic from their Sanskrit past and a vestige of belief in an afterlife, the Baltic people – Lithuanians as well as Latvians – lavish great care and attention on the graves of those departed. **Kapu svētki** takes place in the summer and is a time when Latvians visit cemeteries, however distant, to tidy the graves of their relatives and to decorate them with flowers. The occasion also becomes a kind of reunion, because many people who have moved away from their hometown come back on this day to pay their respects. **Svecīšu diena** is in November, a time of mists and fogs which used to be known as **Veļu mēnesis** – the month of the **veļi** – (*the ghosts or spirits of those departed*). Once more, people visit family graves and candles are lit in remembrance of deceased relatives and friends.

Janvārī vai maijā? *In January or in May?*

The names of some months end with an **-s**, and others with an **-is**. This means that when you want to say *in January*, for example, and need to use the locative case, you say **janvārī**, but when you want to say *in March*, you say **martā**:

janvār**is** – janvār**ī**	mart**s** – mart**ā**
februār**is** – februār**ī**	maij**s** – maij**ā**
aprīl**is** – aprīl**ī**	jūnij**s** – jūnij**ā**
septembr**is** – septembr**ī**	jūlij**s** – jūlij**ā**
oktobr**is** – oktobr**ī**	august**s** – august**ā**
novembr**is** – novembr**ī**	
decembr**is** – decembr**ī**	

 12.05

 LET'S PRACTISE!

Janvārī, martā, maijā, jūlijā, augustā, oktobrī un decembrī ir 31 diena.

Aprīlī, jūnijā, septembrī un novembrī ir 30 dienas.

Februārī parasti ir 28 dienas, bet dažreiz – garajā gadā – februārī ir 29 dienas.

pavasaris   vasara   rudens   ziema

Vēl par gadalaikiem *More about the seasons*

Read the following text. If there are words that you do not understand, look them up and then read the text once more. Once you have studied the text and feel confident about what it all means, go to the end of the chapter and see if you can complete Exercise 6.

VASARA (JŪNIJS, JŪLIJS, AUGUSTS)

Vasara sākas ar svētkiem – Jāņiem. Saka, ka Jāņu nakts ir visīsākā nakts gadā. Vasara ir ogu laiks: visi ar prieku ēd svaigās zemenes, avenes, mellenes. Jūlijā, it sevišķi, ja uzspīd saule, ir pat karsts. Siltajā laikā cilvēki dodas projām no pilsētas – uz laukiem vai pie ūdens. Daudzi strādā dārzā, citi brauc uz jūrmalu peldēties un sauļoties kāpās. Augusts ir atpūtas un atvaļinājumu laiks.

RUDENS (SEPTEMBRIS, OKTOBRIS, NOVEMBRIS)

Laiks kļūst vēsāks. Tie, kam patīk, iet uz mežu sēņot, arī tirgū parādās dažādas sēnes. 1. septembrī sākas skola. Oktobrī jābrauc uz Siguldu, Piebalgu vai Tērveti apbrīnot rudens krāsas. No ziemeļiem pūš auksts vējš. Reizēm ir migla. Arvien biežāk līst lietus. Novembrī vakari ir tumši un gari.

ZIEMA (DECEMBRIS, JANVĀRIS, FEBRUĀRIS)

Gaidām Ziemassvētkus. Ir tādi gadi, kad līdz svētkiem nav sniega: dienas ir aukstas un drēgnas, īsas un pelēkas. Kad uzsnieg sniegs, ir skaisti, jo uzreiz viss kļūst gaišs. Bērni brauc ar ragaviņām. Daži brauc uz kalniem, lai slēpotu. Janvārī sākas Jaunais gads. Kad ir skaidrs laiks un uznāk sals, tad ielas kļūst ledainas un slidenas.

PAVASARIS (MARTS, APRĪLIS, MAIJS)

Un tad atkal ir pavasaris. Ar martu lēnām dienas kļūst siltākas un garākas. Sāk kust sniegs un ledus, no jumtiem krīt lāstekas. Daba mostas: visur sāk plaukt un ziedēt. Pirmie zied pūpoli, tiem seko sniegpulkstenīši, narcises. Arvien biežāk ir saulains. Pavasarī svinam saules un dzīvības svētkus – Lieldienas. Parasti šie svētki iekrīt aprīlī. Maijs ir visskaistākais mēnesis: visur zaļo koki un zied puķes.

it sevišķi	*especially*
dodas (doties)	*make their way, go*
kāpas (f. pl.)	*sand dunes*
atpūta (f.)	*rest, also recreation*
sēņot	*to forage for mushrooms*
apbrīnot	*to admire*
arvien biežāk	*ever more often*
Ziemassvētki (m. pl.)	*Christmas*
drēgns, drēgna	*dank (m., f.)*
uzreiz	*immediately*
ragaviņas (f. pl.)	*toboggan*
Jaunais gads (m.)	*New Year*
lāsteka (f.)	*icicle*
atkal	*again*
pūpoli (m. pl.)	*willow-catkins*
sniegpulkstenīši (m. pl.)	*snowdrops*
narcises (f. pl.)	*daffodils*
dzīvība (f.)	*life*
zaļo (zaļot)	*are turning green*

KĀDS ŠODIEN IR DATUMS? *WHAT'S THE DATE TODAY?*

Dates in Latvian, like building floors, clothing sizes and public transport numbers, are expressed as ordinals. As in English, you talk about January 1st, April 4th and so on. We learnt previously that ordinal numbers behave like adjectives, and agree with the noun (see Unit 6). Names of months are masculine, so here the ordinals have a masculine ending:

January 1st	1. janvāris	pirm**ais** janvāris
March 4th	4. marts	ceturt**ais** marts
June 14th	14. jūnijs	četrpadsmit**ais** jūnijs
September 16th	16. septembris	sešpadsmit**ais** septembris
December 26th	26. decembris	divdesmit sest**ais** decembris

Note that with the numbers six and four, it goes from a 'crunchy' sound to a soft sound: **seši** and **sestais**, **četri** and **ceturtais**. With the numbers 14 and 16, however, the accent stays, and **četrpadsmit** becomes **četrpadsmitais**, similarly **sešpadsmit** becomes **sešpadsmitais**.

You may find these a little awkward to pronounce at first. Don't worry, take them slowly and you will get used to them.

DZIMŠANAS DIENA UN VĀRDA DIENA *PERSONAL CELEBRATIONS*

Perhaps even more important than a person's **dzimšanas diena** (*birthday*) is their **vārda diena** (*name day*). On each day of the year, somebody somewhere in Latvia will be celebrating their **vārda diena**. There is also a day (**22. maijs**) set aside for all those whose names do not appear in the calendar. Your **vārda diena** is a day when anybody who wishes may turn up to offer their congratulations and greetings, but your **dzimšanas diena** is considered a more private, family affair and guests will only visit if invited.

Dialogue 4

Zane arrives at work and is surprised with a bunch of flowers from her colleagues.

 12.06

Kolēģi	Daudz laimes dzimšanas dienā! Apsveicu! Daudz laimes!
Zane	Paldies. Kāds pārsteigums! Kā jūs zinājāt, ka man šajā dienā ir dzimšanas diena?
Kārlis	Kalendārā pie šī datuma ir tavs vārds.
Zane	Bet kalendārā parasti ir atrodamas tikai vārda dienas!
Kārlis	Es pierakstīju. Tu man teici, ka tev dzimšanas diena ir 4. martā. Es atcerējos.

laime (f.)	*fortune, luck, happiness*
apsveicu (apsveikt)	*I congratulate*
Daudz laimes dzimšanas dienā!	*Happy Birthday!*
Kāds pārsteigums!	*What a surprise!*
kalendārs (m.)	*calendar*
datums (m.)	*date*
pierakstīju (pierakstīt)	*I noted, wrote down*

Language points

KURĀ DATUMĀ? ŠAJĀ DIENĀ … *ON WHICH DATE? ON THIS DAY …*

When we want to say that something is taking place on a certain date, we use the locative case, both for the month and for the ordinal number. Remember that the locative ending for ordinals (both masculine and feminine) is **-ajā**:

on January 1st	1. janvārī	pirm**ajā** janvārī
on March 4th	4. martā	ceturt**ajā** martā
on June 14th	14. jūnijā	četrpadsmit**ajā** jūnijā
on September 16th	16. septembrī	sešpadsmit**ajā** septembrī
on December 26th	26. decembrī	divdesmit sest**ajā** decembrī

To find out on what date, the interrogative pronoun **kurš?** is used:

Kurā datumā ir tava dzimšanas diena?	*On which date is your birthday?*
Kurā datumā tev ir vārda diena?	*On which date is your name day?*

Of course forms of **kurš** can be used in other questions as well:

Kurā stāvā jūs dzīvojat?	*On which floor do you live?*
Kurš to teica?	*Who said that?*
Kurš ir jūsu priekšnieks?	*Which one (or who) is your boss?*
Kura ir jūsu māsa?	*Which (one) is your sister?*
Ar kuru autobusu man jābrauc?	*Which bus do I have to take?*

Dialogue 5

Māra and John have been invited to a formal birthday party. They are in a bit of a hurry, because John got home from work rather late.

 12.07

Māra	Ātrāk, ātrāk. Mums jau tagad vajadzēja tur būt. Cik nepieklājīgi …
John	Neuztraucies, es taču steidzos. Kur ir ielūgums?
Māra	Ielūgums ir uz plaukta virs kamīna.
John	Vai mums ir dāvana? Un apsveikuma kartiņa?
Māra	Dāvana noteikti mums ir. Dāvana ir nopirkta. Bet kartīte … Mīļā stundiņ! Es aizmirsu. Es pilnīgi aizmirsu nopirkt kartīti! Cik nepieklājīgi …
John	Tagad tur vairs neko nevar darīt. Vismaz dāvana ir.
Māra	Un ziedi arī. Ejam!

At the party they are greeted by the host, Pēteris.

Pēteris	Labvakar, sveicināti! Prieks jūs redzēt!
Māra	Atvainojiet, ka mēs tik vēlu.
Pēteris	Nekas, nekas. Lūdzu, pie galda!
Māra	Daudz laimes dzimšanas dienā!
John	Apsveicu!

Māra hands over the flowers and the present.

Pēteris	Vai, cik jauki! Manas mīļākās puķes! Rozes un lilijas, cik skaisti! Un dāvana arī. Nevajadzēja jau, nevajadzēja. Kas tur iekšā?

Later someone proposes a toast.

Viesis	Dārgais kolēģi! Sirsnīgi sveicam tevi jubilejā un novēlam visu to labāko: mīlestību, labu veselību, veiksmi, un lai visi tavi sapņi piepildītos!

They clink glasses.

Visi	Priekā! Uz jūsu veselību! Daudz laimes!

nepieklājīgi	*rude, impolite*
neuztraucies (uztraukties)	*don't worry*
ielūgums (m.)	*invitation*
dāvana (f.)	*gift, present*
apsveikuma kartīte (f.)	*greeting card* (**kartiņa** - *coll.*)
Mīļā stundiņ!	*Dear me!*
aizmirsu (aizmirst)	*I forgot*
pilnīgi	*completely*
vismaz	*at least*
Prieks jūs redzēt!	*Nice to see you!*
Lūdzu, pie galda!	*Please, at the table!*
Vai, cik jauki!	*Oh, how nice!*
dārgais, dārgā	*dear (m., f.)*
sirsnīgi	*cordially*
sveicam (sveikt)	*we greet*
novēlam (novēlēt)	*we wish (you)*
mīlestība (f.)	*love*
veselība (f.)	*health*
veiksme (f.)	*success*
sapnis (m.)	*dream*
piepildītos (piepildīties)	*would come true, be fulfilled*
Priekā!	*Cheers! (lit. in happiness)*
Uz jūsu veselību!	*To your health!*

12.08

 LET'S PRACTISE!

Apsveicu!   Daudz baltu dieniņu!

Priekā!   Daudz laimes vārda dienā!

Daudz laimes!

Uz veselību!

Daudz laimes
dzimšanas dienā!

Dialogue 6

All too soon it is time to go home. Māra and John thank their host for a nice evening.

 12.09

Māra	Laiks braukt mājās.
John	Jābrauc, jābrauc. Bērni gaida. Rīt agri no rīta jābūt darbā.
Māra	Paldies par viesmīlību. Bija ļoti jauki.
John	Jā, tiešām jauks vakars.
Pēteris	Paldies, ka atnācāt.

 agri no rīta   *early in the morning*
viesmīlība (f.)   *hospitality*
Paldies, ka atnācāt   *Thank you for coming*

INSIGHT

Kurā gadā? *In which year?*

As in many other languages, there are no shortcuts for saying years in Latvian. The whole four-digit number has to be expressed, the last digit being an ordinal. 2008, for example is expressed as 'the two thousand eighth year'. Note that the endings are dropped for both the two and the thousand:

two	div
thousand	tūkstoš
eighth	astot**ais**
year	gads

Hence we say **div tūkstoš astotais gads**, written as **2008. gads**.

The year *1959* will be **1959. gads** and expressed as **tūkstoš deviņsimt piecdesmit devītais gads**.

When we want to say that something happened in a certain year, we use the locative case, just as we did for the date, but only for the last digit:

in 2008	2008. gadā	(div tūkstoš astot**ajā** gadā)
in 1959	1959. gadā	(tūkstoš deviņsimt piecdesmit devīt**ajā** gadā)

These are quite a mouthful to pronounce and may take a bit of practice. (Aren't you glad you're not a Latvian newsreader?)

Perhaps if someone asks you in which year you were born, **Kurā gadā jūs esat dzimis** (or **dzimusi)?**, the simplest way out is to say the century:

20. gadsimtā	(divdesmitajā gadsimtā)	*in the twentieth century*
21. gadsimtā	(divdesmit pirmajā gadsimtā)	*in the twenty-first century*

Dialogue 7

The next day, Ilze wants to hear all about the party.

 12.10

Ilze	Kā gāja viesībās? Vai bija daudz viesu?
Māra	Jautri. Par daudz labi. Šodien man sāp galva. Ciemiņu bija maz – kādi piecpadsmit. Maz cilvēku, bet daudz dāvanu.
Ilze	Kā jubilārs?
Māra	Viņš bija labā omā, lai gan arī reizēm mazliet noskumis, man tā šķita. Tāpēc ka … nu, tu zini, ar to šķiršanos un tā tālāk …
Ilze	Tāpēc jau arī es nebiju ielūgta.
Māra	Mēs viņam uzdāvinājām gleznu. Es ceru, ka viņam patiks.
Ilze	Kad viņam īsti ir dzimšanas diena? Cik viņam gadu?
Māra	Dzimšanas diena ir 27. novembrī. Cik gadu? Hmmm … Kurā gadā viņš ir dzimis? Man šķiet, ka viņš dzimis 1959. gadā – tajā pašā gadā, kad mans vīrs.
Ilze	Tas nozīmē, ka viņam ir 49 gadi.

viesis (m.)	*guest*
jautri	*cheerily*
ciemiņš (m.)	*guest, visitor*
jubilārs, jubilāre	*the person who is celebrating (m., f.)*
noskumis, noskumusi	*sad (m., f.)*
man tā šķita	*it seemed to me*
šķiršanās (f.)	*divorce*
un tā tālāk	*and so on, et cetera*
ielūgta (ielūgt)	*invited (f.)*
uzdāvinājām (uzdāvināt)	*we gave (as a present)*
īsti	*exactly (lit. really, truly)*
tajā pašā gadā	*in the (that) same year*

Dialogue 8

Gundega is wondering why Laima is looking a bit out of sorts.

 12.11

Gundega	Sveika, kas tev ir? Tu izskaties satraukta.
Laima	Es vakar pazaudēju naudas maku. Vakar es biju dusmīga, bet šodien es vienkārši esmu uztraukusies.
Gundega	Ārprāts! Vai tu zini, kur tu pēdējo reizi maku redzēji?
Laima	Nē, es nevaru atcerēties. Varbūt, ka es to atstāju veikalā.
Gundega	Mans vīrs vienreiz aizmirsa savu naudas maku darbā. Atstāja uz galda. Par laimi apkopēja pamanīja un ielika atvilktnē, drošā vietā. Kad vīrs nākamā rītā ieradās darbā un maku atrada, viņš bija tik priecīgs! … Vai makā bija daudz naudas?
Laima	Jā – 60 latu! Un vēl kredītkartes, fotogrāfijas, autovadītāja apliecība, viss.
Gundega	Ārprāts …

> **TIP**
>
> Please note since 1 January 2014 the Latvian currency has been the Euro.

kas tev ir?	*what's up with you? (What's the matter?)*
satraukts, satraukta	*upset, unsettled (m., f.)*
pazaudēju (pazaudēt)	*I lost*
ārprāts (m.)	*insanity*
reize (f.)	*occasion*
vienreiz	*once*
par laimi	*luckily*
apkopēja (f.)	*cleaner*
drošs, droša	*safe (m., f.)*
ieradās (ierasties)	*arrived*
autovadītāja apliecība (f.)	*driver's licence*

> **INSIGHT**
>
> **Kā jūs jūtaties?** *How do you feel?*
>
> The question **Kā jūs jūtaties?** (*How do you feel?*) is not only about health, it can also apply to a person's mental or emotional state.
>
> To express emotions or feelings (**jūtas**) and when talking about mood (**oma**) or state of mind (**garastāvoklis**), the perfect tense can be used.
>
> We could answer the questions **Kāda jums oma?** or **Kāds jums garastāvoklis?** with:
>
> | | |
> |---|---|
> | Es esmu noskum**is** / noskum**usi**. | *I am sad. (m., f.)* |
> | Es esmu nogur**is** / nogur**usi**. | *I am tired. (m., f.)* |
> | Es esmu uztrauc**ies** / uztrauk**usies**. | *I am worried. (m., f.)* |
> | Es esmu nobij**ies** / nobij**usies**. | *I am frightened. (m., f.)* |
>
> (or here you could also say **man ir bailes**)

(The -**ies** and -**usies** endings of the participle are typical of reflexive verbs.)

You can of course use other describing words as well, but these will behave like adjectives:

laimīgs (-**a**, -**i**, -**as**)	*happy, contented*
nelaimīgs	*unhappy, upset*
bēdīgs	*sad, sorrowful*
priecīgs	*happy, joyful*
vientuļš	*lonely*
jautrs	*merry, cheerful*
nervozs	*anxious, irritable*
pārsteigts	*surprised*
satraukts	*unsettled, agitated*

For example, a male will say **es esmu priecīgs** (m.), a female – **es esmu priecīga** (f.), or you would say about a male or mixed group – **viņi ir priecīgi** (m. pl.), or a group of females – **viņas ir priecīgas** (f. pl.).

Transcripts

DIALOGUE 1

Laima	*What's the weather like outside?*
Kārlis	*It's warm outside, the sun is shining. A beautiful, sunny day. Nice weather.*
Laima	*Wonderful! After lunch we'll go to the seaside – we'll be able to sunbathe.*
Kārlis	*Sometimes, at the seaside, in the afternoon there's a cool wind blowing … a wind with teeth.*

DIALOGUE 2

Viesturs	*Why (are you) so unhappy? What's happened?*
Pēteris	*Nasty weather. Everything is wet … yuk.*
Viesturs	*How's that, rain outside? When I was coming to work the sun was shining.*
Pēteris	*Yes, in the morning it was sunny, but now it's raining, and today is that day that I went out of the house without an umbrella. Didn't take a raincoat either.*
Viesturs	*That's always the way it is. If you have an umbrella – it doesn't rain, but if you haven't got an umbrella, then rain is guaranteed.*
Pēteris	*What's the weather going to be (like) tomorrow? I haven't seen the weather forecast.*
Viesturs	*The weather forecasters promised that it would clear up. Today it will be overcast, but tomorrow sunny weather is expected. Let's hope it won't rain.*

DIALOGUE 3

David	*What's the weather (like) today? What's the air temperature today?*
Secretary	*Today it's quite cold. Plus 2 degrees.*
David	*The sky is dark grey, overcast. There'll probably be snow.*
Secretary	*Perhaps. The roads have iced over already. Be careful!*

GUNDEGA REMEMBERS

I remember, it was two years ago. It was the summer holidays. My friend had come to visit us at our summer house in Saulkrasti. Although the weather wasn't good – cloudy, cool – she very much wanted to go swimming in the sea. Grandfather did say that there would be a thunderstorm, but we didn't listen. We went down to the sea. There were big waves in the sea. It was overcast, dark black clouds in the distance. (One) could see that there's going to be a storm. And then … First of all we saw lightning, then we heard thunder. A strong wind started blowing and then: firstly rain, after that hail. Madness! We ran for home, but it was raining so hard that we had to hide underneath a lilac bush. We waited until it passed over. Waited and froze. After a while the rain stopped and a beautiful rainbow appeared in the sky. But we didn't take any joy in it. Unfortunately both of us were in a bad mood. We were both of us wet and bad-tempered. We got back home and grandfather asked us: 'Was the water warm?' We didn't reply.

VIESTURS RECALLS

This year we had a strange winter. (It was) unusually warm. The temperature stayed above zero. We all were waiting for snow. A couple of times it snowed lightly. Then – nothing. People became edgy. At last, one night in April, after Easter, some decent snow fell. The next morning the town was clean and white. People were delighted and walked along the city streets smiling.

DIALOGUE 4

Colleagues	*Happy birthday! Congratulations! Many happy returns!*
Zane	*Thank you. What a surprise! How did you know that it's my birthday on this day?*
Kārlis	*Your name was beside this date on the calendar.*
Zane	*But usually you only find name days in a calendar?*
Kārlis	*I wrote it down. You told me that your birthday is on March 4th. I remembered.*

DIALOGUE 5

Māra	*Faster, faster. We should have been there already. How rude…*
John	*Don't worry, I'm hurrying (aren't I?). Where's the invitation?*
Māra	*The invitation is on the shelf above the fireplace.*
John	*Do we have a present? And a greeting card?*
Māra	*We definitely have a present. A present has been bought. But a card … Oh dear! I forgot. I completely forgot to buy a card. How rude …*
John	*Can't do anything about it now. At least we've got a present.*
Māra	*And flowers too. Let's go!*
***	
Pēteris	*Good evening, greetings! Nice to see you.*
Māra	*Excuse us being so late.*
Pēteris	*Don't mention it. Please, to the table!*
Māra	*Happy birthday!*
John	*Congratulations!*
***	
Pēteris	*Oh, how nice. My favourite flowers. Roses and lilies, how beautiful. And a present too! You shouldn't have. What's inside?*
***	
Guest	*Dear colleague! Heartfelt greetings on your anniversary, and we wish you all the best: love, good health, (every) success, and may all your dreams come true!*
***	
All	*Cheers! To your health! Many happy returns!*

DIALOGUE 6

Māra	*(It's) time to go home.*
John	*We must go. The children are waiting. Early tomorrow morning we have to be at work.*
Māra	*Thank you for (your) hospitality. It was very nice.*
John	*Yes, a truly nice evening.*
Pēteris	*Thank you for coming.*

DIALOGUE 7

Ilze	How was the party? Were there many guests?
Māra	Lots of fun. It went all too well. I've got a headache today. There weren't many guests – about 15. Not many people, but many presents.
Ilze	How was the birthday boy?
Māra	He was in a good mood, though occasionally also a little sad, it seemed to me. Because … well, you know, with the divorce and so on …
Ilze	Well, that's why I wasn't invited.
Māra	We gave him a painting as a present. I hope that he'll like it.
Ilze	When exactly is his birthday? How old is he?
Māra	(His) birthday is on November 27th. How old? Hmmm … Which year was he born? I think that he was born in 1959 – the same year as my husband.
Ilze	That means that he's 49 years old.

DIALOGUE 8

Gundega	Hi, what's up with you? You look upset.
Laima	Yesterday I lost my purse. Yesterday I was angry, but today I am simply worried.
Gundega	Shocking! Do you know where you last saw the purse?
Laima	No, I cannot remember. Perhaps I left it in a shop.
Gundega	My husband once left his wallet at work. He left it on the desk. Luckily the cleaner noticed it and put it into a drawer, in a safe place. The next morning, when my husband arrived at work and found the wallet, he was so happy! … Was there a lot of money in the purse?
Laima	Yes – 60 lats. And also credit cards, photos, driver's licence, everything.
Gundega	Shocking …

Test yourself

1 Fill in the blanks with the ordinal numbers in the correct gender:

Examples: Janvāris ir pirmais mēnesis.

Pirmdiena ir pirmā nedēļas diena.

  a Februāris ir _____ mēnesis.

  b Septembris ir _____ mēnesis.

  c Trešdiena ir _____ nedēļas diena.

  d Decembris ir _____ mēnesis.

  e Maijs ir _____ mēnesis.

  f Ceturtdiena ir _____ nedēļas diena.

  g Jūnijs ir _____ mēnesis.

  h Sestdiena ir _____ nedēļas diena.

  i Marts ir _____ mēnesis.

  j Svētdiena ir _____ nedēļas diena.

  k Augusts ir _____ mēnesis.

12.12

2 Read the following dates out loud and then listen to them on the recording to check your pronunciation.

  a 15. aprīlis

  b 25. janvāris

  c 30. septembris

  d 4. jūnijs

  e 18. augusts

  f 16. jūlijs

3 Now read the following sentences out loud. Remember that here the dates will be in the locative case.

  a Mana dzimšanas diena ir 15. aprīlī.

  b Mana vīra dzimšanas diena ir 25. janvārī.

  c 1. janvārī ir Jaungada diena.

  d Ziemassvētki ir 25. decembrī.

  e Lieldienas parasti ir pavasarī, marta beigās vai aprīļa sākumā.

  f Kad ir jūsu vārda diena?

  g Viņas vārds ir Dace, viņas vārda diena ir 6. martā.

  h Viņu sauc Andrejs, viņa vārda diena ir 30. novembrī.

What do these sentences mean?

4 Vai tas ir pareizi? *Is it correct?*

    a Ja šodien ir 3. aprīlis, tad vakar bija 4. aprīlis.

    b Ja rīt būs 10. maijs, tad vakar bija 8. maijs.

    c Ja vakar bija 23. decembris, tad šodien ir Jāņi.

    d Ja šodien ir 1. marts, tad vakar bija 31. februāris.

    e Ja vakar bija 31. decembris, tad šodien ir Jaunais gads.

    f Ja šodien ir 24. decembris, tad rīt būs Ziemassvētki.

5 Sort out and draw a line to join up the mixed up pairs.

a	saule	**i**	līst
b	lietus	**ii**	snieg
c	vējš	**iii**	spīd
d	sniegs	**iv**	pūš

Often adjectives are formed from nouns, for example: saule ☒ saul**ains.** Form adjectives from the following nouns:

    e vējš

    f migla

    g mākoņi

    h lietus

    i ledus

6 Add the appropriate weather description to the month, for example, **janvārī** ja ir sniegs…

a	**janvārī**	ir vēss, jāiet uz mežu sēņot, sākas skola.
b	**februārī**	ir karsts, var strādāt dārzā, peldēties, sauļoties.
c	**martā**	ir atpūtas laiks: nekas daudz nenotiek.
d	**aprīlī**	vakari ir tumši un gari, līst lietus.
e	**maijā**	auksts vējš pūš no ziemeļiem, koku lapas maina krāsu un krīt.
f	**jūnijā**	ir auksts un drēgns: gaidām Ziemassvētkus!
g	**jūlijā**	ir sals, ietves ledainas un ielas slidenas.
h	**augustā**	dienas kļūst garākas, sniegs sāk kust, no jumtiem krīt lāstekas.
i	**septembrī**	saule sāk sildīt, viss plaukst; jākrāso olas.
j	**oktobrī**	ja ir sniegs, braucam slēpot; svinam Jauno gadu.
k	**novembrī**	ir saulains, zaļo koki un zied puķes.
l	**decembrī**	dienas ir garas un naktis īsas: svinam Jāņus!

7 **Runāsim par laiku**. (*Let's talk about the weather.*) You have just woken up and haven't looked outside yet. Use your Latvian for the answers please.

   a Ask what the weather is like today.

   b You are told that **visur sniegs**. What does this mean?

   c What is the season likely to be?

   d Ask whether it is raining.

   e Tell someone that the sun is shining.

   f Ask if there's any snow.

   g Ask whether it is cold outside.

   h **… ir vējains**. What does this mean?

   i **Šodien būs lietus.** Will you take an umbrella?

   j You are about to set off on a car journey and are told to take care, because there is **bieza migla**. What do you have to look out for?

   k The weather forecast talks about a **vētra**. What is that?

8 Kā jūs jūtaties, kad:

   a … kāds no ģimenes piezvana, īpaši ja no ārzemēm?

   b … dzīvoklī nav siltā ūdens?

   c … kāds jums iedod dāvanu?

   d … jūs nevarat atrast dzīvokļa atslēgu?

   e … vilciens kavējas, un jums jāgaida?

   f … jūs ejat pāri tiltam, un redzat cik tālu virs ūdens jūs esat?

   g … kāds runā latviski, un jūs saprotat?

   h … jūs neesat gulējis / gulējusi?

   i … viss izkrīt ārā no somas?

   j … jūs esat pilsētā ar auto, un jūs atrodat stāvvietu?

   k … jūs braucat liftā?

13 Pastāstiet par sevi
Tell us about yourself

In this unit you will learn:
▶ *to talk about your educational background*
▶ *to discuss your work and profession*
▶ *to chat about your hobbies and pastimes*
▶ *how to tell people about yourself*

Dialogue 1

A journalist is interviewing David about his work and his background.

 13.01

Žurnāliste	Kur jūs strādājat?
David	Es strādāju centrālajā bankā, Valdemāra ielā.
Žurnāliste	Par ko jūs strādājat?
David	Es strādāju par konsultantu.
Žurnāliste	Kur jūs strādājāt agrāk?
David	Pirms daudziem gadiem es strādāju par analītiķi. Tad pagājušajā gadā es strādāju par finanšu direktoru privātā uzņēmumā.
Žurnāliste	Cik ilgi jūs esat strādājis Latvijā?
David	Piecus mēnešus.
Žurnāliste	Un jums ir augstākā izglītība tautsaimniecībā?
David	Jā, man ir maģistra grāds ekonomikā.
Žurnāliste	Kuru universitāti jūs esat beidzis?
David	Vispirms es mācījos Edinburgas universitātē, tad dažus gadus vēlāk studēju Parīzē, kur ieguvu maģistra grādu. Vēlāk arī apmeklēju kursus Londonas Biznesa augstskolā.

žurnāliste (f.)	*journalist*
konsultants (m.)	*consultant*
agrāk	*previously – see note*
pirms	*ago – see note*
analītiķis (m.)	*analyst*
pagājušajā gadā (m.)	*in the last (preceding) year*
finanses (f. pl.)	*finance*
privātais	*private*

uzņēmums (m.)	*enterprise, company*
augstākā izglītība (f.)	*higher education*
tautsaimniecība (f.)	*economics*
maģistra grāds (m.)	*master's degree*
ekonomika (f.)	*economics*
beidzis (beigt)	*graduated – see note*
mācījos (mācīties)	*I learnt* (here: *studied*)
ieguvu (iegūt)	*I obtained*
apmeklēju (apmeklēt)	*I attended*
kursi (m. pl.)	*course*
augstskola (f.)	*tertiary educational institution*

Language points

RUNĀSIM PAR IZGLĪTĪBU *LET'S TALK ABOUT EDUCATION*

Kāda ir jūsu izglītība? (*What is your education?*) is a somewhat formal way of asking about educational background. Here are some possible replies:

Es mācījos or **es studēju** …	*I learnt* or *I studied* …
latviešu valodu / valodas	*the Latvian language / languages*
matemātiku	*mathematics*
vēsturi	*history*
ģeogrāfiju	*geography*
zinātni	*science*
politiku	*politics*
pamatskolā	*at primary school*
vidusskolā	*at secondary school*
augstskolā	*at a tertiary institution*
universitātē	*at university*
Man ir …	*I have completed …*
augstākā izglītība	*higher education*
bakalaura grāds	*a bachelor's degree*
maģistra grāds	*a master's degree*
diploms	*a diploma*

The verb **beidzāt** (the infinitive is **beigt**) actually means *finished*, but when speaking of education it means *graduated*.

Dialogue 2

At a cocktail party, a guest is chatting to Gundega about what she does for a living.

Viesis	Kāda ir jūsu nodarbošanās?
Gundega	Es esmu mārketinga menedžere.
Viesis	Interesanti! Kur jūs strādājat?
Gundega	Jau vairākus gadus es strādāju reklāmas aģentūrā. Faktiski man ir bakalaura grāds tieslietās. Bet man nepatika strādāt par advokātu.
Viesis	Kur jūs studējāt?
Gundega	Sākumā es mācījos Latvijas Universitātē, vēlāk – Vidzemes Augstskolā.
Viesis	Kad jūs beidzāt?
Gundega	Es beidzu 2001. gadā.

nodarbošanās (f. pl.)	*occupation*
mārketings (m.)	*marketing*
menedžers, menedžere	*manager (m., f.)*
reklāma (f.)	*advertising*
aģentūra (f.)	*agency*
tieslietas (f. pl.)	*law or legal studies*
sākumā (m.)	*at the beginning*

Language points

RUNĀSIM PAR DARBU UN PROFESIJU *LET'S TALK ABOUT WORK AND PROFESSION*

Kāda ir jūsu nodarbošanās? (*What is your occupation?*) is a fairly formal question and would be used by someone who doesn't know you or in an official situation. **Kāda ir jūsu profesija?** (*What is your profession?*) is also a little official.

In an informal situation **Kur jūs strādājat?** is more common – and means *Where do you work?*, also **Par ko jūs strādājat?** or **Ar ko jūs nodarbojaties?** are ways of asking *What do you do?*

Here are some occupations. There are different forms for male and female:

skolotāj**s** / skolotāj**a**	*teacher* (m. / f.)
pārdevējs (-a)	*sales assistant*
uzņēmējs (-a)	*entrepreneur*
dejotājs (-a)	*dancer*
strād**nieks** / strād**niece**	*worker or labourer* (m. / f.)
pastnieks (-niece)	*postman, postwoman*
mākslinieks (-niece)	*artist*
rakstnieks (-niece)	*writer*

lauksaimnieks (-niece)	*farmer*
zinātnieks (-niece)	*scientist*
jūrnieks (-niece)	*mariner*
direktor**s**/direktor**e**	*director* (m. / f.)
oficiants (-e)	*waiter, waitress*
ārsts (-e)	*doctor*
zobārsts, stomatologs (-e)	*dentist*
žurnālists (-e)	*journalist*
sekretārs (-e)	*secretary*
mūziķis (-e)	*musician*
grāmatvedis (-e)	*accountant*
inženieris (-e)	*engineer*
kasieris (-e)	*cashier*
ierēdnis (-e)	*official* or *clerk*
profesors (-e)	*professor*
pensionārs (-e)	*pensioner*

See how the ending **-ājs** (or **-ējs**) goes to **-āja** (**-ēja**) for the female version, and **-nieks** to **-niece**. All the others have an **-e** ending in the female version, with some exceptions, for example, the word for a *male actor* is **aktieris** and a *female actor* is **aktrise**.

> **INSIGHT**
>
> **Kur jūs strādājāt agrāk?** *Where did you work previously?*
>
> In Dialogue 1 we encountered a different use for the word **agrāk**, which we know to mean *earlier*. It is also used to mean *previously*:
>
> **Agrāk** dzīvojām Londonā, bet tagad mēs dzīvojam Rīgā.
>
> *Previously we lived in London, but now we live in Riga.*
>
> Similarly, the preposition **pirms** (*before*) can also mean *ago*:
>
> | | |
> |---|---|
> | **pirms** daudziem gadiem | *many years ago* |
> | **pirms** gada | *a year ago* |
> | **pirms** stundas | *an hour ago* |

Language points

CIK ILGI? *HOW LONG?*

Often, when talking about time, the accusative case is used. We have already seen (in Unit 9) **visu dienu** and **katru dienu** (*all day* and *each* or *every day*).

The questions **Cik ilgi?** *(How long?)* will also be answered in the accusative: **Vienu gadu / divus gadus / daudzus gadus** and so on. With a unit of time which is a feminine noun it will be **Vienu nedēļu / divas nedēļas / daudzas nedēļas**.

However, if the question is **Uz cik ilgu laiku?** *(For how long (a time)?)*, the preposition **uz** will come into play, and it is answered by: **Uz vienu gadu / uz diviem gadiem / uz daudziem gadiem** (the feminine: **Uz vienu nedēļu / uz divām nedēļām / uz daudzām nedēļām**), with the plural nouns going into the dative case.

BEIGT *TO FINISH*

The verb **beigt** is irregular in that it undergoes a consonant change (palatalization) in the stem. Otherwise, it has all the usual endings as we have seen before.

es beidz**u**	mēs beidz**am**
tu beidz	jūs beidz**at**
viņš, viņa, viņi, viņas beidz	

The verbs **lūgt** *(to request)*, **pasniegt** or **sniegt** *(to present or to hand over)* and **kliegt** *(to shout)* work in exactly the same way: es lūdz**u**, es pasniedz**u**, es kliedz**u** and so on.

The future tense of these verbs works according to the standard pattern, but the past tense is as follows:

es beidz**u**	mēs beidz**ām**
tu beidz**i**	jūs beidz**āt**
viņš, viņa, viņi, viņas beidz**a**	

Dialogue 3

Pēteris and Viesturs are discussing holidays.

Pēteris	Ko jūs parasti darāt brīvdienās?
Viesturs	Mūsu ģimenē tā ir sarežģīta problēma. Brīvdienās man patīk braukt uz kalniem, jo man patīk slēpošana. Sievai, savukārt, patīk būt kaut kur pie ūdens. Viņa vienmēr grib ceļot uz siltām zemēm, lai varētu peldēties un sauļoties.
Pēteris	Tas nozīmē, ka jums vajag divus atvaļinājumus gadā: vienu ziemā un otru vasarā. Vai arī – jābrauc brīvdienās atsevišķi.
Viesturs	To gan es nevēlētos.

sarežģīts, sarežģīta	*complicated (m., f.)*
problēma (f.)	*problem*
jo	*because*

slēpošana (f.)	*skiing*
savukārt	*conversely*
kaut kur	*somewhere*
zeme (f.)	*country, also earth or land*
atsevišķi	*separately*
To gan es nevēlētos.	*I wouldn't want that.*

Dialogue 4

It is Friday evening. Elita and Ojārs are making plans for the weekend.

Ojārs	Cikos rīt brauksim uz jūrmalu?
Elita	Tā ap 11.00.
Ojārs	Tik vēlu?
Elita	Tu taču zini, ka sestdienas rītā man nepatīk agri celties.
Ojārs	Ja mēs izbraucam pēc 11.00, tad pludmalē ieradīsimies tikai kādos 12.00 vai 12.30.
Elita	Kas tur tik slikts? Paēdīsim pusdienas un tad varēsim mierīgi kāpās sauļoties.
Ojārs	Pēc pusdienām taču nevar uzreiz iet peldēties. Vismaz stunda jāgaida.
Elita	Tas nav ilgi. Varam palikt jūrmalā visu dienu, līdz pat vakaram. Parīt taču svētdiena, visa nedēļas nogale vēl priekšā!

celties	*to get up*
ieradīsimies (ierasties)	*we will arrive*
Kas tur tik slikts?	*What's so bad about that?*
mierīgi	*quietly, peacefully*
uzreiz	*immediately*
vismaz	*at least*
pat	*even*

Language points

PAR UN PRET *FOR AND AGAINST*

The preposition **par** has a number of uses or meanings: it can mean *as, for* or *about*. A singular noun that follows the preposition will be in the accusative:

Es strādāju **par** konsultantu.	*I work as a consultant.*
Viņš maksās **par** visu.	*He will pay for everything.*
Mēs runājam **par** darbu.	*We are talking about work.*
Students domā **par** eksāmenu.	*The student is thinking about the exam.*

Par is also used for comparing things:

Kafija ir labāka **par** tēju.   *Coffee is better than tea.*

Do not confuse it with the preposition **pa**, which also takes the noun in the accusative, but has a completely different meaning.

Pret also has more than one meaning. When talking about a match or a confrontation, it means *against*:

Šveice spēlē **pret** Latviju.   *Switzerland is playing against Latvia.*
Es esmu **pret** šo ideju.   *I am against this idea.*

Paradoxically, when you take medicine for something, you use the word **pret**:

zāles **pret** apaukstēšanos   *medicine for a cold*

Singular nouns with **pret** are also in the accusative case.

Finally, **par un pret** is *the pro and the con, the for and the against* – as used in voting (**balsošana**).

REFLEXIVE VERBS

Like non-reflexive verbs, the reflexive verbs, for learning purposes, can also be placed into three main conjugation patterns or categories (which until now we have called families), providing they are 'regular'. Some reflexive verbs have consonant or pronunciation interchanges in the stem, however, the endings are constant. These are the main groups:

	mācīties	**mazgāties**	**vēlēties**
	(to learn)	*(to wash)*	*(to wish or want)*
es	māc**os**	mazgā**jos**	vēl**os**
tu	māc**ies**	mazgā**jies**	vēl**ies**
viņš, viņa	māc**ās**	mazgā**jas**	vēl**as**
mēs	māc**āmies**	mazgā**jamies**	vēl**amies**
jūs	māc**āties**	mazgā**jaties**	vēl**aties**
viņi, viņas	māc**ās**	mazgā**jas**	vēl**as**

Some other reflexive verbs we have already met in various forms are:

izskatīties	*to look* or *to appear*
atcerēties	*to remember*
iepazīties	*to get acquainted, to get to know*
precēties	*to marry*
šķirties	*to part*, also *to divorce*
atrasties	*to be situated* or *located*
pārsēsties	*to change (means of transport)*
steigties	*to hurry*
griezties	*to turn*

Dialogue 5

David and Kārlis are chatting about sport. David wants to know what is the favourite sport is in Latvia.

 13.03

David	Kāds ir vispopulārākais sporta veids Latvijā?
Kārlis	Es domāju, ka ledus hokejs, lai gan basketbols arī ir populārs. Latvijas hokeja komanda ir diezgan spēcīga. Daži latviešu hokejisti spēlē klubos ārzemēs, citās valstīs: Kanādā, Somijā, Krievijā.
David	Un ar kādu sportu nodarbojas sievietes?
Kārlis	Sievietes arī spēlē basketbolu, un vēl pie tam ļoti labi. Latvijas izlase nesen piedalījās olimpiskajās spēlēs. Man liekas, ka slēpošana un peldēšana arī ir iecienītas. Gan sievietes, gan vīrieši spēlē tenisu. Un dejo tautas dejas.
David	Vai tautas dejas ir sporta veids?

vispopulārākais	*the most popular (m.)*
sporta veids (m.)	*type of sport*
komanda (f.)	*team*
spēcīgs, spēcīga	*powerful (m., f.)*
hokejists (m.)	*hockey player*
nodarbojas (nodarboties)	*is/are engaged in (3rd person)*
izlase (f.)	*national team*
piedalījās (piedalīties)	*participated*
olimpiskās spēles (f. pl.)	*Olympic Games*
iecienīts, iecienīta (m., f.)	*popular (lit. a favourite)*
dejot	*to dance*
tautas dejas (f. pl.)	*folk dancing*

Language points

KO JUMS PATĪK DARĪT BRĪVAJĀ LAIKĀ? KĀDS IR JŪSU VAĻAS PRIEKS JEB HOBIJS? *WHAT DO YOU LIKE TO DO IN YOUR FREE TIME? WHAT IS YOUR FAVOURITE PASTIME OR HOBBY?*

Man patīk …	*I like* …
sēņošana	*mushroom gathering*
peldēšana	*swimming*
dziedāšana	*singing*
lasīšana	*reading*

slēpošana	*skiing*
dejošana	*dancing*
burāšana	*sailing*
makšķerēšana	*fishing (angling)*

lasīšana

skatīties TV

dejošana

spēlēt tenisu

spēlēt ģitāru

makšķerēšana

Man patīk spēlēt …	*I like to play* …
basketbolu	*basketball*
tenisu	*tennis*
ledus hokeju	*ice hockey*
futbolu	*football*
volejbolu	*volleyball*
kārtis	*cards*
bridžu	*bridge*
šahu	*chess*
ģitāru	*the guitar*
klavieres	*the piano*
vijoli	*the violin*

Man patīk apmeklēt …   *I like to attend* …

koncertus   *concerts*

teātri   *the theatre*

mākslas izstādes   *art exhibitions*

Dialogue 6

Viesturs and Gundega are discussing a football match from the evening before where Latvia played against Switzerland.

 13.04

Viesturs	Vai tu vakar vakarā skatījies spēli? Šveices izlase spēlēja pret Latvijas komandu.
Gundega	Dramatisks mačs, vai ne! Sākās mierīgi un izskatījās, ka rezultāts būs neizšķirts, tomēr beigās …
Viesturs	Jā, pirmajā pusē nekas nenotika. Otrā puslaika sākumā aktīvāk uzbruka šveicieši.
Gundega	Es nebrīnos. Latvieši nespēlēja pārliecinoši. Un tad aizsargs sāka strīdēties ar tiesnesi un saņēma dzelteno kartīti.
Viesturs	Vēl sliktāk pēc tam, kad viņš iespēra uzbrucējam un saņēma sarkano kartīti – un noraidījumu. Pēdējā brīdī.
Gundega	Jā, un vēl pie tam soda laukumā! Es nešaubījos, ka šveiciešu soda sitiens būs vārtos.
Viesturs	Viņiem laimējās. Sitiens bija vājš. Latvijas vārtsargs teica, ka bumba bija slapja un izslīdēja no rokām. Tā arī Šveice uzvarēja un Latvija zaudēja.

vakar vakarā	*last night, yesterday evening*
dramatisks, dramatiska	*dramatic (m., f.)*
rezultāts (m.)	*result*
neizšķirts	*a draw (lit. undetermined)*
beigās (f. pl.)	*at the end*
puslaiks (m.)	*half-time*
uzbruka (uzbrukt)	*attacked*
šveicieši (m. pl.)	*the Swiss*
nebrīnos (brīnīties)	*I don't wonder*
pārliecinoši	*convincingly*
aizsargs (m.)	*defender*
strīdēties	*to argue*
tiesnesis (m.)	*referee, also judge*
iespēra (iespert)	*kicked*
noraidījums (m.)	*a sending off*

pēdējā brīdī (m.)	*at the last moment*
soda laukums (m.)	*penalty area*
nešaubījos (šaubīties)	*I didn't doubt*
soda sitiens (m.)	*penalty kick*
vārti (m. pl.)	*goal, also gates*
sitiens (m.)	*kick, also hit*
vājš, vāja	*weak or poor (m., f.)*
vārtsargs (m.)	*goalkeeper*
izslīdēja (izslīdēt)	*slipped out*
uzvarēja (uzvarēt)	*won*
zaudēja (zaudēt)	*lost*

Language points

VAI TU VAKAR SKATĪJIES …? *DID YOU WATCH … LAST NIGHT?*

For all reflexive verbs the past tense endings are regular, with the usual long sounds predominating. The stem is obtained by removing the **-ties** ending (mazgā-**ties**, mācī-**ties**, vēlē-**ties**) and the endings are: **-jos, -jies, -jās, -jāmies, -jāties**.

If the letter before the infinitive ending **-ties** is a consonant, then the past tense endings drop the **-j.** Generally past tense stems of irregular reflexive verbs are unpredictable. Compare the following:

	ierasties	**steigties**	**satikties**	**griezties**
	(to arrive)	*(to hurry)*	*(to meet)*	*(to turn)*
es	ierad**os**	steidz**os**	satik**os**	griez**os**
tu	ierad**ies**	steidz**ies**	satik**ies**	griez**ies**
3rd person	ierad**ās**	steidz**ās**	satik**ās**	griez**ās**
mēs	ierad**āmies**	steidz**āmies**	satik**āmies**	griez**āmies**
jūs	ierad**āties**	steidz**āties**	satik**āties**	griez**āties**

GERUNDS OR VERBAL NOUNS

Theoretically, virtually any verb can be made into a gerund or verbal noun (a noun indicating an action) by removing the last **-t** of the infinitive and adding the ending **-šana**:

sēņo**t** (*to pick mushrooms*)	→	sēņo**šana**	(*mushroom gathering*)
slēpo**t** (*to ski*)	→	slēpo**šana**	(*skiing*)
dziedā**t** (*to sing*)	→	dziedā**šana**	(*singing*)
lasī**t** (*to read*)	→	lasī**šana**	(*reading*)

Often (but not always!) they correspond to English words ending with *-ing*.

These are all examples of the singular form. Here is how they are used in a sentence:

Latviešiem patīk sēņošana.	*Latvians like mushroom picking.*
Šveicē ir laba slēpošana.	*There is good skiing in Switzerland.*
Viņas mīļākais vaļas prieks ir dziedāšana.	*Her favourite pastime is singing.*
Populārs vaļas prieks ir lasīšana.	*A popular pastime is reading.*

There is also a plural form (**zināšanas**, **vēlēšanas**):

Viņam ir plašas zināšanas.	*He has vast knowledge.*
Nāk vēlēšanas.	*The elections are coming.*

Note that occasionally the meaning can change completely:

Tā nav tava darīšana.	*That's none of your business.*
Tā ir tikai tukša runāšana.	*That's only idle (lit. 'empty') talk.*

Dialogue 7

Pēteris and Fiona are chatting about what they like doing in their free time. Fiona likes travelling, but Peter prefers walks in the forest and picking mushrooms.

 13.05

Pēteris	Ko jūs darāt brīvajā laikā?
Fiona	Man ļoti patīk ceļot.
Pēteris	Jūsu hobijs ir ceļošana?
Fiona	Jā, ir interesanti braukt uz citām zemēm, pastaigāties pa svešu pilsētu, apmeklēt mākslas muzejus un tūrisma objektus, un vēl iepazīt kādu citu kultūru. Un kāds ir jūsu vaļasprieks?
Pēteris	Man labāk patīk būt kaut kur pie dabas: pastaigāties pa mežu, vai pie jūras. Rudenī labprāt eju sēņot.
Fiona	Kā jūs zināt, kuras sēnes ir ēdamas un kuras indīgas?
Pēteris	Es pazīstu visas. Zinu, kuri ir šampinjoni, kuras ir gailenes, baravikas, bērzlapes. Mušmires visi pazīst – tās ir tās sarkanās ar baltiem punktiem.

brīvais laiks (m.)	*free time*
hobijs (m.)	*hobby*
pastaigāties	*to go for a stroll*
svešs, sveša	*unfamiliar (m., f.)*
tūrisma objects (m.)	*tourist attraction*
iepazīt	*to get to know*
kultūra (f.)	*culture*
vaļasprieks (m.)	*pastime, hobby*

ēdams, ēdama	*edible (m., f.)*
indīgs, indīga	*poisonous (m., f.)*
gailene (f.)	*chanterelle (type of mushroom)*
baravika (f.)	*boletus (type of mushroom)*
bērzlape (f.)	*russula (type of mushroom)*
mušmire (f.)	*toadstool*
punkts (m.)	*dot*

MŪZIKA UN KORI *MUSIC AND CHOIRS*

Latvia seems to have an inexhaustible supply of musical talent, both singers and instrumentalists. Despite a small population, the country boasts a number of world class opera stars and three major orchestras. Top choral conductors are revered. Once every four years or so the **Dziesmu un deju svētki** (*Song and dance festival*) takes place. In essence it is the culmination of a fiercely fought nationwide contest. Thousands of choirs, as well as folk-dancing groups, compete in heats across the country for the chance to perform at the festival, but the greatest honour of all is to participate in the final concert. The main events of the festival take place on a specially constructed open-air stage the size of a sports stadium in the Riga suburb of Mežaparks. The sight and sound of the massed choir with thousands of singers in national dress is breathtaking. The singing continues after the event in trams and buses which transport the participants and the audience back to the centre. The festival opens with a parade through the streets of Riga. In 2008 the parade had 35,000 participants and lasted about seven hours.

Dialogue 8

Ilze is really pleased that the choir she sings in has been chosen to perform at the nationwide Song and dance festival. Since this is a major national event which does not take place every year, it is a great achievement to be chosen to take part.

 13.06

Ilze	Mēs ļoti priecājamies, ka mūsu koris piedalīsies Dziesmu un deju svētkos.
Zane	Apsveicu!
Ilze	Diriģents uztraucās, ka neesam sagatavojušās. Bija jāmācās daudz jaunu dziesmu. Bet skatēs mēs nodziedājām pārsteidzoši labi.
Zane	Jā, es klausījos, un īpaši pēdējā skatē tiešām skanēja labi. Faktiski labāk nevarētu vēlēties. Diriģents var justies apmierināts.
Ilze	Tiešām nav par ko sūdzēties. Tagad atpūtīsimies, bet pēc dažām dienām būs jāierodas Mežaparkā, lai uzstātos Atklāšanas koncertā.

V piedalīsies (piedalīties)	will participate
dziesma (f.)	song
diriģents (m.)	conductor
sagatavojušās (sagatavoties)	prepared (f. pl. participle)
skate (f.)	heat
pārsteidzoši	surprisingly
klausījos (klausīties)	I was listening
īpaši	particularly
skanēja (skanēt)	it sounded
atpūtīsimies (atpūsties)	we will rest
būs jāierodas (ierasties)	we will have to show up
lai uzstātos (uzstāties)	in order to perform or to appear
Atklāšanas koncerts (m.)	Opening Concert

Language points

MŪSU KORIS PIEDALĪSIES *OUR CHOIR IS GOING TO PARTICIPATE*

The future tense of reflexive verbs, as with the non-reflexive verbs, is largely regular throughout. Although once again the endings are the same, stem changes do occur, especially in irregular verbs. Regular stems are as for the past tense, and the endings are **-šo**s, **-sies**, **-sies**, **-simies** and **-sities**.

Even irregular verbs follow exactly the same pattern, except for verbs with an **s** or a **z** before the ending **-ties**. These acquire an extra syllable. Here are some examples:

	grie**zties**	atpū**sties**	iera**sties**	ju**sties**
es	grie**zīšos**	atpū**tīšos**	iera**dīšos**	ju**tīšos**
mēs	grie**zīsimies**	atpū**tīsimies**	iera**dīsimies**	ju**tīsimies**

MĒS NODZIEDĀJĀM PĀRSTEIDZOŠI LABI *WE SANG SURPRISINGLY WELL*

There is an adverbial form of another type of present active participle, one that is characterized by the **-ošs**, **-oša** ending. It can be used as a descriptive word, like an adjective – **apmierinošs rezultāts** (*a satisfactory result*), **ziedoša puķe** (*a flower in bloom*), **smaidošas sejas** (*smiling faces*) – or as an adverb (**pārsteidzoši**, **pārliecinoši**):

Viņi nespēlēja pārliecinoši.   *They didn't play convincingly.*

The adjectival participle can have both definite and indefinite forms:

raudošs bērns	*a crying child*
raudošais bērns	*the crying child*

GERUNDS FROM REFLEXIVE VERBS

Gerunds or verbal nouns formed from reflexive verbs tend to have a long **-ā** in the ending. They can be awkward to use, as in the nominative case the singular and plural are the same. In addition, these words only exist in the nominative, genitive and accusative forms.

The gerund **tikšanās** (*meeting*) is from the verb **tikties** (or **satikties**) – *to meet*:

Nom.	Man šodien ir **tikšanās** ar priekšnieku.	*Today I have a meeting with the boss.*
Gen.	**Tikšanās** laikā mēs pārrunājām dažādus jautājumus.	*During the meeting we discussed various issues.*
Acc.	Es tagad eju uz **tikšanos**.	*I am now going to a meeting.*

Some other examples of gerunds formed from reflexive nouns are **vēlēšanās** (*a wish* or *desire*) from **vēlēties**, **nodarbošanās** (*occupation*) from **nodarboties**, **iepazīšanās** (*acquaintance*) from **iepazīties** and the familiar **Uz redzēšanos!**, which is an accusative form based on the verb **redzēties** (*to see each other*).

ENGLISH WORDS ENDING WITH '-ING'

In English, the suffix *-ing* is characteristic of the present active participle and of gerunds (verbal nouns). In Latvian, however, there is more than one equivalent and function for *-ing* words:

1	As a present tense verb:	*he skis* or *he is skiing*	viņš slēpo
2	As a gerund (verbal noun):	*skiing*	slēpošana
3	As a present participle:	*(whilst)skiing*	slēpojot

Transcripts

DIALOGUE 1

Journalist	*Where do you work?*
David	*I work at the central bank in Valdemāra iela.*
Journalist	*What do you do?*
David	*I am a consultant.*
Journalist	*Where did you work previously?*
David	*Many years ago I worked as an analyst. Last year I worked as the financial director in a private company.*
Journalist	*How long have you worked in Latvia?*
David	*Five months.*
Journalist	*And you have completed higher education in economics?*
David	*Yes, I've got a master's degree in economics.*
Journalist	*Which university did you graduate from?*
David	*At first I studied at Edinburgh University, then some years later I studied in Paris, where I obtained the master's degree. Later, I also attended courses at London Business School.*

DIALOGUE 2

Guest	*What is your occupation?*
Gundega	*I'm a marketing manager.*
Guest	*That's interesting! Where do you work?*
Gundega	*For a number of years now I have been working for an advertising agency. Actually I have a bachelor's degree in law, but I didn't like working as a lawyer.*
Guest	*Where did you study?*
Gundega	*Initially I studied at the University of Latvia, later at the Vidzeme University College.*
Guest	*When did you graduate?*
Gundega	*I graduated in 2001.*

DIALOGUE 3

Pēteris	*What do you usually do on holiday?*
Viesturs	*In our family it's a complicated problem. On holidays, I like to go to the mountains, because I like skiing. My wife, on the other hand, likes to be somewhere by the water. She always wants to travel to warm countries so as to be able to swim and to sunbathe.*
Pēteris	*That means you need two vacations a year: one in the winter and the other in the summer. Or otherwise – you have to go on holiday separately.*
Viesturs	*I wouldn't like that.*

DIALOGUE 4

Ojārs	*At what time are we going to the beach tomorrow?*
Elita	*Around 11 o'clock.*
Ojārs	*So late?*
Elita	*You know that on a Saturday morning I don't like getting up early, (don't you)?*
Ojārs	*If we leave after 11, then we'll get to the beach at only about 12.00 or 12.30.*
Elita	*What's so bad about that? We'll have lunch and then we'll be able to peacefully sunbathe in the dunes.*
Ojārs	*You can't go swimming straight after lunch. You have to wait an hour at least.*
Elita	*That's not long. We can stay at the seaside all day, even until evening. The day after tomorrow is Sunday, we've got the whole weekend still ahead of us!*

DIALOGUE 5

David	*What's the most popular sport in Latvia?*
Kārlis	*I think that it's ice hockey, although basketball is also popular. The Latvian (national) hockey team is quite strong. Some Latvian hockey players play in clubs abroad: in Canada, in Finland, in Russia.*
David	*And what sports do women do?*
Kārlis	*Women too play basketball, and moreover very well. The Latvian team recently took part in the Olympic Games. I think that skiing and swimming are also well liked. Both women and men play tennis. And do folk dancing.*
David	*Is folk dancing a type of sport?*

DIALOGUE 6

Viesturs	*Did you watch the game last night? The Switzerland national team played against the Latvian team.*
Gundega	*It was a dramatic match, wasn't it! Began quietly and looked as though the result would be a draw, however in the end …*
Viesturs	*Yes, in the first half nothing happened. At the start of the second half the Swiss attacked more actively.*
Gundega	*I don't wonder. The Latvians didn't play convincingly. And then the defender started to argue with the referee and received a yellow card.*
Viesturs	*(It was) even worse afterwards, when he kicked the attacker and received a red card and got sent off. At the last minute.*
Gundega	*Yes, and in the penalty area what's more! I didn't doubt that the Swiss penalty kick would be a goal.*
Viesturs	*They got lucky. It was a poor kick. The Latvian goalkeeper said that the ball was wet and slipped through his hands. So Switzerland won and Latvia lost.*

DIALOGUE 7

Pēteris	*What do you do in your spare time?*
Fiona	*I really like to travel.*
Pēteris	*Your hobby is travelling?*
Fiona	*Yes, it's interesting to travel to other countries, to stroll around an unfamiliar city, to visit art galleries and tourist sites, and to get to know another culture. And what do you enjoy in your free time?*
Pēteris	*I prefer to be somewhere with nature: to go for a walk in the forest, or by the sea. In the autumn I like to go foraging for mushrooms.*
Fiona	*How do you know which mushrooms are edible and which ones are poisonous?*
Pēteris	*I know them all. I know which are the champignons, which are the chanterelles, the boletus, the russula. Everyone knows toadstools – they're the red ones with white spots.*

DIALOGUE 8

Ilze	*We're so pleased that our choir is to participate in the Song and dance festival.*
Zane	*Congratulations!*
Ilze	*The conductor was worried that we weren't prepared. We had to learn lots of new songs. But in the competition heats we sang surprisingly well.*
Zane	*Yes, I was listening, and in the last one especially it really sounded good. In fact, you couldn't hope for better. The conductor can feel satisfied.*
Ilze	*There really is nothing to complain about. Now we'll have a rest, but in a few days' time we'll have to be at Mežaparks, in order to perform at the Opening Concert.*

❓ Test yourself

1 Iepazīsimies! *Let's get to know each other!*

Some of the characters you have met in the dialogues have been invited to tell us about themselves and what they like doing in their spare time. Read these people's stories and then answer the questions. Try not to look back or use the glossary.

Deivids stāsta

Esmu dzimis Skotijā, bet jau ilgus gadus dzīvoju Londonā. Apmeklēju vietējo pamatskolu un 1983. gadā beidzu Edinburgas universitāti ar bakalaura grādu ekonomikā. Tad vairākus gadus strādāju privātā konsultantu firmā. Nesen man piedāvāja iespēju strādāt Rīgā. Kad es uzzināju, ka braukšu uz Rīgu strādāt, es sāku mācīties latviešu valodu. Tagad esam nodzīvojuši Rīgā piecus mēnešus. Brīvajā laikā man patīk spēlēt golfu. Vispār man patīk nodarboties ar sportu. Vasarā es spēlēju tenisu. Ziemā bieži apmeklēju trenažieru zāli.

Fiona stāsta

Ar Deividu es satikos, kad man bija 19 gadu. Abi studējām universitātē. Divus gadus vēlāk apprecējāmies. Tad piedzima bērni – vispirms Harijs, pēc tam Millija. Uz dažiem gadiem dzīvojām Londonā. Faktiski man nav daudz brīvā laika – man taču ir divi bērni. Vēl mācos neklātienē, Londonas Universitātē. Vakaros esmu nogurusi, varbūt pārāk bieži skatos televizoru. Sākumā bērni dzīvoja Anglijā, bet kopš septembra viņi apmeklē starptautisko skolu Jūrmalā. Man ļoti patīk ceļot. Kāpēc? Lai iepazītos ar citām zemēm, ar citām kultūrām.

Kārlis stāsta

Kāda ir mana nodarbošanās? Pēc profesijas esmu inženieris, bet pēdējos 10 gadus esmu strādājis finansu jomā. Esmu grāmatvedis, direktora palīgs. Jau ilgus gadus es strādāju Latvijas centrālajā bankā. Esmu precējies. Mana sieva Laima ir skolotāja, viņa māca vietējā pamatskolā. Man nepatīk sports, bet man patīk būt ārā, brīvā dabā. Spēlēju šahu. Mani interesē arī politika un vēsture. Vasarā bieži braucam uz Kolku peldēties jūrā un sauļoties kāpās.

Gundega stāsta

Pēc profesijas esmu juriste, mācījos Latvijas Universitātes Tieslietu fakultātē. Vēlāk studēju mārketingu un man laimējās atrast darbu reklāmas aģentūrā. Nesen sāku dzīvot kopā ar Naidželu. Mēs satikāmies darbā. Viņš bija nesen atbraucis no Ņujorkas uz Rīgu un neprata runāt latviski. Man bija jātulko. Un tā mēs iepazināmies. Ko es daru brīvajā laikā? Man patīk iepirkties! Veikali, izpārdošanas, atlaides un nocenošanas – tā ir mana pasaule!

Naidžels stāsta

Neesmu no Latvijas, esmu dzimis un audzis Jaunzēlandē. Pēc skolas beigšanas dažus gadus ceļoju pa pasauli. Kādu laiku dzīvoju Anglijā, apmeklēju Londonas Biznesa augstskolu. Kādu laiku biju arī precējies – man ir dēls, bet viņš dzīvo pie mātes. Ilgus gadus strādāju Ņujorkā. Mans hobijs ir burāšana. Mans sapnis ir dzīvot pie jūras.

Ilze stāsta

Esmu dzimusi un augusi Rīgā. Kopš skolas beigšanas es strādāju Latvijas Bankā. Neesmu precējusies, bet man ir kaķis. Dzīvoju kopā ar divām draudzenēm. Man ļoti patīk mūzika.

Dziedu korī, apmeklēju koncertus. Mans vaļasprieks ir dziedāšana un dejošana. Mīlu arī mākslu. Bieži eju uz izstādēm un mākslas muzejiem. Patiesībā pati arī mazliet gleznoju.

Pēteris stāsta

Esmu liepājnieks, bet strādāju teātrī Rīgā. Reizēm arī nodarbojos ar reklāmu. Jaunībā beidzu Mākslas Akadēmiju. Kāds ir mans vaļasprieks? Lasīšana. Patīk arī klausīties mūziku. Nesen nopirku dzīvokli. Tagad to remontēju. Es nekad neskatos televizoru. Labprāt strādāju dārzā, lai gan man pašam dārza nav. Bet maniem draugiem ir neliels lauku īpašums, labprāt viņus apciemoju. Ejam pastaigāties pa mežu, rudenī sēņojam.

- **a** What did David study?
- **b** How long have David and Fiona been in Riga?
- **c** What does Fiona do perhaps too often?
- **d** What is Kārlis doing now, and what was he previously?
- **e** Where does Gundega work?
- **f** How did she meet Nigel?
- **g** What is Nigel's favourite pastime?
- **h** How long has Ilze been working at the bank?
- **i** Which town is Pēteris from?

2 Match the occupations to their place of work, to form the sentence: **(Kas) strādā (kur)**. Don't forget to use the locative case for the places where people are working.
Example: Sekretāre strādā birojā.

a oficiants		**i**	slimnīca
b skolotāja		**ii**	lauki
c ārste		**iii**	rūpnīca
d pārdevējs		**iv**	pasts
e strādnieks		**v**	teātris
f kasieris		**vi**	restorāns
g pastniece		**vii**	veikals
h lauksaimnieks		**viii**	uzņēmums
i aktrise		**ix**	banka
j uzņēmējs		**x**	skola

3 Match the time phrases in Latvian with their counterparts in English.

a pēc dažiem mēnešiem		**i**	*yesterday*
b pagājušajā gadā		**ii**	*each or every day*
c tagad		**iii**	*recently*
d vakar		**v**	*at the moment*
e katru dienu		**iv**	*for a number of years*
f nākamnedēļ		**vi**	*for a week*

g	nesen	**vii**	*once*
h	šobrīd	**viii**	*next week*
i	pirms stundas	**ix**	*during last year*
j	vairākus gadus	**x**	*in a few months*
k	reiz	**xi**	*now*
l	uz vienu nedēļu	**xii**	*an hour ago*

4 Complete the following sentences by putting the words in brackets into Latvian. All the words will have -**šana** / -**šanas** / -**šanās** endings, although for d) you must use the accusative.

  a No visiem sporta veidiem man vislabāk patīk (*skiing*).
  b Profesoram ir plašas (*knowledge*) par Eiropas vēsturi.
  c Apvienotās Karalistes (*elections*) piedalījās tikai trīs politiskās partijas.
  d Mana māsa iet Mākslas Akadēmijā un mācās (*painting*).
  e Braunu ģimene daudz ceļo pa pasauli, viņu vaļasprieks ir (*travelling*).
  f Ko viņš stāsta? Tā ir tikai tukša (*talking*).
  g Latvijā populārs vaļasprieks jeb hobijs ir (*mushroom picking*).
  h Kāda ir jūsu (*occupation*)?
  i Vīram šodien ir (*a meeting*) bankā.

5 Answer the following questions.

  a A Latvian asks you **Kāda ir jūsu nodarbošanās?** – what do they want to know?
  b If someone says **Es strādāju par …**, what will they tell you?
  c Name two subjects that you studied, using a complete sentence.
  d How would you ask someone *How long?* (referring to time)
  e **Ko jūs darāt brīvajā laikā?** and **Kāds ir jūsu vaļas prieks?** are two ways of asking you much the same thing. What is it?

LET'S GET TO KNOW EACH OTHER

David

I was born in Scotland, but for many years now have lived in London. I went to the local primary school and in 1983 I graduated from Edinburgh University with a bachelor's degree in economics. Then, for a number of years, I worked in a private consultancy firm. Recently I was offered the opportunity to work in Riga. When I found out that I would be going to Riga to work, I started learning Latvian. Now we have been in Riga five months. In my free time I like to play golf. Generally I like doing sport. In the summer I play tennis. In the winter I often frequent the gym.

Fiona

I met David when I was 19 years old. We were both studying at university. Two years later we got married. Then the children were born: first of all Harry, after that Milly. For a number of years we lived in London. In fact I don't have a lot of free time – I've got two children, after all. I am still studying, distance-learning, at the University of London. In the evenings I am tired, perhaps I watch TV too often. Initially the children stayed in England, but since September they have been attending the international school in Jūrmala. I like travelling a lot. Why? To get to know other countries, other cultures.

Kārlis

What's my occupation? By profession I'm an engineer, but for the last ten years I've worked in the financial sector. I am an accountant, an assistant to the director. For many years I have been working at the central bank of Latvia. I'm married. My wife Laima is a teacher, she teaches at the local primary school. I don't like sport, but I do like to be outside in the open air. I play chess. I'm also interested in politics and history. In the summer we often drive to Kolka, to swim in the sea and to sunbathe in the dunes.

Gundega

By profession, I'm a lawyer – I studied at the University of Latvia, in the Faculty of Law. Later I studied marketing and I was lucky to find a job in an advertising agency. Recently I started living together with Nigel. We met at work. He had recently come over to Riga from New York and didn't know Latvian. I had to interpret. And that's how we got to know each other. What do I do in my free time? I love shopping! Shops, sales, reductions and discounts – that's my world!

Nigel

I'm not from Latvia, I was born and grew up in New Zealand. On finishing school I travelled around the world for a few years. For a while I lived in England, I attended the London Business School. For a while I was also married – I have a son, but he lives with his mother. For many years I worked in New York. My hobby is sailing. My dream is to live by the sea.

Ilze

I was born and grew up in Riga. I've worked at the Bank of Latvia since I left school. I'm not married, but I do have a cat. I live together with two friends. I like music a lot. I also sing in a choir and attend concerts. My hobby is singing and dancing. I also love art. I often go to exhibitions and art galleries. To tell the truth I also paint a little …

Pēteris

I'm from Liepāja, but I work at a theatre in Riga. Sometimes I also get involved in advertising. In my youth I graduated from the Academy of Art. What's my hobby? Reading. I also like to listen to music. Recently I bought an apartment. Now I'm renovating it. I never watch television. I'll happily work in the garden, although I don't have a garden myself. But my friends have a smallish country property, I like to visit them. We go for walks in the forest; in the autumn we gather mushrooms.

Laimīgu ceļu!
Have a nice trip!

In this unit you will learn:
▶ *about using the car*
▶ *about travelling around Latvia*
▶ *a bit about history*
▶ *more on dates*

Dialogue 1

David is in the car, racing to the airport to meet Fiona. He is running late and is stopped on the road by a traffic policeman.

 14.01

Policija	Stop! Te nedrīkst braukt. Šī ir vienvirziena iela. Vai neredzējāt brīdinājuma zīmi? Iebraukt aizliegts! Un vēl jūs pārsniedzāt atļauto braukšanas ātrumu.
David	Ko, lūdzu? Es esmu ārzemnieks.
Policija	Jūs braucāt par ātru. Jums būs jāmaksā sods. Kur ir jūsu autovadītāja apliecība?
David	Es esmu britu pilsonis.
Policija	Jūsu pasi, lūdzu.
David	Atvainojiet. Es steidzos. Man jābrauc uz lidostu. Šodien ierodas mana sieva.
Policija	Man vienalga. Kaut vai ierastos karaliene … likums ir likums!

policija (f.)	*police*
vienvirziena iela (f.)	*one-way street*
brīdinājums (m.)	*warning*
zīme (m.)	*sign*
iebraukt aizliegts	*no entry*
pārsniedzāt (pārsniegt)	*you exceeded*
atļautais braukšanas ātrums (m.)	*permitted driving speed*
par ātru	*too fast*
sods (m.)	*penalty or fine (lit. punishment)*
pilsonis (m.)	*citizen*
man vienalga	*I don't care*
kaut vai	*even if*

ierastos (ierasties)	*were to arrive*
karaliene (f.)	*queen*
likums (m.)	*the law*

Language points

SATIKSMES NOTEIKUMI *ROAD RULES*

jābrauc ar drošības jostu	*safety belts mandatory*
jāievēro maksimālā ātruma ierobežojums	*the maximum speed limit must be observed*

Pārkāpumi *Offences*

pārkāpt (noteikumus, likumu)	*to break (the rules, the law)*
braukšanas ātruma pārsniegšana	*exceeding the speed limit*
braukšana bez tiesībām	*driving without a licence*
braukšana bez drošības jostas	*driving without a seat belt*

Ceļa zīmes *Road signs*

iebraukt aizliegts	*no entry*
velosipēdiem braukt aizliegts	*no bicycles*
apstāties aizliegts	*no stopping*
velosipēdu ceļš	*cycle way*
nedrīkst apdzīt	*no overtaking*
atļautais braukšanas ātrums	*permitted speed*
maksimālais ātrums 50	*maximum speed limit 50*
maksimālā ātruma ierobežojuma zona beidzas	*end of speed limit*
miglas zona	*fog*
ceļa remonts	*road works*
melnais ledus	*black ice*
bezmaksas stāvvieta	*free parking*
degviela: bez svina, A-85, A-6	*fuel: leadfree, A-85, A-6*
tehniskā pase	*technical pass, car registration*

Dialogue 2

Arvīds' car suddenly broke down in the middle of the road. He doesn't know what's the matter with it. He now has taken the car to a mechanic.

 14.02

Arvīds	Mašīna nedarbojas.
Autoserviss	Kas vainas? Kas notika?
Arvīds	Griezos pa labi, un pēkšņi mašīna apstājās.
Autoserviss	Benzīns ir?
Arvīds	Jā, protams. Nupat biju auto mazgātavā un degvielas uzpildes stacijā. Bāka ir pilna.
Autoserviss	Kad mašīna pēdējo reizi bija autoservisā?
Arvīds	Neatceros. Bet zinu, ka bija tehniskā apskate, un pārbaudīja visu – bremzes, pārnesumkārbu, eļļu, izpūtēju, gaismas … pat riteņus un riepas.
Autoserviss	Nu jāāā … Varbūt kaut kas salūzis. Tūlīt apskatīsim. Cerams, ka varēsim salabot.

V
nedarbojas (darboties)	*isn't working*
Kas notika? (notikt)	*What happened?*
griezos (griezties)	*I was turning*
pēkšņi	*suddenly*
apstājās (apstāties)	*stopped*
benzīns (m.)	*petrol*
nupat	*just now*
auto mazgātava (f.)	*car wash*
degvielas uzpildes stacija (f.)	*petrol station*
bāka (f.)	*tank*
tehniskā apskate (f.)	*roadworthiness inspection, MOT*
pārbaudīja (pārbaudīt)	*checked, tested*
bremzes (f. pl.)	*brakes*
pārnesumkārba (f.)	*gearbox*
izpūtējs (m.)	*exhaust*
ritenis (m.)	*wheel*
riepa (f.)	*tyre*
salūzis, salūzusi	*broken (m., f.)*
salabot	*to fix*

Language points

PROBLĒMAS AR AUTOMAŠĪNU *PROBLEMS WITH THE CAR*

Es pazaudēju atslēgu.	*I lost the key.*
trūkst degvielas	*out of fuel*
Bremzes nedarbojas.	*The brakes aren't working.*
Spogulis salūzis.	*The mirror is broken.*
pārdurta riepa	*a punctured tyre*
vilkt (mašīnu)	*to tow (the car)*
trose	*tow rope*

INSIGHT

Kaut kas ir salūzis *Something is broken*

To express that something happened at some indefinite time, or at an unspecified place, or when talking about someone or something (we don't know who or what), the word **kaut** is used, followed by the word **kas**, **kad** or **kur** – *what*, *when* or *where*.

Kaut kas ir salūzis.	*Something is broken.*
Varbūt **kaut kad** jūlijā?	*Perhaps at some time in July?*
Viņa dzīvo **kaut kur** Latgalē.	*She lives somewhere in Latgale.*

A similar construction – **kaut kāds / kaut kāda** – can be used for *some kind of* or *some sort of*.

Viņš spēlē **kaut kādu** datora spēli.	*He's playing some sort of computer game.*

Kāds or **kāda** on its own can also mean *someone*.

Kāds klauvē pie durvīm.	*Someone is knocking at the door.*

Forms of **kāds** can also be used as a noun modifier meaning *a, an, a certain* or *some*:

Kāda meitene tevi meklēja.	*Some girl was looking for you.*
Vai tev nav **kāds** dolāriņš	*Do you have a dollar (or two)?*

Dialogue 3

David and Fiona have decided that they would like to spend a weekend outside Riga and are planning to drive out to Sigulda in the countryside. They call to book a room.

14.03

David	Vai jums nebūtu kāds numurs brīvs?
Viesnīca	Kādu jums vajag? Cik cilvēkiem? Vienvietīgo vai divvietīgo?
David	Divvietīgo, diviem cilvēkiem.
Viesnīca	Jā, viens numurs mums pašlaik ir brīvs. Tikai viens. Jums laimējās. Šajā gada laikā parasti visi numuri ir aizņemti.
David	Vai numurs ir ar vannu un dušu?
Viesnīca	Vannas nav, bet ir duškabīne un tualete. Vai ņemsit?
David	Jā, ņemsim. Cik maksā, lūdzu?
Viesnīca	60 latu, ieskaitot brokastis. Uz cik ilgu laiku?
David	Trīs naktis.
Viesnīca	Tātad no piektdienas līdz pirmdienai. Cikos jūs varam gaidīt?
David	Pašreiz vēl esam Rīgā. Pie jums ieradīsimies pēc apmēram divām stundām.

TIP

Please note since 1 January 2014 the Latvian currency has been the Euro.

vienvietīgā	*single (room)*
divvietīgā	*double (room)*
numurs	*room (in a hotel), also number*
duškabīne (f.)	*shower cubicle*
ieskaitot (ieskaitīt)	*including*

Dialogue 4

David and Fiona are driving along a country road, when they come across the scene of an accident. They stop to see if they can help.

 14.04

Fiona	Kas notika?
Skatītājs	Auto avārija. Mašīna iebraukusi kokā.
Fiona	Vai ir kādi cietušie? Vai kāds ir ievainots?
Skatītājs	Jā, viens cilvēks sabraukts, arī šoferis ir ievainots.
Fiona	Kāds ir sabraukts! Zvaniet 112! Izsauciet ātro palīdzību un policiju!
Skatītājs	Mēs jau izsaucām.
Fiona	Paskaties, izsists aizsargstikls! Kā tas notika?
Skatītājs	Esot braukuši caur mežu. Pēkšņi ceļa vidū esot parādījusies meža cūka. Mašīna strauji bremzēja, bet ceļš bija slidens, un tā ietriecās kokā. Diemžēl aiz koka stāvēja mednieks.
Fiona	Vai jūs esat liecinieks?

240

Skatītājs	Nē, es pats tur nebiju un neko neredzēju. To visu noskatījās sēņotāji.
Fiona	Un kā ar cietušajiem? Kādam taču vajag palīdzēt?
Skatītājs	Šoferim būs labi.
Fiona	Un kas ir ar mednieku?
Skatītājs	Viņam arī būs labi. Gribēja nošaut briedi – bet koks trāpīja viņam pašam! Šā vai tā, viņš pats ir ārsts. Tagad varēs sevi ārstēt …

skatītājs (m.)	*onlooker, also viewer or spectator*
auto avārija (f.)	*car accident*
cietušais (m.)	*victim*
ievainots, ievainota	*injured (m., f.)*
izsauciet (izsaukt)	*call out (imp.)*
ātrā (neatliekamā) palīdzība (f.)	*ambulance*
izsists (izsist)	*knocked out, broken (m.)*
aizsargstikls (m.)	*windscreen*
caur	*through*
parādījusies (parādīties)	*had appeared (f.)*
meža cūka (f.)	*wild boar*
strauji	*swiftly (here: sharply)*
bremzēja (bremzēt)	*braked*
ietriecās (ietriekties)	*slammed into*
stāvēja (stāvēt)	*was standing*
mednieks (m.)	*hunter*
liecinieks (m.)	*witness*
pats	*myself (m.) (see below)*
sēņotājs (m.)	*mushroom forager*
nošaut	*to shoot*
briedis (m.)	*stag*
trāpīja (trāpīt)	*hit (a target)*
pašam	*himself (see below)*
šā vai tā	*anyhow, one way or another*
sevi	*himself (see below)*
ārstēt	*to treat*

Language points

THE RELATIVE MOOD

The relative mood (also known as the conjunctive mood) is often used when retelling or recounting an event to someone who may not have been there. It is also used to repeat, as hearsay, what someone else has said. That is why it often features in news reports and newspaper articles.

It can also be used when or if there is some doubt about the factual accuracy or truthfulness of what was said:

Tirgū **neesot** banāni.   *There aren't any bananas in the market [so I heard].*

Viņa teica, ka viņa **esot** slima.   *She said that she is ill [apparently].*

Viņi saka, ka **neesot** vainīgi.   *They say that they aren't guilty [allegedly].*

It can also be used in a perfect tense:

Viņš teica, ka **esot** palīdzējis mātei.   *He said that he had helped his mother.*

The relative mood is formed by adding the ending **-ot** to the present tense stem (or the ending **-oties** for reflexive verbs). There are some irregular formations, for example, **esot** (allegedly or apparently *is*) and **ejot** (allegedly or apparently *goes*).

There is also a future form. This is formed by adding the ending **-šot** to a future tense stem: **būšot** and **iešot**, for example, and expresses apparent intent.

There is no simple past tense, but instead a type of perfect tense where the auxiliary verb **esot** is used with the usual participle of the verb (as seen above).

KOKS TRĀPĪJA VIŅAM PAŠAM   *THE TREE GOT HIM*

The word **pats**, when used with nouns or pronouns, adds emphasis to the word with which it associates and means *-self*. It is a type of reflexive pronoun, and changes with the gender, number and case:

Viņa teica, ka viņa to izdarīs **pati**.   *She said that she would do it **herself**.*

Viņš **pats** ir ārsts.   *He **himself** is a doctor.*

Viņi **paši** neko nedara.   *They don't do anything **themselves**.*

Mēs **paši** nevienu neredzējām.   *We **ourselves** didn't see anybody.*

Mēs **pašas** esam dejotājas.   *We **ourselves** are dancers. (f.)*

The word is also used to express that something is the same:

Tas ir tas **pats**. *or* Tā ir tā **pati**.   *That is the same. (m., f.)*

Tie ir tie **paši**. *or* Tās ir tās **pašas**.   *They are the same. (m., f., both plural)*

THE FOUR HISTORIC REGIONS OF LATVIA

The historic regions formerly known as **novadi** of Latvia are Kurzeme, Vidzeme, Zemgale and Latgale. Both the geographical features and the people who live in these areas have their own particularities.

Kurzeme is the home of the ancient Livs (**lībieši**) and the Curonian tribe (**kurši**). Predominantly coastal, it is characterized by ports and fishing villages, sand dunes, cliffs and beaches. It is also the most forested region in Latvia. One of Europe's widest waterfalls (though not very high) – Ventas rumba – is to be found there.

Vidzeme has the highest population, largely because this is the region where Riga is located. Gaiziņkalns or Gaiziņš, Latvia's highest 'mountain' is in Vidzeme, as is Sigulda National Park, complete with the ancient castle Turaida and an Olympic-standard bobsled track. The valley of the river Gauja is traditionally held to be one of the most picturesque in the country. The Vidzeme coastline towards Estonia is a mixture of sandy shore and rocky outcrops.

Zemgale is the fertile 'breadbasket of Latvia', the most productive farmland and birthplace of five of Latvia's presidents. It is also the home of some impressive castles and stately homes, including Rundāle, the palace built by Rastrelli. The horses of Tērvete are highly regarded, as is the beer. The area is also known for its pine trees, some of which are thought to be about 250 years old.

Latgale has suffered even more from foreign domination than other parts of Latvia and has always been the poorest part of the country. Sometimes called **Zilo ezeru zeme** (Land of the Blue Lakes), it is also a bird-watchers' paradise and, in the summer, hosts numerous stork families. Lubāns, the largest lake in the country, is in Latgale, as is the Christian shrine of Aglona – a place of pilgrimage for believers from all over Europe. Latgalians are known for their pottery as well as for their unpretentious warmth and an offbeat sense of humour.

Dialogue 5

Ilze and Elita are talking about their mutual friends Nigel and Gundega, who have just been on a holiday.

 14.05

Ilze	Es dzirdēju, ka Naidžels un Gundega esot atgriezušies no atvaļinājuma. Vai tu nezini, kur viņi bija?
Elita	Viņi teica, ka esot bijuši Latgalē.
Ilze	Un ko viņi tur darīja?
Elita	Esot bijuši pie Velnezera. Tas ir tāds mazs, bet ārkārtīgi dziļš ezers. Tas esot apmēram 20 metru dziļš – tā viņi stāstīja. Nekas tur nedzīvo, ne zāles, ne zivis.
Ilze	Jā, patiešām? Bet kā tas var būt, ka Gundega nebija aizgājusi kaut kur iepirkties?
Elita	Nu ir taču suvenīri! Netālu no Rēzeknes viņi iegriezās keramikas darbnīcā. Gundega atkal sev nopirka visādus māla podus un svečturus. Vispār viņi daudz ko esot redzējuši. Daugavpilī apskatīja 19. gadsimta cietoksni, Varakļānos – grāfa Borha pili un parku un Ludzā – pilsdrupas. Visskaistākā esot bijusi apkārtne pie Sauleskalna, netālu no Baltkrievijas robežas.

ārkārtīgi	*extremely*
dziļš, dziļa	*deep (m., f.)*
suvenīrs (m.)	*souvenir*
keramika (f.)	*pottery*
darbnīca (f.)	*workshop*
visādus	*all kinds of*

māla pods (m.)	*clay pot*
svečturis (m.)	*candlestick*
vispār	*all in all*
grāfs (m.)	*count or earl*
pilsdrupas (f. pl.)	*castle ruins*

Dialogue 6

Kārlis is about to go on holiday. David wants to know about his plans.

 14.06

David	Kur jūs domājat pavadīt brīvdienas? Kaut kur ārzemēs, vai tepat Latvijā?
Kārlis	Pērn mēs bijām Lietuvā, bet šovasar mēs paliksim tepat Latvijā. Dosimies uz Salacgrīvu. Vidzeme nav tikai un vienīgi Rīga, Sigulda un Gauja, lai gan arī tur ir daudz, ko varētu apskatīt. Mēs brauksim ekskursijā gar Rīgas jūras līča austrumu krastmalu, aiz Saulkrastiem un tālāk līdz Salacgrīvai.
David	Tas ir garš brauciens.
Kārlis	Vēl mazliet tālāk uz priekšu un turpat pie Igaunijas robežas ir Ainaži, kur 19. gadsimtā (1864. gadā) Krišjānis Valdemārs dibināja pirmo jūrskolu Latvijā.
David	Tātad – brīvdienas pie jūras.
Kārlis	Ne tikai. Iekšzemē ir Cēsis. Tā ir skaista maza pilsētiņa, faktiski Latvijas karoga dzimtene. Un pie Vecpiebalgas esot atrodamas gleznainas dabas ainavas.

pavadīt	*to spend time, also to accompany*
pērn	*last year*
dosimies (doties)	*we will head for, or make our way*
ekskursija (f.)	*excursion*
līcis (m.)	*gulf*
krastmala (f.)	*coastline*
turpat	*right there*
dibināja (dibināt)	*founded, established*
jūrskola (f.)	*naval school*
iekšzeme (f.)	*inland*
karogs (m.)	*flag*
dzimtene (f.)	*birthplace*
atrodamas	*are to be found (f. pl.)*
gleznains, gleznaina	*picturesque (m., f.)*
ainava (f.)	*landscape*

Language points

MORE ABOUT REFLEXIVE PRONOUNS

Reflexive pronouns refer to the subject of the sentence whatever grammatical person they may be. There are two types of reflexive pronouns: the personal and the possessive.

The personal pronoun **sevi** occurs only in the singular and indicates the relation of the first, second or third person with itself. It corresponds to the English *-self*:

Es redzu **sevi** spogulī.	*I see myself in the mirror.*
Tagad viņš varēs **sevi** ārstēt.	*Now he'll be able to treat himself.*

It also has an indirect object form:

Viņa **sev** pērk jaunu mašīnu.	*She is buying a new car for herself.*

The possessive pronoun **savs** doesn't exist in English. It refers to one's own belongings and indicates possession by the subject of the sentence. It has both singular and plural forms, as well as cases. In English its meaning is approximate to the relevant possessive pronoun + *own*:

Pēterim ir **savs** dzīvoklis.	*Peter has **his own** flat.*

The pronoun changes to match the direct object is it referring to:

Pēteris remontē **savu** dzīvokli.	*Peter is renovating his flat.*
Neaizmirstiet **savus** draugus!	*Don't forget your friends!*
Vai jūs atradāt **savas** atslēgas?	*Did you find your keys?*
Viņi jūtas labi **savās** mājās.	*They feel good in their own home.*
Pasakiet **saviem** draugiem.	*Tell your friends.*

Dialogue 7

At a dinner party Fiona is chatting to Viesturs, whom she has known for some time, but not very well. She is surprised to discover that he doesn't live in Riga.

 14.07

Fiona	Es nezināju, ka jūs dzīvojat Jelgavā.
Viesturs	Jā, tā ir Zemgales galvenā pilsēta.
Fiona	Mēs nekad neesam bijuši Jelgavā. Vispār Zemgalē neesam bijuši.
Viesturs	Ir vērts apskatīties. Arī Jelgavā, tāpat kā Rundālē, ir itāļu arhitekta Rastrelli projektētā pils. Nevaru ticēt, ka jūs vēl neesat apskatījuši Rundāles pili?

Fiona	Mani interesē arhitektūra. Bet neviens man nekad nebija stāstījis, ka arī Latvijā ir atrodami Rastrelli celti nami.
Viesturs	Jā, un Dobelē padomju laikā bija liels padomju armijas garnizons. Bauska, savukārt, ir vieta, kur satek divas upes. Starp upēm atrodas viduslaiku pils, kas celta 15. gadsimtā. Turpat pie Bauskas ir Tērvetes dabas parks. Tajā ir arī seno priežu parks, putnu vērošanas takas …
Fiona	Vai bērniem tur būtu interesanti?
Viesturs	Protams. Ir tāds Pokaiņu mežs ar interesantiem akmeņiem. Nesen kopā ar bērniem bijām uz Pasaku pasauli. Ja gribat, varat pārnakšņot Mežotnes pilī, Lielupes krastā. Jūs jutīsities kā karaliene!
Fiona	Būtu es to zinājusi! Es jau ilgāku laiku visiem esmu jautājusi, kur mēs varētu aizbraukt kopā ar bērniem. Neviens nekad neko nav varējis atbildēt.

galvenais, galvenā	the main (m., f.)
vērts	worth, worthwhile
apskatīties	to take a look
projektētā (projektēt)	planned
ticēt	to believe
apciemot	to visit
celti (celt)	built (m. pl.)
padomju armija (f.)	the Soviet army
garnizons (m.)	base
satek (satecēt)	flow together
viduslaiki (m. pl.)	Middle Ages
putnu vērošana (f.)	bird watching
taka (f.)	path, track
akmens (m.)	rock, stone
pasaka (f.)	fairytale, story
pārnakšņot	to stay overnight
Būtu es to zinājusi!	If I had known!

Dialogue 8

Nigel loves anything to do with the sea. Having been to Liepāja once, he is now chatting to Pēteris, a **liepājnieks**, about the western coast of Latvia.

Pēteris	Jūra, jūra – vismaz viena trešā daļa Latvijas robežas ir ar jūru. Tāpēc jau arī Kurzeme ir gandrīz pussala. Tās tālākais ziemeļu punkts ir Kolkas rags. Tur atrodas liela bāka – ļoti svarīga kuģniecībai.
Nigel	Es gribētu burāt ar jahtu gar Kurzemes piekrasti. Vai arī braukt ar vējdēli pa Baltijas jūru.
Pēteris	Pāvilosta ir Latvijas vējdēļu sporta paradīze. Tā atrodas pusceļā starp divām lielām ostām: Liepāju un Ventspili. Abas šīs ostas ir ļoti atšķirīgas. Liepāju sauc par 'pilsētu, kurā piedzimst vējš'. Liepājā ir vienmēr bijusi aktīva mūzikas dzīve, tur notiek interesanti koncerti. Ventspils ir rūpniecības pilsēta. No turienes izved naftu un citas preces. Kopš 1997. gada Ventspilī atrodas augstskola. Mana māsīca tur studē tulkošanu.
Nigel	Ventspilī ir arī starptautiskais radioastronomijas centrs, vai ne?
Pēteris	Jā, Irbenē ir milzīgs radioteleskops, viens no lielākajiem pasaulē.
Nigel	Kāds man teica, ka no Liepājas varot lēti lidot uz Dāniju.
Pēteris	Jā. No Liepājas arī iet prāmis uz Vāciju, bet no Ventspils prāmis atiet uz Zviedriju.

viena trešā daļa (f.)	*one third*
rags (m.)	*cape, also horn*
pussala (f.)	*peninsula*
bāka (f.)	*lighthouse*
svarīgs, svarīga	*important (m., f.)*
kuģniecība (f.)	*shipping*
gar	*along*
piekraste (f.)	*seacoast, littoral*
vējdēlis (m.)	*windsurfing board*
pusceļā (m.)	*halfway*
starp	*between*
atšķirīgs, atšķirīga	*different (m., f.)*
rūpniecības pilsēta (f.)	*industrial city*
izved (izvest)	*export*
nafta (f.)	*crude oil*
kopš	*since*
tulkošana (f.)	*translation*
starptautiskais	*international*
milzīgs, milzīga	*enormous, giant (m., f.)*

Neviens man nekad neko nesaka! *Multiple negatives*

Whereas it may be considered incorrect English to use double negatives (*he doesn't do nothing*), in Latvian you have to use them, otherwise the sentence is meaningless: you cannot say *he does nothing*, you have to say *he doesn't do nothing*.

Viņš **neko** nedara.	*He doesn't do anything.*
Es **neko** negribu.	*I don't want anything.*
Nesaki **neko**!	*Don't say anything!*

Neko (here in the accusative form, in the nominative it is **nekas**) actually means *nothing*. Other negation words are **nekur** (*nowhere*), **nekad** (*never*) and **neviens** (*nobody*). There can be as many negations in a sentence as required:

Mēs **nekur nevaram** atrast atslēgas.	*We cannot find the keys anywhere.*
Viņš **nekad neko nedara**.	*He never does anything.*
Es viņai **nekad** vairs **neko nedošu**.	*I won't ever give her anything anymore.*
Neviens man **nekad neko nesaka**.	*Nobody ever tells me anything.*

Language points

TIKAI VIENU DOLĀRIŅU *JUST ONE LITTLE DOLLAR*

A characteristic feature of the Latvian language, and one that is difficult to illustrate in another language, is the extensive use of diminutives. A **bērns** will often be a **bērniņš**, *a child* may be addressed as **saulīte** (literally, *little sun*), or someone may ask for a bit of **maizīti ar sviestiņu** (*bread and butter*). The diminutive doesn't necessarily only indicate size (or smallness), it is also a way of expressing endearment or affection for an object or a person. A direct, even brusque manner can be softened by the usage of the diminutive; quite often it is used when requesting a favour or stating a possibly unpleasant fact. There is a set way of forming the diminutive:

▶ Masculine nouns ending in **-s**	vīr**s**	→	vīr**iņš** change to **-iņš**
▶ Masculine nouns ending in **-is**	dzīvokl**is**	→	dzīvokl**ītis** change to **-ītis**
▶ Masculine nouns ending in **-us**	al**us**	→	al**utiņš** change to **-utiņš**
▶ Feminine nouns ending in **-a**	siev**a**	→	siev**iņa** change to **-iņa**
▶ Feminine nouns ending in **-e**	aukl**e**	→	aukl**īte** change to **-īte**

You could say that these endings are vaguely similar to the French *-ette*, Italian *-ino / -ina* and German *-lein* endings.

Some words undergo consonant alterations, for example:

cilvē**k**s, dzīvnie**k**s (*person, animal*)	→	cilvē**c**iņš, dzīvnie**c**iņš
snie**g**s, o**g**a (*snow, berry*)	→	snie**dz**iņš, o**dz**iņa
pa**k**a, kū**k**a (*packet, cake*)	→	pa**c**iņa, kū**c**iņa

Feminine nouns ending in **-s** change to **-iņa**, and undergo both consonant changes and additions of letters:

sird**s** (*heart*)	→	sirsniņa
ac**s** (*eye*)	→	actiņa
aus**s** (*ear*)	→	austiņa
gov**s** (*cow*)	→	gotiņa

The following words are not diminutives: **ciemiņš** (*guest, visitor*), **kaimiņš** (*neighbour*), **treniņš** (*training*).

Dialogue 9

Kārlis tells David about the history of Latvia.

Kārlis	Jau senos laikos tur, kur tagad atrodas mūsdienu Latvija, dzīvoja dažādas baltu ciltis: kurši, zemgaļi, latgaļi un sēļi. Nebija Latvijas valsts kā tādas. Tad, 12.gadsimtā, ieradās vācu tirgotāji. Tiem sekoja krustneši. Pirmā baznīca tika uzcelta Ikšķilē, tās drupas ir redzamas vēl šodien. Uz kādu laiku, līdz 16. gadsimtam (1561. gadam), Latvija kopā ar mūsdienu Igauniju tika izveidotas par pāvesta valsti Livoniju. Tad nāca …
David	Kas ir valdījuši Latvijā?
Kārlis	Gandrīz visi! Visilgāk jau vācieši, bet arī krievi, zviedri, poļi, dāņi … pat Napoleona karaspēks ir soļojis pāri Latvijas teritorijai. Turpretim, kad Kurzemē valdīja Hercogs Jēkabs, uz dažiem gadiem Kurzemes hercogistei piederēja kolonijas Tobago salā un Gambijā.
David	Kad Latvija kļuva par neatkarīgu valsti?
Kārlis	Latvijas valsts tika proklamēta 1918. gada 18. novembrī. Tāpēc šajā dienā tiek svinēti Valsts svētki.
David	Kas notika Otrā pasaules kara laikā?
Kārlis	Vispirms Latviju okupēja padomju karaspēks, tad ienāca vācieši un pēc tam – atkal krievi. Kara beigās Latvija atradās padomju zonā. Un tur arī palika.
David	Bet Latvija tagad ir neatkarīga valsts?
Kārlis	Jā, Latvija atguva neatkarību 1991. gada augustā.

senos laikos	*in ancient times*
mūsdienu	*contemporary, present day*
dažādas	*various (f. pl.)*
baltu ciltis (f. pl.)	*Baltic tribes*
kurši (m. pl.)	*Courlanders*
zemgaļi (m. pl.)	*Semigallians*

latgaļi (m. pl.)	*Latgalians*
sēļi (m. pl.)	*Selonians*
kā tādas	*as such*
vācu	*German*
tirgotājs (m.)	*trader*
tiem sekoja (sekot)	*they (dat.) were followed*
krustneši (m. pl.)	*Crusaders*
drupas (f. pl.)	*ruins*
izveidotas (izveidot)	*were formed (f. pl.)*
pāvesta valsts (f.)	*papal state*
valdījuši (valdīt)	*have ruled (m. pl.)*
vācieši (m. pl.)	*the Germans*
krievi (m. pl.)	*the Russians*
zviedri (m. pl.)	*the Swedes*
poļi (m. pl.)	*the Polish*
dāņi (m. pl.)	*the Danes*
karaspēks (m.)	*army*
ir soļojis (soļot)	*has marched*
teritorija (f.)	*territory*
turpretim	*on the other hand*
hercogiste (f.)	*duchy*
sala (f.)	*island*
neatkarīgs, neatkarīga	*independent (m., f.)*
proklamēta	*was proclaimed*
karš (m.)	*war*
okupēja (okupēt)	*occupied*
atguva (atgūt)	*regained*
neatkarība (f.)	*independence*

> **INSIGHT**
>
> **Kopš 1991. gada** *Since the year 1991*
>
> The preposition **kopš** governs the genitive case. This also applies when talking about dates or years:
>
> Kopš 1991. gada Latvija ir neatkarīga.   *Latvia has been independent since 1991.*
>
> The formal way of saying the date is to say the year first, with the last digit expressed in the genitive case, and then the actual day and month in the locative. If you want to say *on August 21st, 1991* you say **tūkstoš deviņsimt deviņdesmit pirmā gada divdesmit pirmajā augustā**. Literally this amounts to *on August 21st of (the) thousand nine hundred and ninety-first year*. In writing – in letters and other communication – this will usually appear as **1991. gada 21. augustā** (sometimes the **gada** is abbreviated to **g.**).
>
> Moving on to the present century, *on October 14th, 2008*, will be written as **2008. gada 14. oktobrī** and expressed as **div tūkstoš astotā gada četrpadsmitajā oktobrī**. There is no other way of saying it in Latvian, but it's not likely that you'll have to talk about dates in this way very often (unless you are a historian!).

Transcripts

DIALOGUE 1

Police officer	*Stop! You're not permitted to drive here! This is a one-way street. Didn't you see the warning sign? No entry! And you also went over the speed limit.*
David	*What, please? I'm a foreigner.*
Police officer	*You were going too fast. You'll have to pay a fine. Where is your driver's licence?*
David	*I am a British citizen.*
Police officer	*Your passport, please.*
David	*Excuse me. I'm in a hurry. I have to go to the airport. My wife is arriving today.*
Police officer	*I don't care. Even if the queen were to arrive … the law is the law!*

DIALOGUE 2

Arvīds	*The car won't go.*
Mechanic	*What's wrong? What happened?*
Arvīds	*I was turning to the right, and suddenly the car stopped.*
Mechanic	*You've got petrol?*
Arvīds	*Yes, of course. I've just been to the car wash and the petrol station. The tank is full.*
Mechanic	*When was the car last serviced?*
Arvīds	*I don't remember. But I do know that there was a roadworthiness check, and everything was inspected – the brakes, the gearbox, oil, exhaust, lights … even the wheels and tyres.*
Mechanic	*Well ye-e-e-s … Perhaps something's broken. We'll take a look straight away. Let's hope that we'll be able to fix it.*

DIALOGUE 3

David	*Would you have a room free?*
Hotel	*What sort (of room) do you need? For how many people? Single or double?*
David	*A double, for two people.*
Hotel	*Yes, we have one room available. Only the one. You got lucky. At this time of the year we're usually fully booked.*
David	*Is the room en suite?*
Hotel	*There's no bath, but there's a shower cubicle and a toilet. Will you take it?*

David	Yes, we'll take it. How much does it cost, please?
Hotel	60 lats, including breakfast. How long for?
David	Three nights.
Hotel	So that's from Friday until Monday. At what time can we expect you?
David	Right now we are in Riga. We'll be arriving in about two hours.

DIALOGUE 4

Fiona	What happened?
Onlooker	A car accident. A car has gone into a tree.
Fiona	Any victims? Is anyone injured?
Onlooker	Yes, one person was run over, and the driver too is injured.
Fiona	Someone run over! Ring 112. Call out an ambulance and the police!
Onlooker	We already did.
Fiona	Look, the windscreen has been knocked out! How did it happen?
Onlooker	They'd been driving through the forest. Suddenly a wild boar appeared in the middle of the road. The car braked sharply, but the road was slippery, and it slammed into a tree. Unfortunately there was a hunter standing behind the tree.
Fiona	Are you a witness?
Onlooker	No, I myself wasn't there and didn't see anything. Some mushroom pickers watched it all (happen).
Fiona	And what about the victims? Someone ought to help, shouldn't they?
Onlooker	The driver will be OK.
Fiona	And what about the hunter?
Onlooker	He'll also be OK. He wanted to shoot a stag – but the tree got him. One way or another, he himself is a doctor. Now he'll be able to treat himself …

DIALOGUE 5

Ilze	*I heard that Nigel and Gundega are back from their vacation. Do you know where they were?*
Elita	*They said that they'd been in Latgale.*
Ilze	*And what did they do there?*
Elita	*They'd been to Velnezers. That's a small but extremely deep lake. It's about 20 m deep – so they were telling us. Nothing lives there, neither weeds, nor fish.*
Ilze	*Yes, really? But how can it be that Gundega hadn't gone shopping anywhere?*
Elita	*Well, there are souvenirs, aren't there! Not far from Rēzekne they called in at a ceramics workshop. Gundega bought herself all kinds of clay pots and candlesticks. Generally they'd seen lots of things. In Daugavpils they looked at the nineteenth century fortress, in Varakļāni – Count von der Borch's palace and park, and in Ludza – the castle ruins. The most beautiful area was the countryside near Sauleskalns, not far from the Belarus border.*

DIALOGUE 6

David	*Where are you thinking of spending your holidays? Somewhere abroad, or right here in Latvia?*
Kārlis	*Last year we were in Lithuania, but this summer we'll stay right here in Latvia. We'll be going to Salacgrīva. Vidzeme isn't only and solely Riga, Sigulda and Gauja, although there's so much to see there as well. We are going on an excursion along the eastern coast of the Gulf of Riga, beyond Saulkrasti and further, as far as Salacgrīva.*
David	*That's a long journey.*
Kārlis	*A little further on and right there by the border of Estonia there's Ainaži, it's where in the nineteenth century (in 1864) Krišjānis Valdemārs established the first naval school in Latvia.*
David	*So then – holidays by the sea.*
Kārlis	*Not only. Inland there's Cēsis. That's a beautiful little town, in fact it's the birthplace of the Latvian flag. And near Vecpiebalga one can find picturesque natural landscapes (apparently).*

DIALOGUE 7

Fiona	*I didn't know that you live in Jelgava.*
Viesturs	*Yes, it's the chief city in Zemgale.*
Fiona	*We've never been to Jelgava. We haven't been in Zemgale at all.*
Viesturs	*It's worth having a look. In Jelgava also, as in Rundāle, there is a palace which was designed by the Italian architect Rastrelli. I can't believe that you haven't visited Rundāle Palace yet.*
Fiona	*I'm interested in architecture. But nobody ever told me that one can find buildings built by Rastrelli in Latvia as well.*
Viesturs	*Yes, and during the Soviet period in Dobele there was an enormous Soviet army base. Bauska, on the other hand, is at the confluence of two rivers. Between the rivers there is a castle from the Middle Ages, built in the fifteenth century. Right there by Bauska there's the Tērvete nature park, which has an ancient pinetree park, bird-watching paths …*
Fiona	*Would it be interesting for the children there?*
Viesturs	*Of course. There's Pokaiņu forest with interesting rock formations. Recently we went to Fairytale World together with the children. If you want to, you can stay overnight in Mežotne castle, on the banks of the Lielupe. You'll feel like a queen!*
Fiona	*If I had known! For some time now I have been asking everybody where we could go together with the children. Nobody has ever been able to give me a reply.*

DIALOGUE 8

Pēteris	*The sea, the sea … at least one third of Latvia's border is with the sea. That's why Kurzeme is almost a peninsula. Its northernmost point is the cape of Kolka, where there's a big lighthouse – vital for shipping.*
Nigel	*I'd like to sail a yacht along the coast of Kurzeme. Or to go windsurfing in the Baltic Sea.*
Pēteris	*Latvia's windsurfing paradise is Pāvilosta. It's located halfway between two major ports: Liepāja and Ventspils. Both of these ports are very different. Liepāja is called 'the city where the wind is born'. Liepāja has always had a very active musical scene, interesting concerts take place there. Ventspils is an industrial city. From there they export crude oil and other goods. Since 1997 there's been a university college in Ventspils. My cousin is studying translation there.*

Nigel	*Venstpils also has an international radioastronomy centre, hasn't it?*
Pēteris	*Yes, in Irbene there's a huge radio telescope, one of the largest in the world.*
Nigel	*Somebody told me that from Liepāja you can fly to Denmark cheaply.*
Pēteris	*Yes. From Liepāja there is also a ferry to Germany, but from Ventspils the ferry goes to Sweden.*

DIALOGUE 9

Kārlis	*Already in ancient times the territory of modern-day Latvia was populated by various Baltic tribes: Couronians, Semigallians, Latgalians and Selonians. There wasn't a Latvian state as such. Then in the twelfth century German traders came. They were followed by the Crusaders. The first church was built in Ikšķile. Its remains can still be seen today. For some time, until the sixteenth century (until 1561), Latvia together with present day Estonia were formed into the Papal State of Livonia. Then came …*
David	*Who has ruled in Latvia?*
Kārlis	*Just about everybody! The Germans for the longest period of time, but also the Russians, Swedes, Poles, Danes … even Napoleon's army has marched across Latvian territory. On the other hand, when Duke Jacob ruled in Kurzeme, for a while the Duchy of Courland owned colonies on the island of Tobago and in Gambia.*
David	*When did Latvia become an independent state?*
Kārlis	*The state of Latvia was proclaimed on November 18th, 1918. That's why the National Day is celebrated on this day.*
David	*What happened during World War II?*
Kārlis	*First Latvia was occupied by the Soviet army. Then the Germans came in and after that – the Russians again. At the end of the war Latvia found itself in the Soviet zone. And there it remained.*
David	*But Latvia is now an independent state?*
Kārlis	*Yes, Latvia regained independence in August 1991.*

⁇ Test yourself

1 You meet a motorist who seems to be having trouble.

    a How would you ask him what the matter is?

    b He tells you **kaut kas ar bremzēm**. Where's the problem?

    c Ask if you can help.

    d The problem is worse than you thought. Offer to phone a garage.

2 Here are some words connected with cars and driving. Match up the Latvian words with their English equivalent.

a dīzeļdegviela		**i**	windscreen
b bremzes		**ii**	traffic lights
c benzīns		**iii**	turning (or turn-off)
d riepas		**iv**	fuel
e gājēju pāreja		**v**	lead-free
f aizsargstikls		**vi**	service station
g autoserviss		**vii**	diesel fuel
h bez svina		**viii**	pedestrian crossing
i degviela		**ix**	tyres
j pagrieziens		**x**	petrol
k luksofors		**xi**	brakes

3 What are the four historic regions of Latvia?

4 Here are 20 questions about Latvia. Can you answer them all?

    a Latvijas galvaspilsēta ir …

    b Otrā lielākā pilsēta Latvijā ir …

    c Augstākais kalns ir …

    d Galvenā upe ir …

    e Lielākais ezers ir …

    f Kura ir pilsēta, kurā pie dzimst vējš?

    g Latvijas kaimiņš ziemeļos ir …

    h Latvijas kaimiņi dienvidos ir … (divas valstis)

    i Ko latviešiem patīk darīt rudenī?

    j Cik gara ir Latvijas jūras robeža?

    k Vislielākie latviešu svētki gadā ir …

    l Kurā gadalaikā svin Lieldienas?

    m Kurā mēnesī svin Ziemassvētkus?

    n Kurā gadā proklamēja neatkarīgo Latvijas valsti?

    o Ko dzer Jāņos?

    p Vēsturiskais novads, kurā atrodas Rundāles pils ir …

    q Vēsturiskais novads ar ar visgarāko jūras robežu ir …

    r Kuru vēsturisko novadu sauc par zilo ezeru zemi?

    s Kurā vēsturiskajā novadā ir visvairāk cilvēku?

    t Kura pilsēta ir Latvijas karoga dzimtene?

Key to the exercises

Introduction

Ex. 1: 1 (viens), 2 (divi), 3 (trīs), 4 (četri), 6 (seši), 8 (astoņi). Missing numbers: 5, 7, 9, 10. **Ex. 3:** m, f, f, m, m, m, f, f, m, m, m, f, m, m, m, f, f, m, f, m, m, f, m, f, m, m, f, m, f, f, m, f, m, f. **Ex. 4:** i) b; ii) d; iii) a; iv) c; v) e; vi) i; vii) g; viii) h; ix) k; x) l; xi) j; xii) f. **Ex. 5:** i) h; ii) e; iii) b; iv) n; v) p; vi) j; vii) f; viii) c; ix) a; x) i; xi) d; xii) g; xiii) o; xiv) m; xv) k; xvi) l. **Ex. 6:** a) daudz *(the others are verbs)*; b) pulkstenis *(the others are members of the family)*; c) kuģis *(food items)*; d) dēls *(room furnishings)*; e) soma *(units of time)*; f) brālis *(water in various forms)*; g) ģimene *(drinks)*; h) nauda *(sources of illumination)*; i) ola *(media)*; j) kaimiņš *(parts of the day)*; k) meita *(urban elements)*; l) cukurs *(plant life)*; m) ziema *(accommodation)*; n) džungļi *(features of a restaurant)*.

UNIT 1

Ex. 1: a) labrīt; b) labdien; c) labdien; d) labrīt; e) labvakar. **Ex. 2:** Uz redzēšanos, atā, visu labu. Arlabvakar, arlabunakti. **Ex. 3:** a) viņa ir Laima; b) viņa ir Māra; c) viņš ir Naidžels; d) viņš ir Kārlis; e) viņa ir Millija; f) viņš ir Čārlzs; g) viņš ir Pēteris; h) viņš ir Harijs; i) viņa ir Zane; j) viņš ir Džons; k) viņa ir Ilze; l) viņa ir Gundega. **Ex. 4:** a) *Vai* jūs esat Kārlis?; b) *Kas* tas ir?; c) *Vai* jūs esat latvieši?; d) *Vai* viņa ir Māra?; e) *Vai* tā ir Ilze?; f) *Kas* viņš ir?; g) *Vai* viņš ir ārsts?. **Ex. 5:** teātris (m.), divritenis (m.), naktis (f. pl.), brokastis (f. pl.), durvis (f. pl.), pulkstenis (m.), dzīvoklis (m.), pilis (f. pl.). **Ex. 6:** grāmatas, avīzes, žurnāli, dienas, nedēļas, mēneši, gadi, mājas, kaimiņi, koki, puķes, zāles, ģimenes, bērni, dēli, meitas, brāļi, māsas, skapji, mašīnas, ielas, pilsētas, skoti, briti, angļi, latvieši, latvietes, puiši, draugi. **Ex. 7:** a) Es esmu Deivids. b) Mani sauc Kārlis. c) Mans vārds ir Ilze. d) Šis ir mans vīrs. e) Šī ir mana sieva. **Ex. 8:** a) Labrīt! b) Ļoti patīkami. c) Vai jūs esat latvietis / latviete? d) liels paldies; e) lūdzu; f) es neesmu latvietis / latviete or mēs neesam latvieši. **Ex. 9:** a) es esmu; b) jūs esat; c) viņš ir; d) viņa ir; e) mēs esam; f) mēs neesam; g) viņi ir; h) viņas ir.

UNIT 2

Ex. 1: a) Somijā; b) Lietuvā; c) Igaunijā; d) Anglijā (Lielbritānijā); e) Zviedrijā; f) Baltkrievijā. **Ex. 2:** a) Nē, Rīga ir Latvijā; b) Nē, Maskava nav Vācijā. Maskava ir Krievijā; c) Nē, Oslo nav Polijā. Oslo ir Norvēģijā; d) Nē, Berlīne nav Krievijā. Berlīne ir Vācijā; e) Nē, Varšava nav Latvijā, Varšava ir Polijā; f) Nē, Kopenhāgena nav Anglijā. Kopenhāgena ir Dānijā. **Ex. 3:** a) viesnīcā; b) parkā; c) vēstniecībā; d) ledusskapī, e) birojā, f) mežā, g) aptiekā, h) baseinā; i) kafejnīcā; j) garāžā; k) stadionā; l) bārā; m) krogā; n) gultā. **Ex. 4:** a) bankā; b) upē; c) kafejnīcā; d) dārzā; e) somā; f) ledusskapī; g) pilī; h) krogā; i) ģimenē; j) aptiekā; k) ziemā, jūrā. **Ex. 5:** a) i) šī biļete; ii) tā tēja; iii) tā māja; iv) šī kafija; v) šis krēsls; vi) tas ūdens; vii) tas restorāns; viii) šī maize; ix) šis dzīvoklis; b) i) šie bērni; ii) tie veikali; iii) tās olas; iv) tās puķes; v) šīs somas; vi) šīs fotogrāfijas. **Ex. 6:** a) Es esmu viesnīcā. b) Viesnīca nav Jūrmalā. c) Viesnīca ir Rīgā. d) Mana sieva ir veikalā. e) Viņa runā mazliet latviski. f) Es dzīvoju Latvijā, bet ģimene dzīvo Anglijā. g) Mans vīrs ir darbā. h) Viņš nerunā latviski. i) Bērni ir brīvdienās. j) Mēs nedzīvojam Rīgā, mēs ceļojam. **Ex. 7:** es runāju, dzīvoju, strādāju, ceļoju, domāju, studēju; tu runā, strādā, ceļo, domā, studē; viņš, viņa runā, dzīvo strādā, domā, studē; mēs runājam, dzīvojam, ceļojam, domājam, studējam; jūs runājat, dzīvojat, strādājat, ceļojat, studējat; viņi, viņas runā, dzīvo, strādā, ceļo, domā.

UNIT 3

Ex. 1: a) 7; b) 14; c) 20; d) 5; e) 17; f) 9; g) 4; h) 13; i) 10; j) 11. **Ex. 2:** a) 4; b) 3; c) 17; d) 20; e) 8; f) 13; g) 2. **Ex. 3:** a) Restorāns 67299787; b) Bērnu slimnīca 67399441; c) Taksometru parks 80001313;

d) Nacionālais teātris 67006300; e) Skonto stadions 67020925; f) Valsts opera 67073778; g) Kafejnīca 57542282; h) Lielbritānijas vēstniecība 67774700. **Ex. 4:** a) mans (vārds); b) mana (māja); c) mana (iela); d) mana (nauda); e) mans (dzīvoklis); f) manas (atslēgas); g) mans (krēsls); h) mana (bagāža); i) mani (bērni); j) mana (karte); k) mana (pase); l) mana (adrese); m) mūsu (automašīna); n) viņu (dzīvoklis); o) viņa (bērni); p) viņu (atslēgas); q) viņa (māja); r) viņas (karte); s) mūsu (iela); t) viņa (krēsls); u) viņu (pases); v) jūsu (nauda). **Ex. 5:** a) slikts laiks (*bad weather*); b) garlaicīga grāmata (*a boring book*); c) skaists dārzs (*a beautiful garden*); d) interesants cilvēks (*an interesting person*); e) veca fotogrāfija (*old photo*); f) jauna automašīna (*a new car*); g) labi kaimiņi (*good neighbours*); h) liels dzīvoklis (*a large flat*); i) gara iela (*a long street*); j) garš koks (*a tall tree*), k) īsas bikses (*short trousers*), l) mazi bērni (*small children*), m) saulaina diena (*sunny day*). **Ex. 6:** a) es varu; b) viņš grib; c) mēs drīkstam; d) viņas var; e) jūs drīkstat; f) tu gribi. **Ex. 7:** a) Es esmu šeit. b) Vai drīkst smēķēt? c) Es negribu ēst. d) Vai jūs gribat dzert? e) Kur ir bārs? f) Vai drīkstu? g) Vai drīkstam iet?

UNIT 4

Ex. 1: a) Deivida; b) Fionas; c) Deivida; d) Kārļa; e) Ilzes; f) Millijas; g) Harija; h) Fionas un Deivida; i) Laimas. **Ex. 2:** a) viii; b) vi; c) vii; d) v; e) ii; f) iii; g) i; h) iv. **Ex. 3:** a) pareizi; b) pareizi; c) nepareizi; d) mēs nezinām; e) pareizi; f) nepareizi; g) nepareizi; h) mēs nezinām. **Ex. 4:** a) Glāzgovas; b) šejienes; c) drauga; d) stacijas; e) Rīgas; f) operas; g) kanāla; h) galda; i) gultas; j) muzeja. **Ex. 5:** a) Džounsas kundze; b) Klūnija kungs; c) Braunas kundze; d) Kidmenas kundze; e) Vilciņa kungs; f) Tomsona kungs; g) Eglītes kundze; h) Baltiņas kundze; i) Bonda kungs; j) Grīras kundze; k) Vaita kungs; l) Brauna kungs; m) Ozoliņa kungs; n) Ozoliņas kundze. **Ex. 6:** a) es zinu; b) mēs mēģinām; c) viņš gaida; d) jūs darāt; e) viņa raksta; f) tu lasi. **Ex. 7:** a) Brīvības ielā; b) Rīgas lidostā; c) Matīsa tirgū; d) Latvijas Bankā; e) Londonas Universitātē; f) Latvijas laukos; g) Doma laukumā; h) Kalēju ielā; i) draugu dzīvoklī; j) Teātra ielā. **Ex. 8:** a) Kāds ir jūsu telefona numurs?; b) Es dzīvoju *or* Mēs dzīvojam netālu no stacijas.; c) What is your surname?; d) I am a foreigner. **Ex. 9:** a) Rēzekne atrodas austrumos; b) Valka atrodas ziemeļos; c) Kuldīga atrodas rietumos; d) Daugavpils atrodas dienvidaustrumos; e) Alūksne atrodas ziemeļaustrumos.

UNIT 5

Ex. 1: a) v; b) viii; c) vii; d) iii; e) iv; f) i; g) ii; h) vi. **Ex. 2:** a) Deividam; b) Kārlim; c) Fionai; d) Ilzei; e) Brauniem; f) draudzenēm; g) kolēģiem; h) sievai; i) pārdevējām; j) draugam. **Ex. 3:** a) man; b) viņam; c) jums; d) mums; e) viņiem; f) Harijam; Millijai; g) bērniem; h) Brauniem; i) Mārai; Fionai; j) viņām; k) Kārlim. **Ex. 4:** a) Māsai ir divdesmit divi gadi. b) Brālim ir piecpadsmit gadu. c) Vectēvam ir septiņdesmit trīs gadi. d) Vecmāmiņai ir sešdesmit astoņi gadi. e) Māsas meitai ir četri gadi. f) Brālēnam ir divdesmit septiņi gadi. g) Dēlam ir deviņi gadi. **Ex. 5:** a) They want to know where your parents live. b) Vai jums ir bērni? c) Vai jums ir brāļi un māsas? d) The colour of their eyes. e) Vai jūs esat precējies or precējusies? f) Their children were born in Scotland. g) Kā jums / tev iet? *and* Kā jums / tev klājas? **Ex. 6:** a) 21 years old. b) From Riga. c) He is a student and works in a shop at the weekends. d) He is not married. e) He has a daughter. f) She was born in Liepāja. g) She lives with her mother. **Ex. 7:** a) Mana māsa ir jaunāka. b) Mans brālis ir vecāks. c) Es esmu vienīgais bērns. d) Man ir trīs māsas. e) Kura ir vecākā? **Ex. 8:** a) Do you have a large family? b) Our family has a flat in London. c) I have three children. d) My son was born in Estonia. e) My daughter was born in Lithuania. f) Do you have a car? g) Our neighbours have a large garden. h) My husband has friends in Ventspils. i) I'm divorced. j) My wife is 21 years old. **Ex. 9:** a) Roma ir vecākā nekā Rīga. b) Latvija ir lielāka nekā Igaunija. c) Tēja ir labāka nekā kafija. d) Ventspils ir mazāka nekā Daugavpils. e) Šahs ir interesantāks nekā golfs. **Ex. 10:** a) Daugava. b) Lubāns. c) Gaiziņkalns or Gaiziņš. d) No, Rīga is the largest town in Latvia. **Ex. 11:** a) No. b) White. c) No. d) No, she's a little bit fat. e) Yes (but she has a male friend).

UNIT 6

Ex. 1: a) v; b) vi; c) i; d) iii; e) vii; f) ii; g) iv. **Ex. 2:** a) Y; b) Y; c) N; d) N; e) N; f) Y. **Ex. 3:** a) the Brown family flat / apartment; b) five rooms, or seven rooms including kitchen and bathroom; c) it is on the third floor (English and European style), or fourth floor (American and Latvian style); d) large bookshelves, photos on the walls, a TV, sofa, two armchairs, a lamp and a fireplace, an old painting, cushions and a mat; e) a mat; f) the cat; g) four; h) curtains. **Ex. 4:** a) oven – *virtuve*; b) sink – *virtuve* and *vannas istaba*; c) fridge – *virtuve*; d) bed – *guļamistaba*; e) table – everywhere except for the *tualete* and *vannas istaba*; f) sofa – *viesistaba*; g) bath – *vannas istaba*. **Ex. 5:** a) būšu; b) runās; c) nevarēsim; d) būsit; e) zināšu; f) būs; g) nāksit; h) iešu. **Ex. 6:** a) Es gribētu satikties. b) Uz redzēšanos sestdien. c) Tas būtu jauki. d) Es jums sūtīšu e-pastu. e) Es esmu ļoti aizņemts / aizņemta. f) Dzīvoklis ir sestajā stāvā. g) Pēcpusdienā es būšu brīvs / brīva. h) Šovakar es būšu mājās. i) Rīt es nebūšu darbā.

UNIT 7

Ex. 1: Es gribētu, lūdzu, … ābolus, sulu, olas, mērci, ledu, ievārījumu, tēju, burkānus, kafiju, sviestu, maizi, lasi, cepumus, zupu, šokolādi. **Ex. 2:** Mēs gribētu / Mums, lūdzu / Iedodiet, lūdzu / Mēs vēlētos … a) tēju ar pienu; b) tēju bez piena; c) kafiju ar pienu un (ar) cukuru; d) maizi ar sviestu; e) salātus bez eļļas; f) zemenes ar krējumu; g) bez riekstiem; h) Man ir alerģija. **Ex. 3:** Man negaršo … a) medus tāpēc, ka tas ir pārāk salds; b) … siļķes tāpēc, ka tās ir pārāk sāļas; c) … citroni tāpēc, ka tie ir pārāk skābi; d) … alus, tāpēc ka tas ir pārāk rūgts. **Ex. 4:** a) xi; b) xiv; c) i; d) xii; e) vii; f) ii; g) ix; h) iv; i) xiii; j) v; k) vi; l) viii; m) x; n) iii. **Ex. 5:** a) sula ar ledu; b) tēja ar citronu; c) maize ar desu; d) maize ar sieru; e) tēja ar pienu; f) kafija ar krējumu; g) omlete ar sēnēm; h) zivs ar rīsiem; i) saldējums ar zemenēm; j) pica ar spinātiem; k) karbonāde ar kartupeļiem un mērci. **Ex. 6:** a) Es gribētu / man, lūdzu / iedodiet man, lūdzu / es vēlos minerālūdeni or simply minerālūdeni, lūdzu; b) the first course; c) Ko tu gribi / vēlies … Ko jūs gribētu / vēlētos?; d) Ko jūs ieteiktu?; e) Ko tu gribi / vēlies … jūs gribētu / vēlētos dzert?; f) garšīgs.

UNIT 8

Ex. 1: a) sešus gatavus banānus; b) četrus sulīgus apelsīnus; c) desmit svaigas olas; d) piecas žāvētas aprikozes; e) deviņus saldus ābolus; f) septiņus kūpinātus lašus; g) divas lielas zivis; h) trīs mazus kukuļus maizes. **Ex. 2:** a) kilograms cepumu; b) gabaliņš siera; c) puslitrs piena; d) trauciņš ievārījuma; e) gabals gaļas; f) pudele eļļas; g) kukulis maizes; h) paciņa garšvielu; i) paka miltu; j) litrs minerālūdens; k) 200 grami makaronu; l) šķēle desas; m) pusotrs kilograms tomātu. **Ex. 3:** Lūdzu, iedodiet man … a) apelsīnu sulu; b) sēņu mērci; c) plūmju ievārījumu; d) ķiploku desu; e) gaļas salātus; f) siera maizi; g) sīpolu zupu; h) vistas karbonādi. **Ex. 4:** a) vi; b) iii; c) i; d) v; e) ii; f) iv. **Ex. 5:** a) augļus; b) žaketi; c) avīzi; d) Rīgas karti; e) pārtiku; f) gleznu. **Ex. 6:** a) rūtaini svārki; b) svītrains krekls; c) ērtas kurpes; d) silts mētelis; e) vilnas šalle; f) ādas rokassoma. **Ex. 7:** a) tās sarkanās kurpes; b) tas baltais krekls; c) tie rūtainie svārki; d) šis dzeltenais džemperis; e) tās svītrainās bikses; f) šī puķainā kleita; g) tā biezā cepure; h) tā spilgtā kaklasaite. **Ex. 8:** a) par garu; b) par platu; c) par īsu; d) par mazu; e) par lielu.

UNIT 9

Ex. 1: a) Pulksten sešos no rīta; b) viņi ēd brokastis; c) viņai jābūt darbā pusdeviņos; d) parasti ir pusdienu pārtraukums; e) viņa iet iepirkties; f) darba diena beidzas piecos; g) vakariņas viņi ēd ap deviņiem; h) nē, bieži vīrs ēd vēlāk. **Ex. 2:** a) septiņos mēs parasti ēdam brokastis; b) pusdivpadsmitos es esmu darbā; c) astoņos divdesmit (or astoņos divdesmitās) bērni iet uz skolu; d) piecos es šodien būšu pilsētā (*or more rarely* – septiņpadsmitos); e) četros desmit es nekad neesmu mājās (*or četros demitās*); f) trijos mēs bijām naktsklubā; g) sešos viņi vienmēr ēd vakariņas (*or astoņpadsmitos*); h) pusdeviņos sākas Panorāma; i) deviņos visa ģimene ir mājās (divdesmit vienos *is also possible, but not likely*). **Ex. 3:** a) Cikos beidzas?; b) It opens at 9 o'clock; c) No – she has gone out; d) Cik ir pulkstenis?; e) Zvaniet vēlāk; f) After lunch. **Ex. 4:** a) Es zvanīju restorānam; b) Kārlim; c) policijai; d) Deividam; e) draugiem; f) Fionai; g) skolotājam; h) Ilzei; i) draudzenei; j) kolēģim. **Ex. 5:** a) Ar ārstu.; Lūdzu, pasakiet viņam, ka mans bērns ir slims. Viņam sāp auss. b) Ar sekretāri.; Lūdzu, pasakiet viņai, ka šodien es nebūšu darbā. Es strādāšu mājā. c) Ar tanti / krustmāti.; Lūdzu, pasakiet viņam, ka es šovakar nevarēšu (at)nākt ciemos. d) Ar Deividu.; Lūdzu, pasakiet viņam, ka mēs būsim restorānā septiņos. Mēs pasūtīsim galdu / galdiņu. **Ex. 6:** Es gribētu pasūtīt galdu / galdiņu.; Sestdien, (pulksten) astoņos.; Septiņiem cilvēkiem.; your name – spelt the Latvian way; Mēs gribētu sēdēt pie kamīna, ja iespējams.

UNIT 10

Ex. 1: a) iii; b) i; c) iv; d) vii; e) ix; f) ii; g) vi; h) v; i) viii. **Ex. 2:** a) Es meklēju …; b) Kur atrodas …?; c) Cik tālu līdz …?; d) Kā var nokļūt līdz …; e) Kur ir tuvākā autobusa pietura?; f) Autoosta ir blakus tirgum. **Ex. 3:** a) Vai šis tramvajs iet uz Juglu?; b) Ar kuru trolejbusu es varu braukt uz Teiku?; c) Vai šis autobuss iet uz Sarkandaugavu?; d) Vai ar šo vilcienu es varu braukt līdz Čiekurkalnam?; e) Ar ko es varētu braukt uz Mežaparku?; f) Ar kuru tramvaju man jābrauc uz Imantu?; g) Vai ar šo autobusu mēs varam braukt līdz Pļavniekiem?; h) Vai šis trolejbuss iet uz Purvciemu?; i) Vai šis autobuss iet uz Rīgas lidostu?; j) Vai ar šo trolejbusu es varu braukt līdz pilsētas centram?; k) Vai šis tramvajs iet līdz Matīsa tirgum? **Ex. 4:** a) nepareizi; b) pareizi; c) nepareizi; d) nepareizi; e) pareizi. **Ex. 5:** a) No mūsu mājas pa labi līdz Skolas ielai, tad pa labi un taisni uz priekšu pa Skolas ielu līdz galam un stacija būs jums priekšā; b) No viesnīcas pa kreisi līdz Brīvības ielai, banka būs pāri ielai un mazliet pa kreisi un blakus skolai; c) No skolas pāri Brīvības ielai un pa labi, baseins būs kreisajā pusē, aiz parka; d) No universitātes pa labi un pa Skolas ielu līdz galam (līdz Kalēju ielai), bibliotēka būs uz stūra kreisajā pusē; e) No mūsu mājas pa labi līdz Skolas ielai, tad pa labi un uz priekšu līdz krustojumam, tur pa kreisi. **Ex. 6:** a) no teātra; b) blakus kanālam; c) līdz sestdienai; d) līdz stacijai; e) no Baltijas jūras; f) blakus stacijai; g) no lidostas līdz centram; h) no deviņiem līdz pieciem; i) no desmitiem līdz trijiem; j) līdz nedēļas nogalei. **Ex. 7:** The place names go into the dative case with both prepositions, because they all are plural in form.

UNIT 11

Ex. 1: lidojis, dzēris, ēdis, bijuši, bijusi, dzirdējusi, vēlējies, bijis, lasījis, sapratis, dzīvojusi, ceļojis, redzējis, braucis, varējis, gribējis, nopircis. **Ex. 2:** a) pastā; b) bankā; c) pastā; d) pie friziera; e) pie zobārsta; f) bankā. **Ex. 3:** a) esmu dzīvojis / dzīvojusi; b) ir bijuši; c) esam ēduši; d) ir aizbraucis; e) esi dzēris / dzērusi; f) ir aizgājusi; g) jūs esat dzirdējuši; h) esam gaidījuši; i) neesmu lasījis / lasījusi; j) mēs neesam saņēmuši / saņēmušas; k) viņš ir rakstījis. **Ex. 4:** a) Kur ir / Kur atrodas pasts?; b) Man vajag aploksni un pastmarkas.; c) Es gribētu samainīt naudu.; d) Kur ir tuvākā banka?; **Ex. 5:** mazgāt, apgriezt, izžāvēt. **Ex. 6:** a) Nē paldies, mēs esam ēduši / ēdušas; b) Jā, es esmu runājis / runājusi ar oficiantu/oficianti; c) Jā es esamu dzēris / dzērusi greipfrūtu sulu; d) Jā, es esmu pircis / pirkusi ķīniešu garšvielu tirgū; e) Jā, es esmu dzīvojis / dzīvojusi Londonā. **Ex. 7:** a) What's *wrong*? and What is *hurting*?; b) He's got a cold.; c) high blood pressure; d) Man sāp mugura.; e) Vai jums ir / būtu (kāds) aspirīns?

UNIT 12

Ex. 1: a) otrais; b) devītais; c) trešā; d) divpadsmitais; e) piektais; f) ceturtā; g) sestais; h) sestā; i) trešais; j) pēdējā or septītā; k) astotais. **Ex. 2:** a) Piecpadsmitais aprīlis; b) divdesmit piektais janvāris; c) trīsdesmitais septembris; d) ceturtais jūnijs; e) astoņpadsmitais augusts; f) sešpadsmitais jūlijs. **Ex. 4:** a) nepareizi; b) pareizi; c) nepareizi; d) nepareizi; e) pareizi; f) pareizi. **Ex. 5:** a) iii; b) i; c) iv; d) ii; e) vējains; f) miglains; g) mākoņains; h) lietains; i) ledains = *windy, foggy, cloudy, rainy, icy.* **Ex. 6:** a) Janvārī ja ir sniegs, braucam slēpot; svinam Jauno gadu. b) Februārī ir sals, ietves ledainas un ielas slidenas. c) Martā dienas kļūst garākas, sniegs sāk kust, no jumtiem krīt lāstekas. d) Aprīlī saule sāk sildīt, viss plaukst; jākrāso olas. e) Maijā ir saulains, zaļo koki un zied puķes. f) Jūnijā dienas ir garas un naktis īsas: svinam Jāņus! g) Jūlijā ir karsts, var strādāt dārzā, peldēties, sauļoties. h) Augustā ir atpūtas laiks: nekas daudz nenotiek. i) Septembrī ir vēss, jāiet uz mežu sēņot, sākas skola. j) Oktobrī auksts vējš pūš no ziemeļiem, koku lapas maina krāsu un krīt. k) Novembrī vakari ir tumši un gari, līst lietus. l) Decembrī ir auksts un drēgns: gaidām Ziemassvētkus! **Ex. 7:** a) Kāds laiks šodien?; b) There's snow everywhere.; c) ziema; d) Vai līst?; e) Saule spīd.; f) Vai ir sniegs?; g) Vai ārā ir auksts?; h) It is windy.; i) yes; j) thick fog; k) a storm. **Ex. 8:** (*Answers can vary – the following are only examples*) a) laimīgs, priecīgs, satraukts; b) nelaimīgs, dusmīgs; c) priecīgs, pārsteigts; d) nervozs, uztraucies; e) dusmīgs, nervozs; f) nobijies, satraukts; g) priecīgs, laimīgs; h) sliktā omā; i) dusmīgs; j) pārsteigts, priecīgs; k) nervozs.

UNIT 13

Ex. 1: a) economics; b) five months; c) watches TV; d) accountant, engineer; e) at an advertising agency; f) at work – she had to interpret for him; g) sailing; h) since leaving school; i) Liepāja. **Ex. 2:** a) vi – Oficiants strādā restorānā. b) x – Skolotāja strādā skolā. c) i – Ārste strādā slimnīcā. d) vii – Pārdevējs strādā veikalā. e) iii – Strādnieks strādā rūpnīcā. f) ix – Kasieris strādā bankā. g) iv – Pastniece strādā pastā. h) ii – Lauksaimnieks strādā laukos. i) v – Aktrise strādā teātrī. j) viii – Uzņēmējs strādā uzņēmumā. **Ex. 3:** a) x; b) ix; c) xi; d) i; e) ii; f) viii; g) iii; h) iv; i) xii; j) v; k) vii; l) vi. **Ex. 4:** a) slēpošana; b) zināšanas; c) vēlēšanas; d) gleznošanu; e) ceļošana; f) runāšana; g) sēņošana; h) nodarbošanās; i) tikšanās. **Ex. 5:** a) What is your occupation?; b) what they do; c) Es studēju … / Es mācījos …; d) Cik ilgi?; e) What do you do in your spare time? / What is your hobby?

UNIT 14

Ex. 1: a) Kas vainas? *or* Kas noticis / notika?; b) Something is wrong with the brakes; c) Vai varu palīdzēt? *or* Kā varam palīdzēt?; d) Piezvanīšu autoservisam. **Ex. 2:** a) vii; b) xi; c) x; d) ix; e) viii; f) i; g) vi; h) v; i) iv; j) iii; k) ii. **Ex. 3:** Kurzeme, Vidzeme, Zemgale, Latgale. **Ex. 4:** a) Rīga; b) Daugavpils; c) Gaiziņš or Gaiziņkalns; d) Daugava; e) Lubāns; f) Liepāja; g) Igaunija; h) Lietuva and Baltkrievija; i) sēņot; j) 531 km; k) Jāņi *or* Līgo svētki; l) pavasarī; m) decembrī; n) 1918. gadā; o) alu; p) Zemgale; q) Kurzeme; r) Latgale; s) Vidzeme; t) Cēsis.

Latvian–English glossary

abi, abas **both (m., f.)**
ābols **(m.) apple**
acs **(f.) eye**
acumirkli **just a moment**
āda **(f.) skin,** *also* **leather**
adīts, adīta **knitted (m., f.)**
adrese **(f.) address**
advokātu firma **(f.) law firm**
Āfrika **(f.) Africa**
aģentūra **(f.) agency**
agrāk **earlier,** *also* **previously**
ainava **(f.) landscape, scene**
aiz **behind**
aizbraukt **to go away (by vehicle)**
aizdot **to lend**
aiziet **to go away**
aizkars **(m.) curtain**
aizliegt **to forbid, prohibit**
aizliegts **forbidden**
aizmirst **to forget**
aizmugurē **at the back**
aizņemts, aizņemta **busy (m., f.)**
aiznest **to take** *or* **to carry**
aizpildīt **to fill in (a form)**
aizsargs **(m.) defender**
aizsargstikls **(m.) windscreen**
aizvakar **day before yesterday**
akadēmija **(f.) academy**
akmens **(m.) rock, stone**
aktieris, aktrise **actor, actress**
alerģija **(f.) allergy**
alus **(m.) beer**
ambulance **(f.) out-patient clinic**
amerikānis **(m.) an American**
Amerikas Savienotās Valstis **(f. pl.) United States of America**
analītiķis **(m.) analyst**
angīna **(f.) sore throat**
Anglija **(f.) England**
anglis, angliete, angļi, anglietes **Englishman, Englishwoman, English people (m., f. pl.)**
angliski **English (language)**
anketa **(f.) form**
ap **around, about**
apakšā **at the bottom**
apakšbikses **(f. pl.) underpants**
apaļš, apaļa **round (m., f.)**
apbrīnot **to admire**

apciemot **to visit**
apdrošināšana **(f.) insurance**
apdzīt **to overtake**
apelsīns **(m.) orange (fruit)**
apģērbs **(m.) clothing**
apgriezt **to trim**
apgulties **to lie (oneself) down**
apkārtne **(f.) surroundings**
apkopējs, apkopēja **(m., f.) cleaner**
apkure **(f.) heating**
apledojis, apledojusi **iced over (m., f.)**
aploksne **(f.) envelope**
apmācies **overcast**
apmeklēt **to attend**
apmēram **approximately**
apmierināts, apmierināta **satisfied (m., f.)**
apmierinošs **satisfactory**
apprecēties **to marry**
aprikoze **(f.) apricot**
aprīlis **(m.) April**
apskatīt **to view, look at**
apskatīties **to take a look around**
apstāties **to stop, come to a halt**
apsveikt **to congratulate**
aptieka **(f.) pharmacy**
aptiekārs, aptiekāre **(m., f.) pharmacist**
Apvienotā Karaliste **(f.) United Kingdom**
ar **with**
ārā **outside**
arī **also**
ārkārtīgi **extraordinarily**
arlabunakti **good night**
arlabvakar **good evening (said when departing)**
ārprāts **(m.) insanity**
ārstēt **to treat**
ārsts, ārste **(m., f.) doctor**
arvien **ever**
ārzemes **(f. pl.) abroad**
ārzemju valūta **(f.) foreign currency**
ārzemnieks, ārzemniece **(m., f.) foreigner**
asinsanalīze **(f.) blood test**
asinsspiediens **(m.) blood pressure**
aspirīns **(m.) aspirin**
ass **sharp,** *also* **hot (spicy)**
astoņdesmit **eighty**
astoņi **eight**
astoņpadsmit **eighteen**
astotais, astotā **eighth (m., f.)**

atā **bye**
atbalstīt **to support**
atbildēt **to reply, answer**
atbraukt **to come (by vehicle)**
atcerēties **to remember**
atgādināt **to remind**
atgriezties **to return**
atgūt **to regain**
atiešanas laiks (**m.**) **departure time**
atiet **to depart (transport)**
atkal **again**
atkārtot **to repeat**
Atklāšanas koncerts (**m.**) **Opening concert**
atlaide (**f.**) **discount, rebate**
atļauja (**f.**) **permission, also permit**
atļaut **to permit, allow**
atļautais braukšanas ātrums (**m.**) **permitted driving speed**
atmiņas (**f. pl.**) **memories**
atnākt **to come, arrive**
atnākt ciemos **to come visiting**
atnest **to bring**
atpakaļ **back**
atpūsties **to rest,** *also* **to relax**
atpūta (**f.**) **rest,** *also* **recreation**
ātrā (neatliekamā) palīdzība (**f.**) **ambulance**
atradu **see** *atrast*
ātrāk **more quickly**
atrast **to find**
atrasties **to be situated, located**
atrodamas **are to be found**
atsevišķi **separately**
atšķirīgs, atšķirīga **different (m., f.)**
atslēga (**f.**) **key**
atstarotājs (**m.**) **reflector**
atstāt **to leave**
atsūtīt **to send**
atvainojiet **excuse me**
atvērt **to open**
atvērts, *atvērta* **open (m., f.)**
atvilktne (**f.**) **drawer**
audzis, augusi **grown (m., f.)**
auglis (**m.**) **fruit**
augšā **at the top**
augstākā izglītība (**f.**) **higher education**
augsts, augsta **high, tall (m., f.)**
augstskola (**f.**) **tertiary educational institution**
augusts (**m.**) **August**
aukle (**f.**) **nanny**
aukstais ūdens (**m.**) **cold water**
auksts, auksta **cold (m., f.)**
auskari (**m. pl.**) **earrings**
auss, ausis (**f., f. pl.**) **ear, ears**

austrālietis, austrāliete, austrālieši, austrālietes **Australian (m., f.), Australians (m., f. pl.)**
austrumi (**m. pl.**) **east**
auto mazgātava (**f.**) **car wash**
automašīna (**f.**) **car**
autoosta (**f.**) **coach or bus station**
autoserviss (**m.**) **garage / service station / car mechanic**
autovadītāja apliecība (**f.**) **driver's licence**
avārija (**f.**) **accident**
avene (**f.**) **raspberry**
avīze (**f.**) **newspaper**
avīžu kiosks (**m.**) **newspaper kiosk**
Āzija (**f.**) **Asia**

bagāts, bagāta **rich, wealthy (m., f.)**
bagāža (**f.**) **luggage, baggage**
baidīties **to fear**
bailes (**f. pl.**) **fear**
bāka (**f.**) **lighthouse**
bakalaura grāds (**m.**) **bachelor's degree**
baklažāns (**m.**) **eggplant, aubergine**
ballīte (**f.**) **party (coll.)**
balons (**m.**) **balloon**
balsošana (**f.**) **voting**
baltais, baltā **the white (m., f.)**
balti (**m. pl.**) **Balts, Baltic people**
Baltkrievija (**f.**) **Belarus**
balts **white**
banāns (**m.**) **banana**
banka (**f.**) **bank**
bankomāts (**m.**) **ATM, cashpoint**
baravika (**f.**) **boletus (type of mushroom)**
bārda (**f.**) **beard**
bārs (**m.**) **bar**
baseins (**m.**) **swimming pool**
basketbols (**m.**) **basketball**
baznīca (**f.**) **church**
bēdīgs, bēdīga **sad, sorrowful (m., f.)**
beidzot **finally**
beigās (**f. pl.**) **at the end**
beigt **to finish,** *also* **to graduate**
beigties **to finish, end (of its own accord)**
benzīns (**m.**) **petrol**
Berlīne (**f.**) **Berlin**
bērns (**m.**) **child**
bērzlape (**f.**) **russula** *(type of mushroom)*
bet **but**
bez **without**
bezmaksas **free of charge**
bezmiegs (**m.**) **insomnia**
bibliotēka (**f.**) **library**
biete (**f.**) **beetroot**

bieži **often**
biezpiens **(m.) cottage (curd) cheese**
biezs, bieza **thick (m., f.)**
bikses **(f. pl.) trousers**
biļete **(f.) ticket**
birojs **(m.) office**
bīstami **dangerous**
bite **(f.) bee**
bizness **(m.) business**
blakus **next to, alongside**
bļoda **(f.) bowl**
blonds, blonda **blond(e) (m., f.)**
blūze **(f.) blouse**
Braitona **(f.) Brighton**
brāļadēls, māsasdēls **(m.) nephew**
brāļameita, māsasmeita **(f.) niece**
brālēns **(m.) male cousin**
brālis **(m.) brother**
brauciens **(m.) trip, journey**
braukšana **(f.) driving**
braukšanas ātruma pārsniegšana **(f.) exceeding the speed limit**
braukt **to go (by vehicle), to drive**
bremzes **(f. pl.) brakes**
bremzēt **to brake**
brīdinājums **(m.) warning**
brīdis **(m.) moment**
bridžs **(m.) bridge (card game)**
briedis **(m.) stag**
brilles **(f. pl.) reading glasses, spectacles**
brīnišķīgi **wonderful**
brīnīties **to be amazed, to wonder**
briti **(m. pl.) Brits, British people**
brīvdienas **(f. pl.) holidays, vacation**
brīvība **(f.) freedom**
brīvlaiks **(m.) vacation**
brīvs, brīva **free (m., f.)**
brokastis **(f. pl.) breakfast**
brūns **brown**
bumbieris **(m.) pear**
burkāns **(m.) carrot**
burulaiva **(f.) yacht**
būt **to be**

čau **hi** *and* **bye**
caur **through**
caureja **(f.) diarrhoea**
čekiņš **(m.) receipt (check)**
celiņš **(m.) hair parting,** *also* **path**
ceļojums **(m.) journey, trip, voyage**
ceļošana **(f.) travelling**
ceļot **to travel**
ceļš **(m.) road**

celt **to build**
celties **to get up, rise**
cena **(f.) price**
centrālais, centrālā **the central (m., f.)**
centrs **(m.) centre**
cept **to roast** *or* **to bake** *or* **to fry**
cepts **fried** *or* **roasted** *or* **baked**
cepumi **(m. pl.) biscuits**
cepure **(f.) hat**
cerams **hopefully**
cerēt **to hope**
ceriņu krūms **(m.) lilac bush**
četrdesmit **forty**
četri **four**
četrpadsmit **fourteen**
ceturtais, ceturtā **fourth (m., f.)**
ceturtdiena **(f.) Thursday**
čības **(f. pl.) slippers**
ciemiņš **(m.) guest, visitor**
cietoksnis **(m.) fortress**
ciets, cieta **hard (m., f.)**
cietušais **(m.) victim**
cigarete **(f.) cigarette**
cik **question word for quantity**
cikos **at what time**
cilts **(f.) tribe**
cilvēks **(m.) person**
cimdi **(m. pl.) gloves**
čipsi **(m. pl.) crisps**
citi **others**
citrons **(m.) lemon**
cits, cita **another (m., f.)**
citur **elsewhere**
cūkgaļa **(f.) pork**
cukurs **(m.) sugar**

daba **(f.) nature**
dabas parādības **(f. pl.) natural phenomena**
dakšiņa **(f.) fork**
daļa **(f.) part**
dāņi **(m. pl.) Danes**
Dānija **(f.) Denmark**
darbdiena **(f.) weekday**
darbinieks, darbiniece **employee (m., f.)**
darbnīca **(f.) workshop**
darboties **to work, operate**
darbs **(m.) work,** *also* **job**
dārgāk **more expensive**
dārgs, dārga **expensive (m., f.)**
darīšana **(f.) business, matter**
darīt **to do**
dārzeņi **(m. pl.) vegetables**
dārziņš **(m.) garden (dim.)**

dārzs (m.) garden
dators (m.) computer
datums (m.) date
daudz much, *also* many
daudzums (m.) quantity
dāvana (f.) gift, present
dažādi various
daži, dažas some (m., f.)
dažreiz sometimes
debesis (f. pl.) the sky
decembris (m.) December
deguns (m.) nose
degviela (f.) fuel
degvielas uzpildes stacija (f.) petrol station
degvīns (m.) spirit (alcoholic drink)
dejotājs, dejotāja dancer (m., f.)
delegācija (f.) delegation
dēls (m.) son
derēt to fit
desa (f.) sausage
desmit ten
desmitais, desmitā (m., f.) tenth
deviņdesmit ninety
deviņi nine
deviņpadsmit nineteen
devītais, devītā ninth (m., f.)
devu see dot
dibināt to establish
diemžēl unfortunately
diena (f.) day
dienasgrāmata (f.) diary
Dienvidāfrika (f.) South Africa
Dienvidamerika (f.) South America
dienvidi (m. pl.) south
diezgan rather, fairly *also* enough
dilles (f. pl.) dill
diploms (m.) diploma
direktors, direktore director (m., f.)
diriģents (m) conductor
dīvains, dīvaina odd, strange (m., f.)
dīvāns (m.) sofa
divdesmit twenty
divi two
divpadsmit twelve
divreiz twice
divritenis (m.) bicycle
divvietīgais, **divvietīgā** double (m., f.)
dīzeļdegviela (f.) diesel
dokuments (m.) document
dolārs (m.) dollar
domāt to think
doms (m.) cathedral
dot to give

doties to make one's way (to go)
dramatisks, dramatiska dramatic (m., f.)
draudzene (f.) female friend
draugs (m.) male friend
drēgns, drēgna damp, chilly (m., f.)
drīkstēt to be allowed
drīz soon
droši vien probably
drošības josta (f.) safety belt
drošs, droša safe (m., f.)
drupas (f. pl.) ruins
dūmi (m. pl.) smoke
durvis (f. pl.) door
duša (f.) shower
duškabīne (f.) shower cubicle
dusmīgs, dusmīga angry (m., f.)
dzeltens yellow
dzelzceļa stacija (f.) railway station
dzelzceļš (m.) railway
džemperis (m.) jumper
dzerams, dzerama drinkable (potable) (m., f.)
dzēriens (m.) drink, beverage
dzert to drink
dziedāt to sing
dziesma (f.) song
dziļš, dziļa deep (m., f.)
dzimis, dzimusi (was) born (m., f.)
dzimšanas diena (f.) birthday
dzimtene (f.) birthplace
dzintars (m.) amber
dzirdēt to hear
dzīve (f.) life, lifetime
dzīvība (f.) life
dzīvnieks (m.) animal
dzīvoklis (m.) flat, apartment
dzīvoklītis (m.) flat, apartment (dim.)
dzīvot to live
džungļi (m. pl.) jungle

ēdams, *ēdama* edible (m., f.)
ēdiens (m.) food, *also* course
ēdnīca (f.) canteen, diner
Eiropa (f.) Europe
Eiropas Savienība (f.) European Union
ekonomika (f.) economics
ekrāns (m.) screen
ekskursija (f.) excursion
elektrība (f.) electricity
elektrotehnika (f.) electrical equipment
eļļa (f.) oil
enerģisks, enerģiska energetic (m., f.)
e-pasts (m.) e-mail
ērtības (f. pl.) comforts

ērts, ērta **comfortable (m., f.)**
es **I**
esam **see** *būt*
ēšana **(f.) eating**
esat **see** *būt*
esi **see** *būt*
esmu **see** *būt*
ēst **to eat**
ēstgriba **(f.) appetite**
etiķis **(m.) vinegar**
ezers **(m.) lake**

faktiski **in fact, actually**
februāris **(m.) February**
fēns **(m.) hairdryer**
filma **(f.) film**
finanses **(f. pl.) finance**
fotogrāfija **(f.) photo,** *also* **photography**
frī kartupeļi **(m. pl.) French fries**
friziere **(f.) hairdresser**
fui **yuk (exclamation)**
futbols **(m.) football**

gabaliņš **(m.) small piece**
gabals **(m.) piece**
gadalaiks **(m.) season**
gadījums **(m.) instance, occasion**
gads **(m.) year**
gaidāms **expected**
gaidīšana **(f.) waiting**
gaidīt **to wait,** *also* **to expect**
gailene **(f.) chanterelle** *(type of mushroom)*
gaiši **light (literally: lightly)**
gaisma **(f.) light**
gaiss **(m.) air**
gaitenis **(m.) passage, corridor**
gājēju pāreja **(f.) pedestrian crossing**
gāju **see** *iet*
gaļa: liellopu gaļa, cūkgaļa, jēra gaļa, teļa gaļa
　　(f.) meat: beef, pork, lamb, veal
galapunkts **(m.) terminus, final stop**
galda piederumi **(m. pl.) cutlery**
galdauts **(m.) tablecloth**
galdiņš **(m.) table (dim.)**
galds **(m.) table**
gals **(m.) end**
galva **(f.) head**
galvaspilsēta **(f.) capital city**
galvenais, galvenā **the chief, main (m., f.)**
gan **(intensifier word or conjunction) expressing emphasis or alternatives**
gandrīz **almost**
gar **along**

garām **past**
garāmgājējs **(m.) passer-by**
garastāvoklis **(m.) mood**
garāža **(f.) garage**
garlaicīgs, garlaicīga **boring (m., f.)**
garnizons **(m.) garrison, base**
garš, gara **tall,** *also* **long (m., f.)**
garšīgs, garšīga **tasty (m., f.)**
garšot **to like the taste**
garšvielas **(f. pl.) spices**
gatavot **to prepare**
gatavs, gatava **ready,** *also* **ripe (m., f.)**
gāze **(f.) gas**
ģeogrāfija **(f.) geography**
ģimene **(f.) family**
ģimenes stāvoklis **(m.) marital status**
ginekologs **(m.) gynaecologist**
glāze **(f.) glass**
glezna **(f.) painting**
gleznains, gleznaina **picturesque, scenic (m., f.)**
gleznot **to paint (paintings)**
gleznotājs **(m.) painter**
golfs **(m.) golf**
govs **(f.) cow**
grāds **(m.) degree**
grāfs **(m.) count** *or* **earl**
grāmata **(f.) book**
grāmatnīca **(f.) bookshop**
grāmatvedis, grāmatvede **accountant (m., f.)**
grams **(m.) gram**
gredzens **(m.) ring**
greipfrūts **(m.) grapefruit**
gribēt **to want**
grīda **(f.) floor**
grīdsega **(f.) carpet**
griesti **(m. pl.) ceiling**
griezt **to cut**
griezties **to turn (oneself)**
gripa **(f.) flu**
guļamistaba **(f.) bedroom**
gulēt **to sleep**
gulta **(f.) bed**
gurķis **(m.) cucumber**

hallo **hello**
hercogiste **(f.) duchy**
hercogs **(m.) duke**
hobijs **(m.) hobby**
hokejs **(m.) hockey**
humors **(m.) humour**

iebraukt **to drive in, to arrive**
iebraukt aizliegts **no entry**

iecienīts **favourite, popular (m.)**
iedot **to give (to someone)**
ieeja **entrance**
iegūt **to obtain**
ieiet **to go in**
iekāpšana (**f.**) **boarding**
iekāpšanas karte (**f.**) **boarding card**
iekāpšanas talons (**m.**) **boarding card**
iekāpt **to get in** or **on**
iekrist **to fall into**
iekšā **inside**
iekšzeme (**f.**) **inland**
iela (**f.**) **street**
ielikt **to put in**
ielūgt **to invite**
ienākt **to come in**
iepazīšanās (**f.**) **getting acquainted**
iepazīt **to get to know**
iepazīties **to get acquainted**
iepirkties **to shop**
iepriekš **beforehand**
iepriekšējais, iepriekšējā **the previous (m., f.)**
ierakstīt **to register (mail)**
ierasties **to show up, to arrive**
ierēdnis, ierēdne **official, clerk (m., f.)**
ierobežojums (**m.**) **limit**
ieskaitīt **to include**
iesnas (**f. pl.**) **sniffles**
iespaidi (**m. pl.**) **impressions**
iespaidīgs, iespaidīga **impressive (m., f.)**
iespēja (**f.**) **opportunity, possibility**
iespējams **possible**
iespert **to kick**
iet **to go**
iet ciemos **to go visiting**
iet kājām **to go on foot**
ieteikt **to recommend**
ietriekties **to slam** or **run into**
ietve (**f.**) **pavement, sidewalk**
ievadīt **to enter (data, etc.)**
ievainots, ievainota **injured (m., f.)**
ievārījums (**m.**) **jam**
ievērojams **notable**
Igaunija (**f.**) **Estonia**
ilgi **long (duration)**
ilgt **to last**
ilgviļņi (**m. pl.**) **permanent wave**
indīgs, indīga **poisonous (m., f.)**
interesants, interesanta **interesting (m., f.)**
interneta pieslēgums (**m.**) **internet connection**
internets (**m.**) **internet**
inženieris, inženiere **engineer (m., f.)**
īpaši **in particular, especially**

īpašums (**m.**) **property**
ir **see būt**
īrēt **to rent, to hire**
īrs, īriete, īri, īrietes **Irishman, Irishwoman, Irish people (m., f. pl.)**
īss, īsa **short (m., f.)**
istaba (**f.**) **room**
īstenībā **actually, in reality**
īsti **really (lit. genuinely)**
izbraukt **to depart, to drive out**
izdomāt **to figure out**
izeja **exit**
izglītība (**f.**) **education**
iziet **to go out**
izjūta (**f.**) **sense, feeling**
izkāpt **to get off (lit. to climb out)**
izkārtot **to arrange**
izkrist **to fall out**
izlietne (**f.**) **sink**
izmazgāt **to wash**
izmērs (**m.**) **size**
izņemot **excepting**
izņemt **to take out, to withdraw (money)**
izpārdošana (**f.**) **clearance sale**
izpārdoti **all sold out**
izpūtējs (**m.**) **exhaust**
izsaukt **to call out (telephone)**
izskatīgs, izskatīga **good-looking (m., f.)**
izskatīties **to look like (appearance)**
izslīdēt **to slip out**
izstāde (**f.**) **exhibition**
izvēlēties **to choose, select**
izvest **to export**
izžāvēt **to dry**

ja **if**
jā **yes**
jahta (**f.**) **yacht**
jaka (**f.**) **cardigan**
Jāņi or Līgo svētki (**m. pl.**) **summer solstice festival**
Jāņu siers (**m.**) **a type of fresh cheese**
janvāris (**m.**) **January**
jātnieks (**m.**) **horseman**
jau **already**
jauks, jauka **nice, pleasant (m., f.)**
Jaunais gads (**m.**) **New Year**
jaunākais, jaunākā **the youngest (m., f.)**
jaunāks, jaunāka **younger (m., f.)**
Jaungada diena (**f.**) **New Year's Day**
jaunība (**f.**) **youth**
jaunkundze (**f.**) **Miss**
jauns, jauna **young,** also **new (m., f.)**
jautājums (**m.**) **question,** also **issue**

jautāt **to ask, to enquire**
jautrs **merry, cheerful**
jeb **or** *jēra gaļa* **lamb**
jo **because**
jogurts **(m.) yoghurt**
jokoties **to joke**
joma **(f.) field, domain, sector**
josta **(f.) belt**
jubilārs **(m.) the person who is celebrating**
jūdze **(f.) mile**
jūlijs **(m.) July**
jums **to you** *also* **for you (plural or polite form)**
jumts **(m.) roof**
jūnijs **(m.) June**
jūra **(f.) sea**
jurists, *juriste* **lawyer (m., f.)**
jūrmala **(f.) seaside**
jūrnieks **(m.) mariner**
jūrskola **(f.) naval school**
jūs **you (plural or polite form)**
justies **to feel**
jūsu **your,** *also* **yours**
jūtas **(f. pl.) feelings, emotions**

ka **that**
kā **how,** *also* **whose**
kabata **(f.) pocket**
kabinets **(m.) consulting room,** *also* **office**
kad **when**
kāds, kāda, kādi, kādas **question word (what, what kind of)** *also* **someone, a / an, a certain, some**
kafejnīca **(f.) café**
kafija **(f.) coffee**
kaimiņš **(m.) neighbour**
kaitēt **to harm**
kāja **(f.) leg**
kaķis **(m.) cat**
kaklasaite **(f.) necktie**
kakls **(m.) neck,** *also* **throat**
kalējs **(m.) blacksmith**
kalendārs **(m.) calendar**
kalns **(m.) hill**
kam **to whom,** *also* **for whom**
kamēr **while**
kamīns **(m.) fireplace**
kanādietis, kanādiete, kanādieši, kanādietes **Canadian (m., f.), Canadians (m., f. pl.)**
kanāls **(m.) canal**
kāpas **(f. pl.) sand dunes**
kāpēc **why**
kapi **(m. pl.) cemetery, graveyard**
kāposts **(m.) cabbage**
karaliene **(f.) queen**

karaspēks **(m.) army**
karbonāde **(f.) meat dipped in beaten egg and fried**
karogs **(m.) flag**
karote **(f.) spoon**
karš **(f.) war**
karsts, karsta **hot (m., f.)**
karstums **(m.) heat (temperature)**
karte **(f.) map**
kārtība **(f.) order**
kārtīgs, kārtīga **decent,** *also* **tidy (m., f.)**
kartupelis **(m.) potato**
kas **what** *or* **who**
kase **(f.) cashier**
kasieris, kasiere **cashdesk (m., f.)**
kaste **(f.) box**
katrs, katra **each,** *also* **every (m., f.)**
kaut kad **sometime**
kaut kāds, kaut kāda **some kind** *or* **sort of (m., f.)**
kaut kas **something**
kaut kur **somewhere**
kaut vai **even if**
kavēties **to be late, delayed**
kaza **(f.) goat**
kāzas **(f. pl.) wedding**
kažokāda **(f.) fur (skin)**
kažoks **(m.) fur coat**
kefīrs **(m.) kefir**
kēkss **(m.) buttercake**
keramika **(f.) pottery**
ķermenis **(m.) body**
kilograms (puskilo) **(m.) kilogram (half a kilo)**
kilometrs **(m.) kilometre**
ķimenes **(f. pl.) caraway seed**
ķīmiskā tīrītava **(f.) dry cleaner**
ķīna **(f.) China**
kiosks **(m.) kiosk**
ķiploks **(m.) garlic**
ķirurgs **(m.) surgeon**
klase **(f.) class**
klasiskā mūzika **(f.) classical music**
klāties **to fare**
klausīties **to listen**
klausule **(f.) receiver**
klauvēt **to knock**
klejot **to wander, to roam**
klepus **(m.) cough**
kliegt **to shout**
klozetpods **(m.) toilet pan**
klubkrēsls **(m.) armchair**
kļūda **(f.) mistake**
kļūdīties **to make a mistake**
kluss, klusa **quiet (m., f.)**

kļūt **to become**
ko **what (acc.)**
koks **(m.) tree,** *also* **wood**
kokvilna **(f.) cotton**
kolēģis, kolēģe **colleague (m., f.)**
komandējums **(m.) business trip**
komats **(m.) comma,** *also* **point**
komplekts **(m.) set**
kompostrēt **to punch (a ticket)**
komunālie maksājumi **(m. pl.) utilities (lit. communal payments)**
koncerts **(m.) concert**
konditoreja **(f.) cakes and pastries**
konfektes **(f. pl.) sweets**
konference **(f.) conference**
konsuls **(m.) consul**
konsultācija **(f.) consultation**
konsultants **(m.) consultant**
kontaktlēcas **(f. pl.) contact lenses**
kontrolieris, kontroliere **ticket inspector (m., f.)**
konts **(m.) account**
kopā **together**
Kopenhāgena **(f.) Copenhagen**
kopš **since**
koris **(m.) choir**
kost **to bite**
kostīms **(m.) suit (women's)**
krāns **(m.) tap**
krāsa **(f.) colour**
krāsns **(f.) oven**
krāsot **to colour**
krastmala **(f.) coastline,** *also* **embankment**
krasts **(m.) coast, bank**
kredītkarte **(f.) credit card**
kredīts **(m.) loan, credit**
kreisais, kreisā **the left (m., f.)**
krējums (saldais, skābais) **(m.) cream (ordinary, sour)**
krekls **(m.) shirt**
krēms **(m.) cream**
krēsls **(m.) chair**
krievi **(m. pl.) Russians**
Krievija **(f.) Russia**
krieviski **Russian (language)**
krist **to fall**
krogs **(m.) pub**
krusa **(f.) hail**
krustneši **(m. pl.) Crusaders**
krustojums **(m.) crossroads, intersection**
krūšturis **(m.) bra**
kuģis **(m.) ship**
kuģniecība **(f.) shipping**
kukulis **(m.) loaf**

kultūra **(f.) culture**
kumelīšu tēja **(f.) camomile tea**
kundze **(f.) Mrs**
kungs **(m.) Mr**
kūpināts **smoked**
kur **where**
kuriene **where (as a place)**
kurš, kura **which (m., f.)**
kursi **(m. pl.) course**
kurši **(m. pl.) Courlanders**
kust **to melt**
kvadrātmetrs **(m.) square metre**
kvīts **(f.) receipt (check)**

labais, labā **the good,** *also* **the right (m., f.)**
labāk **better**
labdien **good day**
labi **well**
labprāt **gladly**
labrīt **good morning**
labs, laba **good (m., f.)**
labvakar **good evening**
lai **in order to, in order that**
laika apstākļi **(m. pl.) weather conditions**
laika prognoze **(f.) weather forecast**
laikam **probably**
laiks **(m.) time,** *also* **weather**
laime **(f.) fortune, luck**
laimīgi **all the best** *or* **good luck (lit. happily)**
laimīgs, laimīga **happy,** *also* **lucky (m., f.)**
laiva **(f.) boat**
lampa **(f.) lamp**
lapa **(f.) leaf**
lasis **(m.) salmon**
lasīt **to read**
lāsteka **(f.) icicle**
latgaļi **(m. pl.) Latgalians**
lats **(m.) lat (old Latvian currency unit)**
latvietis, latviete, latvieši, latvietes **Latvian (m., f.), Latvians (m., f. pl.)**
Latvija **(f.) Latvia**
latviski **Latvian (language)**
lauki **(m. pl.) countryside**
lauksaimnieks **(m.) farmer**
laukums **(m.) square, place** *also* **pitch**
ledus **(m.) ice**
ledus hokejs **(m.) ice hockey**
ledusskapis **(m.) refrigerator**
lētāk **cheaper**
lēti **cheaply**
lēts, lēta **inexpensive (m., f.)**
līcis **(m.) gulf**
lidmašīnas biļete **(f.) plane ticket**

lidojums **(m.) flight**
lidosta **(f.) airport**
lidot **to fly**
līdz **until,** *also* **as far as**
līdzeklis pret odiem **(m.) mosquito repellent**
līdzi **along**
līdzīgs, līdzīga **similar (m., f.)**
liecinieks, lieciniece **(m., f.) witness**
lielākā **largest**
Lielbritānija **(f.) Great Britain**
Lieldienas **(f. pl.) Easter**
liellopu gaļa **(f.) beef**
liels, liela **large (m., f.)**
lielveikals **(m.) supermarket**
liepājnieks **(m.) person from Liepāja**
lieta **(f.) thing**
lietot **to use,** *also* **to take (medicine)**
lietots, lietota **used (m., f.)**
lietus **(m.) rain**
lietusmētelis **(m.) raincoat**
lietussargs **(m.) umbrella**
Lietuva **(f.) Lithuania**
lifts **(m.) lift**
likt **to put, to place**
likums **(m.) the law**
lilija **(f.) lily**
līt **to rain**
litrs (puslitrs) **(m.) litre (half a litre)**
Livonija **(f.) Livonia**
lociņi **(m. pl.) chives**
logs **(m.) window**
lokaini **curly (hair) (m.pl.)**
Londona **(f.) London**
ļoti **very**
lūdzu **please**
luga **(f.) play**
lūgt **to request**
luksofors **(m.) traffic lights**
lūpa **(f.) lip**
lūpu krāsa **(f.) lipstick**

mācīties **to learn, to study**
mačs **(m.) match (coll.)**
maģistra grāds **(m.) master's degree**
maijs **(m.) May**
maiņas kurss **(m.) exchange rate**
mainīgs **variable (m.)**
mainīt **to change**
maisiņš **(m.) carrybag (dim.)**
maize (baltmaize, saldskābmaize, rupjmaize, rudzu maize, kviešu maize) **(f.) bread (white, sourdough, wholemeal, rye, wheat)**
māja **(f.) house**

mājas **(f. pl.) houses,** *also* **home**
makaroni **(m. pl.) pasta**
mākoņains **cloudy (m.)**
mākonis **(m.) cloud**
maksas stāvvieta **(f.) paid parking**
maksāt **to pay,** *also* **to cost**
maksimālais ātrums **(m.) maximum speed**
māksla **(f.) art**
mākslas muzejs **(m.) art museum** *or* **gallery**
mākslinieks, māksliniece **artist (m., f.)**
māla pods **(m.) clay pot**
man **to me,** *also* **for me**
man liekas **it seems to me**
man niez **I'm itchy / itching**
man šķiet **it seems to me**
man vienalga **it's all the same to me**
mans, mana **my,** *also* **mine (m., f.)**
manuprāt **to my mind**
mārciņa **(f.) pound**
marinēts **marinated**
mārketings **(m.) marketing**
maršruts **(m.) route, itinerary**
marts **(m.) March**
māsa **(f.) sister**
māsasdēls **(m.) nephew**
māsasmeita **(f.) niece**
māsīca **(f.) female cousin**
mašīna, automašīna **(f.) car**
Maskava **(f.) Moscow**
māte **(f.) mother**
matemātika **(f.) mathematics**
mati **(m. pl.) hair**
maz **a little, not many** *or* **much**
mazbērni **(m. pl.) grandchildren**
mazliet **a little bit**
mazs, maza **small (m., f.)**
mazsālīts **slightly-salted**
mēbelēts **furnished**
medmāsa **(f.) nurse**
mednieks **(m.) hunter**
medus **(m.) honey**
mēģināt **to try**
meita **(f.) daughter**
meitene **(f.) girl**
meklēt **to search, look for**
mellenes **(f. pl.) blueberries**
melnais ledus **(m.) black ice**
melns **black**
menedžers **(m.) manager**
mēnesis **(m.) month**
mēness **(m.) moon**
mērce **(f.) sauce**
mēs **we**

mētelis (m.) coat
metrs (m.) metre
meža cūka (f.) wild boar
mežs (m.) forest
miegs (m.) sleep
mierīgi calmly, peacefully
migla (f) fog
mikriņš (maršruta taksometrs) (m.) microbus service (coll.)
mikroviļņu krāsns (f.) microwave oven
mīksts, mīksta soft (m., f.)
mīļākais, mīļākā favourite (m., f.)
mīlēt to love
miljons (m.) million
milti (m. pl.) flour
milzīgs, milzīga enormous, giant (m., f.)
minerālūdens (m.) mineral water
Minska (f.) Minsk
mīnuss (m.) minus
minūte (f.) minute
miris, mirusi deceased (m., f.)
mobilais telefons (m.) mobile telephone
modernā māksla (m.) modern art
moderns, moderna modern (m., f.)
modinātājpulkstenis (m.) alarm clock
mongoļi (m. pl.) Mongolians
mosties to awaken
motocikls (m.) motorcycle
motorlaiva (f.) motorboat
mugura (f.) back
muita (f.) customs
mums for us, also to us (dat.)
mūsdienas (f. pl.) nowadays
mušmire (f.) toadstool
mūsu our, also ours
mute (f.) mouth
muzejs (m.) museum
mūzika (f.) music
mūziķis, mūziķe musician (m., f.)

Nacionālais teātris (m.) National Theatre
nafta (f.) crude oil
nags (m.) nail
nākamais, nākamā the next (m., f.)
nākamnedēļ next week
nākamreiz next time
nākt to come
nakts (f.) night
naktsklubs (m.) nightclub
naktskrekls (m.) nightdress
nams (m.) house, building
narcises (f. pl.) daffodils
nauda (f.) money

naudas maks (m.) purse or wallet
nav isn't
nazis (m.) knife
nē no
neaizmirstams unforgettable
neatkarība (f.) independence
neatkarīgs, neatkarīga independent (m., f.)
neatliekamā (ātrā) palīdzība (f.) ambulance
neciešams unbearable
nedēļa (f.) week
nedēļas nogale (f.) weekend
neesmu I am not
negaiss (m.) thunderstorm
negaršīgs, negaršīga unpalatable, not tasty (m., f.)
negatavs not ready, also unripe
neglīts, neglīta ugly (m., f.)
neiet to not go
neizšķirts draw (lit. undecided)
nejauks, nejauka unpleasant (m., f.)
nekā than
nekad never
nekas nothing
neklātiene (f.) distance learning
neko nothing (acc.)
nekur nowhere
nelaimēties to be unlucky
nelaimīgs, nelaimīga unhappy (m., f.)
neliels, neliela not very large (m., f.)
nemaz not at all or none
ņemt to take
neparasti unusually
nepatikt to not like
nervozēt to be nervous, anxious
nesen recently
nest to carry or to convey
netālu not far
neticami unbelievable
netīrs, netīra dirty (m., f.)
nevaldāms uncontrollable
niezēt to itch
neviens nobody
no from
no rīta in the morning
nobijies, nobijusies frightened (m., f.)
nocenošana (f.) reduction (in price), markdown
nodarbošanās (f.) occupation
nodarboties to be engaged in, occupy oneself with
noderīgs, noderīga useful (m., f.)
nodiluši worn away (pl.)
nodzīvot to live, to stay
noguris, nogurusi tired (m., f.)
nogurt to tire

nokļūt **to reach (as a destination)**
nokrišņi (**m. pl.**) **precipitation**
nolaišanās (**f.**) **landing**
nomale (**f.**) **outskirts (of a town)**
nomazgāties **to wash**
nopietns, nopietna **serious (m., f.)**
nopirkt **to buy**
noraidījums (**m.**) **a sending off**
normāli **normally, as normal**
norunāts **agreed**
nosalt **to freeze**
nosaukums (**m.**) **name** *or* **title**
nošaut **to shoot**
nosēšanās (**f.**) **touchdown**
noskumis, noskumusi **sad (m., f.)**
noskūt **to shave**
nospiest **to press**
noteikti **definitely**
noteikumi (**m. pl.**) **rules**
notikt **to happen, to occur**
notrūkt **to come off**
novembris (**m.**) **November**
nozīmēt **to mean** *or* **to signify**
nu labi **OK then**
nulle **zero, nought**
numurs (**m.**) **number,** *also* **room (in hotel)**
nupat **just now**

ods (**m.**) **mosquito**
oficiants, oficiante **waiter, waitress**
oga (**f.**) **berry**
oktobris (**m.**) **October**
okupēt **to occupy**
ola (**f.**) **egg**
oma (**f.**) **mood**
omulīgs, omulīga **cosy (m., f.)**
onkulis (**m.**) **uncle**
oranžs **orange (colour)**
orķestris (**m.**) **orchestra**
osta (**f.**) **port, harbour**
otrais, otrā **second (m., f.)**
otrdiena (**f.**) **Tuesday**

pa **along,** *also* **around,** *also* **on**
pa dienu **during the day**
pa kreisi **to the left**
pa labi **to the right**
pacelšanās (**f.**) **take-off**
paciņa (**m.**) **small packet**
padomju armija (**f.**) **the Soviet army**
padot **to hand along**
padsmitnieks (**m.**) **teenager**
paēst **to eat**

pagaidām **for now**
pagājušais gads (**m.**) **last (preceding) year**
paģiras (**f. pl.**) **hangover**
pagrieziens (**m.**) **turning, turn-off**
pagriezties **to turn, to turn toward**
paka (**m.**) **packet**
pakalpojums (**m.**) **service**
paklājs (**m.**) **rug, mat**
paldies **thank you**
palīdzēt **to help**
palikt **to remain** *or* **to stay**
pamanīt **to notice**
pamatskola (**f.**) **primary school**
pamēģināt **to try**
pamodināt **to wake**
paņemt **to take**
pankūkas (**f. pl.**) **pancakes**
paparde (**f.**) **fern**
papēži (**m. pl.**) **heels**
par **about,** *also* **than,** *also* **for**
par ātru **too fast**
par garu **too long**
par lielu **too large**
par mazu **too small**
par platu **too wide**
par vēlu **too late**
paradīze (**f.**) **paradise**
parādīt **to show**
parādīties **to appear**
pārāk **too, overly**
parakstīt, parakstīties **to sign**
parasti **usually**
pārbaudīt **to check** *or* **to test**
pārdevējs, pārdevēja **sales assistant (m., f.)**
pārdot **to sell**
pārdurt **to puncture**
pareizais **the correct** *or* **right**
pareizs, pareiza **correct (m., f.)**
pārējie **the remaining ones, the others**
pārģērbties **to change (clothing)**
pāri **over, past (talking about time)**
pāriet **to blow over** *or* **to pass**
pāris (**m.**) **pair, couple**
parīt **day after tomorrow**
Parīze (**f.**) **Paris**
pārkāpums (**m.**) **offence**
pārkāpt (noteikumus, likumu) **to break (the rules, the law)**
parks (**m.**) **park**
pārliecināts, pārliecināta **convinced (m., f.)**
pārliecinoši **convincingly**
pārnakšņot **to stay overnight**
pārnākt **to come back**

pārnesumkārba (f.) gearbox
pārsēsties to change (means of transport)
pārsniegt to exceed
pārsteidzoši surprisingly
pārsteigts surprised (m.)
pārsteigums (m.) surprise
pārtika (f.) food *or* foodstuffs
pārtikas preces (f. pl.) groceries
pārtraukums (m.) break
pārvākties to move (house)
pasaka (f.) fairytale, tale
pašam to himself (reflexive pronoun)
pasaule (f.) world
pasažieru osta (f.) passenger terminal
pase (f.) passport
pašlaik presently
paslēpties to hide
pasludināt to announce
pasniegt (sniegt) to hand over
pašreiz at present, at the moment, right now
pastaigāties to stroll *or* to go fo a walk
pastkarte (f.) postcard
pastkaste (f.) postbox
pastmarka (f.) postage stamp
pastnieks, pastniece postman, postwoman
pasts (m.) post office
pasūtīt to order *or* to book
pat even
pateikt to tell
patiesība (f.) truth
patīkami agreeable, pleasant
patikt to like
pats, pati, paši, pašas reflexive pronouns relating to self
pavadīt to spend (time) *also* to accompany
pavārs (m.) chef
pavasaris (m.) spring
pāvests (m.) pope
pavisam quite (completely)
pazaudēt to lose
pazīstams acquainted with, known
pazīt to know (to be acquainted)
pazudis lost
pēc after
pēc tam after that *or* afterwards
pēcpusdiena (f.) afternoon
pēdējā brīdī (m.) at the last moment
pēdējais, pēdējā the last (m., f.)
pēkšņi suddenly
peldēties to swim
pele (f.) mouse
pelēks grey
pensijā retired

pensionārs, pensionāre pensioner (m., f.)
pērkons (m.) thunder
pērn last year
personas kods (m.) personal identity number
pica (f.) pizza
pie by, *also* at
pieaugušais grown-up, adult
piecdesmit fifty
pieci five
piecpadsmit fifteen
piedalīties to participate
piedāvāt to offer
piederēt to own, *also* to belong to
piedevas (f. pl.) accompaniment, trimmings
piedodiet sorry
piedurknes (f. pl.) sleeves
piekraste (f.) seacoast, littoral
piekrist to agree with
piektais, piektā fifth (m., f.)
piektdiena (f.) Friday
piemērs (m.) example
piemineklis (m.) monument
piena produkti (m. pl.) dairy produce
pienākšanas laiks (m.) arrival time
pienākšanas vieta (f.) platform where the bus or coach arrives
pienākt to arrive (transport)
pieņemt to accept
piens (m.) milk
piepildīties to come true
pierakstīt to note down
pierakstīties to register, to sign on
pieraksts (f.) appointment
pierast to get used to
piere (f.) forehead
piestāvēt to suit
pietikt to suffice, to be enough
pietura (f.) stop (transport)
piezvanīt to call up
pildspalva (f.) pen
piliens (m.) drop
pilns, pilna full (m., f.)
pils (f.) castle
pilsdrupas (f. pl.) castle ruins
pilsēta (f.) town, city
pilskalns (m.) castle mound
pilsonis (m.) citizen
PIN kods (m.) PIN number
pipari (m. pl.) pepper
pirksts (m.) finger
pirkt to buy
pirmais, pirmā the first (m., f.)
pirmdiena (f.) Monday

pirms **before,** *also* **ago**
pirts **(f.) sauna**
plāns, plāna **thin (m., f.)**
pļāpāt **to chatter**
plašs, plaša **spacious (m., f.)**
plats, plata **wide (m., f.)**
plaukt **to bud**
plaukts **(m.) shelf**
plauktiņš **(m.) shelf (dim.)**
plīts **(f.) stove**
plūdi **(m. pl.) flood**
pludmale **(f.) beach**
plūme **(f.) plum**
pluss **(m.) plus**
poga **(f.) button**
poļi **(m. pl.) Polish people**
policija **(f.) police**
Polija **(f.) Poland**
polise **(f.) policy**
politika **(f.) politics**
porcija **(f.) portion**
prakse (ārsta) **(f.) doctor's surgery (practice)**
prāmis **(m.) ferry**
prast **to know how to**
precējušies **married (pl.)**
preces **(m. pl.) goods**
precēties **to marry**
pret **against**
pretī **opposite**
prezidents **(m.) president**
priecāties **to take joy in**
priecīgs, priecīga **happy, joyful (m., f.)**
priede **(f.) pine tree**
prieks **(m.) joy**
priekšnieks **(m.) boss**
princips **(m.) principle**
privātais **private**
problēma **(f.) problem**
profesija **(f.) profession**
profesors, profesore **professor (m., f.)**
projām **away**
projektēt **to plan** *or* **to design**
proklamēt **to proclaim**
protams **of course**
pudele **(f.) bottle**
puisis **(m.) lad**
puķains **flowery (m.)**
puķe **(f.) flower**
pulksten **o'clock**
pulkstenis **(m.) clock**
punkts **(m.) dot** *or* **spot**
pupas **(f. pl.) beans**
pūpoli **(m. pl.) willow-catkins**

Pūpolu svētdiena **(f.) Catkin Sunday (Palm Sunday)**
puravi **(m. pl.) leeks**
pusceļš **(m.) halfway**
pusdienas **(f. pl.) lunch**
puse **(f.) side** *also* **half**
puskukulis **(m.) half loaf**
pusnakts **(f.) midnight**
pusotrs **(m.) one and a half**
puslaiks **(m.) half-time (sport)**
pussala **(f.) peninsula**
pūst **to blow**
putenis **(m.) blizzard**
putns **(m.) bird**
putnu vērošana **(f.) bird-watching**

radi **(m. pl.) relatives**
radioteleskops **(m.) radiotelescope**
radioastronomija **(f.) radioastronomy**
ragaviņas **(f. pl.) toboggan**
rags **(m.) cape,** *also* **horn**
raidījums **(m.) broadcast**
rakstīt **to write**
rakstnieks, rakstniece **writer (m., f.)**
randiņš **(m.) rendezvous** *or* **date (coll.)**
rasa **(f.) dew**
raudāt **to cry**
rāvējslēdzējs **(m.) zip fastener**
recepte **(f.) recipe,** *also* **prescription**
redīss **(m.) radish**
redzēt **to see**
reģistrācija **(f.) check-in**
reģistratūra **(f.) registration**
reibt **to become dizzy**
reiss **(m.) flight**
reize **(f.) time, occasion (instance)**
reizēm **at times, sometimes, occasionally**
rēķins **(m.) bill**
reklāma **(f.) advertising**
rekvizīti **(m. pl.) details**
remontēt **to repair, to renovate (a house)**
remonts **(m.) repair**
rentgens **(m.) X-ray**
resnāks **fatter (m.)**
resns, resna **fat (m., f.)**
restorāns **(m.) restaurant**
reti **rarely**
rezervēts **reserved**
rezultāts **(m.) result**
rīdzinieks **(m.) inhabitant of Riga**
rieksts **(m.) nut**
riepa **(f.) tyre**
rietumi **(m. pl.) west**
rinda **(f.) row**

rīsi (**m. pl.**) **rice**

rīt **tomorrow**

ritenis (**m.**) **wheel**

rīts (**m.**) **morning**

robeža (**f.**) **border**

roka (**f.**) **hand** *or* **arm**

rokassoma (**f.**) **handbag**

romantisks, romantiska **romantic (m., f.)**

rozā **pink**

roze (**f.**) **rose**

rudens (**m.**) **autumn**

rūgts, rūgta **bitter (m., f.)**

runāšana (**f.**) **talk, talking**

runāt **to speak**

rūpnīca (**f.**) **factory**

rūpniecības pilsēta (**f.**) **industrial city**

rūtains **checked (m.)**

šā vai tā **one way or another (anyhow)**

saaukstējies, saaukstējusies **has a cold (m., f.)**

sabiedriskais transports (**m.**) **public transport**

sacīt **to say**

šādi, šādas **like this (m., f.)**

sadzīves tehnika (**f.**) **domestic appliances**

sagatavot **to prepare**

sagatavoties **to prepare (oneself)**

šajā **in this**

sajaukt **to mix up**

saknes (**f. pl.**) **root vegetables, roots**

sākt **to begin**

sākties **to begin (of its own accord)**

sākums (**m.**) **beginning**

sala (**f.**) **island**

salabot **to fix**

salāti (**m. pl.**) **lettuce,** *also* **salad**

salauzts, salauzta **broken (m., f.)**

saldais ēdiens (**m.**) **dessert**

saldējums (**m.**) **ice cream**

salds, salda **sweet (m., f.)**

šalle (**f.**) **scarf**

sāļš, sāļa **salty (m., f.)**

sals (**m.**) **frost**

sāls (**m.**) **salt**

salūzis, salūzusi **broken (m., f.)**

salvete (**f.**) **napkin**

samainīt **to exchange**

samaksāt **to pay**

šampanietis (**m.**) **champagne**

sanāksme (**f.**) **meeting**

sanākt **to come together**

saņemt **to receive**

sānos **at the sides**

santīms (**m.**) **centime**

sāpes (**f. pl.**) **pain**

sāpēt **to hurt**

saplīst **to come apart, to get torn**

saprast **to understand**

saprasties **to understand each other, to get on**

sapratu **see** *saprast*

saraksts (**m.**) **list,** *also* **timetable**

sarežģīts, sarežģīta **complicated (m., f.)**

sarkanais, sarkanā **the red (m., f.)**

sarkans **red**

sarunāties **to chat, to converse**

satecēt **to flow together**

satiksme (**f.**) **traffic**

satikt **to encounter**

satikties **to meet**

satraukts, satraukta **upset, unsettled (m., f.)**

šaubīties **to doubt**

saukt **to call**

saulains, saulaina **sunny (m., f.)**

saule (**f.**) **sun**

saulesbrilles (**f. pl.**) **sunglasses**

sauļoties **to sunbathe**

šaurs, šaura **narrow (m., f.)**

sausais **dry (wine)**

sauss, sausa **dry (m., f.)**

šausmas (**f. pl.**) **horror**

šausmīgs, šausmīga **horrible (m., f.)**

savākt **to collect**

savs, sava **one's own**

savukārt **for his (her) part, conversely**

sēdēt **to sit**

šeit **here**

seja (**f.**) **face**

šejiene (**f.**) **here (as a place)**

sekot **to follow**

sekretārs (-e) **secretary (m., f.)**

sekunde (**f.**) **second (unit of time)**

sēļi (**m. pl.**) **Selonians**

sen **long ago, for a long time**

sēne (**f.**) **mushroom**

sēņot **to pick mushrooms**

sēņotājs (**m.**) **mushroom picker**

sens, sena **ancient (m., f.)**

septembris (**m.**) **September**

septiņdesmit **seventy**

septiņi **seven**

septiņpadsmit **seventeen**

septītais, septītā **seventh (m., f.)**

sērkociņi (**m. pl.**) **matches**

sešdesmit **sixty**

seši **six**

sešpadsmit **sixteen**

sestais, sestā **sixth (m., f.)**

sestdiena (**f.**) **Saturday**
sēsties **to sit (oneself) down**
sev **to oneself,** *also* **for oneself**
sevišķi **especially**
šie, šīs **these (m., f.)**
siena (**f.**) **wall**
siers (**m.**) **cheese**
sieva (**f.**) **wife**
sievasmāte, vīramāte (**f.**) **mother-in-law**
sievastēvs, vīratēvs (**m.**) **father-in-law**
sieviete (**f.**) **woman**
sīkie (**m. pl.**) **little children (coll.)**
siļķe (**f.**) **herring**
siltais ūdens (**m.**) **hot water (lit. warm water)**
silts, silta **warm (m., f.)**
simts (**m.**) **hundred**
sinoptiķis (**m.**) **forecaster**
sīpols (**m.**) **onion**
sirds (**f.**) **heart**
sirmi **grey (only when referring to hair)**
šis, šī **this (m., f.)**
sitiens (**m.**) **hit,** *also* **kick**
skābēts **pickled**
skābs, skāba **sour (m., f.)**
skaidrot **to explain** *or* **to clarify**
skaidroties **to clear up**
skaidrs, skaidra **clear (m., f.)**
skaists, skaista **beautiful (m., f.)**
skaitīt **to count**
skalojamais (**m.**) **WC cistern**
skanēt **to sound**
skapis (**m.**) **cupboard or wardrobe**
skapītis (**m.**) **cupboard (dim.)**
skate (**f.**) **review,** *also* **heat**
skatītājs (**m.**) **onlooker** *or* **viewer**
skatīties **to watch** *or* **to look at**
skatlogs (**m.**) **shop display window**
skats (**m.**) **view**
šķēle (**f.**) **slice**
šķērsiela (**f.**) **sidestreet**
šķiņķis (**m.**) **ham**
šķiršanās (**f.**) **divorce**
šķirties **to divorce (***lit.* **to part)**
šķīrušies **divorced (pl.)**
šķīvis (**m.**) **plate**
skola (**f.**) **school**
skolotājs (-a) **teacher (m., f.)**
skorpions (**m.**) **scorpion**
Skotija (**f.**) **Scotland**
skots (**m.**) **a Scotsman**
skriet **to run**
slaids, slaida **slender (m., f.)**
slapjš, slapja **wet (m., f.)**

slavens, slavena **famous (m., f.)**
slēgts, slēgta **closed (m., f.)**
slēpošana (**f.**) **skiing**
slēpot **to ski**
slidens **slippery (m.)**
slikta dūša (**f.**) **nausea**
slikts, slikta **bad (m., f.)**
slimības lapa (**f.**) **medical certificate**
slimnīca (**f.**) **hospital**
slims, slima **ill (m., f.)**
šļipse (**f.**) **necktie**
smags, smaga **heavy,** *also* **difficult (m., f.)**
smaidošs, smaidoša **smiling (m., f.)**
smarža (**f.**) **scent**
smēķēt **to smoke**
smiekli (**m. pl.**) **laughter**
smieties **to laugh**
smiltis (**f. pl.**) **sand**
sniegpulkstenīši (**m. pl.**) **snowdrops (coll.)**
sniegs (**m.**) **snow**
snigt **to snow**
šo **this (acc.)**
šobrīd **at the moment**
soda laukums (**m.**) **penalty area**
soda sitiens (**m.**) **penalty kick**
šodien **today**
sods (**m.**) **penalty** *or* **fine**
šoferis (**m.**) **driver**
šokolāde (**f.**) **chocolate**
solīt **to promise**
soļot **to march**
soma (**f.**) **bag**
Somija (**f.**) **Finland**
šoreiz **this time**
šorīt **this morning**
šorti (**m. pl.**) **shorts**
šovakar **tonight** *or* **this evening**
spārns (**m.**) **wing**
spēle (**f.**) **match** *or* **game**
spēlēt **to play**
spēlēties **to play**
spīdēt **to shine**
spiest **to press, to squeeze**
spilgts **vivid (m.)**
spilvens (**m.**) **cushion**
spināti (**m. pl.**) **spinach**
spogulis (**m.**) **mirror**
stacija (**f.**) **station**
stadions (**m.**) **stadium**
staigāt **to walk**
starp **between**
starpbrīdis (**m.**) **interval**
starptautiskais, starptautiskā **international (m., f.)**

stāstīt **to tell, to narrate**
stāvēt **to stand**
stāsts **(m.)** **tale, story**
stāvlampa **(f.)** **standard lamp**
stāvs **(m.)** **floor (of a building)**
stāvvieta **(f.)** **a place to park**
steigties **to hurry**
stiprs, stipra **strong (m., f.)**
Stokholma **(f.)** **Stockholm**
strādāt **to work**
strādnieks, strādniece **worker (m., f.)**
strauji **swiftly**
strīdēties **to argue**
students **(m.)** **student**
studēt **to study**
stunda **(f.)** **hour,** *also* **lesson**
stūre **(f.)** **steering wheel**
stūris **(m.)** **corner**
sūdzēties **to complain**
sula **(f.)** **juice**
sulīgs **juicy (m.)**
suns **(m.)** **dog**
šūpoles **(f. pl.)** **swings**
sūtīt **to send**
suvenīrs **(m.)** **souvenir**
svaigs, svaiga **fresh (m., f.)**
svari **(m. pl.)** **scales**
svarīgs, svarīga **important (m., f.)**
svārki **(m. pl.)** **skirt**
svece **(f.)** **candle**
svečturis **(m.)** **candlestick**
Šveice **(f.)** **Switzerland**
šveicieši **(m. pl.)** **Swiss people**
sveiki, sveicināti **greetings**
svērt **to weigh**
svešs, sveša **unfamiliar (m., f.)**
svētdiena **(f.)** **Sunday**
svētki **(m. pl.)** **festivities, celebration, festival**
svētvakars **(m.)** **eve (lit. holy evening)**
sviestmaize **(f.)** **sandwich**
sviests **(m.)** **butter**
svinēt **to celebrate**
svītrains **striped (m.)**

tablete **(f.)** **tablet**
taču **isn't it (tag word)**
tad **then**
tādi, tādas **like that (m. pl., f. pl.)**
tagad **now**
taisni **straight**
tajā **on** *also* **in that**
taka **(f.)** **path, track**
taksis (*taksometrs*) **(m.)** **taxi**

tālāk **further**
Tallina **(f.)** **Tallinn**
talons **(m.)** **ticket**
tālu **far**
tālums **(m.)** **distance**
tante **(f.)** **aunt**
tāpēc ka **because**
tas pats, tā pati **the same (m., f.)**
tas, tā **that (m., f.)**
tase **(f.)** **cup**
tātad **so then, therefore, hence**
tautsaimniecība **(f.)** **economics**
tavs, tava **your** *also* **yours (m., f.)**
te **here**
teātris **(m.)** **theatre**
tehniskā apskate **(f.)** **roadworthiness inspection**
tehniskā pase **(f.)** **car registration (technical pass)**
teikt **to say**
tēja (*zāļu, melnā*) **(f.)** **tea (herbal, black)**
teļa gaļa **(f.)** **veal**
telefons **(m.)** **telephone**
televizors **(m.)** **TV set**
telpaugs **(m.)** **indoor plant**
temperatūra **(f.)** **temperature**
tepat **right here**
terapeits, terapeite **general practitioner (m., f.)**
teritorija **(f.)** **territory**
tev **to you** *also* **for you**
tēvocis **(m.)** **uncle**
tēvs **(m.)** **father**
ticēt **to believe**
tie, tās **those,** *also* **they (m. pl., f. pl.)**
tiešais **direct**
tiešām **really**
tieši **directly (exactly)**
tieši laikā **just right,** *also* **right on time**
tieši tā **exactly so**
tieslietas **(f. pl.)** **justice, law**
tiesnesis **(m.)** **referee,** *also* **judge**
tievs, tieva **thin (m., f.)**
tikai **only**
tikko **just now**
tikšanās **(f.)** **meeting, rendezvous**
tikt **to get**
tikties **to meet**
tilts **(m.)** **bridge**
tipisks, tipiska **typical (m., f.)**
tirgotājs **(m.)** **trader**
tirgus **(m.)** **market**
tīrīt **to clean**
tomāts **(m.)** **tomato**
tomēr **however** *or* **nevertheless**
tops **(m.)** **top**

torte (**f.**) **gateau**
traks, traka **mad (m., f.)**
tramvajs (**m.**) **tram**
transports (sabiedriskais) (**m.**) **transport (public)**
trāpīt **to hit (the target)**
traucēt **to disturb** *also* **to bother**
traumatoloģijas punkts (**m.**) **A & E centre**
traumatologs (**m.**) **A & E specialist**
trenažieru zāle (**f.**) **gym, fitness centre**
treniņš (**m.**) **training**
trešais, trešā **third (m., f.)**
trešdiena (**f.**) **Wednesday**
trīs **three**
trīsdesmit **thirty**
trīsistabu **three-room**
trīspadsmit **thirteen**
trīsreiz **thrice**
troksnis (**m.**) **noise**
trolejbuss (**m.**) **trolleybus**
trose (**f.**) **towrope**
trūkst **is lacking**
tu **you (sing.)**
tualete (**f.**) **toilet**
tukšs, tukša **empty (m., f.)**
tūkstotis (**m.**) **thousand**
tūlīt **immediately**
tulkošana (**f.**) **translation**
tulkot **to translate, to interpret**
tumši **dark (literally: darkly)**
tumšs, tumša **dark (m., f.)**
tuncis (**m.**) **tuna**
tur **there**
turēties **to hold** *or* **cling onto**
turiene (**f.**) **there (as a place)**
tūrisma objekts (**m.**) **tourist attraction**
turp atpakaļ **return (ticket)**
turpat **right there**
turpināt **to continue**
turpretim **on the other hand**
tuvāk **nearer**
tuvu **near**
tvertne (**f.**) **tank**

ūdens (**m.**) **water**
uguns (**f.**) **fire**
ugunskurs (**m.**) **bonfire**
un **and**
universitāte (**f.**) **university**
upe (**f.**) **river**
ūsas (**f. pl.**) **whiskers**
uz **on,** *also* **to**
uz priekšu **ahead, forward**

uz redzēšanos **goodbye (lit. until we see each other again)**
uzbrucējs (**m.**) **attacker**
uzbrukt **to attack**
uzcelt **to build, to construct**
uzdāvināt **to give (as a present)**
uzgaidāmā **telpa** (**f.**) **waiting room**
uzklāt **to set (a table)**
uzlaikot **to try on**
uzlikt **to put on**
uzmanīgs, uzmanīga **careful (m., f.)**
uzņēmējs (-a) **entrepreneur (m., f.)**
uzņēmums (**m.**) **enterprise, company**
uzreiz **immediately**
uzskatīt **to consider**
uzstāties **to perform, to appear before an audience**
uztraukties **to worry**
uzvalks (**m.**) **suit (men's)**
uzvārds (**m.**) **surname**
uzvarēt **to win**
uzziņas (**f. pl.**) **information**
uzzināt **to find out**

vācieši (**m. pl.**) **German people**
Vācija (**f.**) **Germany**
vāciski **German (language)**
vācu **German**
vai **or,** *also* **question word**
vai ne? **isn't it? (tag phrase)**
Vai! **Oh! (exclamation)**
vaigs (**m.**) **cheek**
vaina (**f.**) **fault**
vainags (**m.**) **wreath**
vainīgs, vainīga **guilty (m., f.)**
vairāk **more**
vairāki **several, a number of**
vairs **any more**
vajadzēt **to need**
vājš, vāja **weak** *or* **poor (m., f.)**
vakar vakarā **last night, yesterday evening**
vakariņas (**f. pl.**) **evening meal**
vakariņot **to dine** *or* **to have the evening meal**
vakars (**m.**) **evening**
vaļasprieks (**m.**) **pastime, hobby**
valdīt **to rule**
valoda (**f.**) **language**
valsts (**f.**) **state**
vanna (**f.**) **bath**
vannas istaba (**f.**) **bathroom**
varavīksne (**f.**) **rainbow**
varbūt **perhaps**

vārda diena (**f.**) **name day**
vārds (**m.**) **name**
varēt **to be able**
vārīt **to boil,** *also* **to cook**
vārīts **boiled (m.)**
Varšava (**f.**) **Warsaw**
vārti (**m. pl.**) **goal** (*lit.* **gates)**
vārtsargs (**m.**) **goalkeeper**
vasara (**f.**) **summer**
vasarnīca (**f.**) **summer house**
vāze (**f.**) **vase**
vecāki (**m. pl.**) **parents**
vecāmāte (**f.**) **grandmother**
Vecgada vakars (**m.**) **New Years' Eve**
vecs, veca **old (m., f.)**
vectēvs (**m.**) **grandfather**
vecums (**m.**) **age**
vecvecāki (**m. pl.**) **grandparents**
vedekla (**f.**) **daughter-in-law**
vēders (**m.**) **stomach**
vēdersāpes (**f. pl.**) **stomach ache**
veģetārietis, veģetāriete **vegetarian (m., f.)**
veikals (**m.**) **shop**
veiksme (**f.**) **success**
vējains **windy (m.)**
vējdēlis (**m.**) **windsurfer**
vējjaka (**f.**) **windproof jacket**
vējš (**m.**) **wind**
vēl **still, yet,** *also* **more, in addition**
vēlāk **later**
veļas mazgātuve (**f.**) **laundry**
vēlēšanās (**f.**) **wish, desire**
vēlēties **to wish, to desire, to want**
veļi (**m. pl.**) **spirits of those departed**
velosipēds (**m.**) **bicycle**
velosipēdu **ceļš** (**m.**) **cycle way**
velsietis, velsiete, velsieši, velsietes **Welshman, Welsh-woman, Welsh people (m., f. pl.)**
vēlu **late**
vērts **worth, worthwhile**
veselīgs, veselīga **healthy (m., f.)**
vēss, vēsa **cool (m., f.)**
vest **to carry, to convey**
vēstniecība (**f.**) **embassy**
vēstule (**f.**) **letter**
vēsture (**f.**) **history**
vētra (**f.**) **storm**
vidus (**m.**) **middle**
Vidusāzija (**f.**) **Central Asia**
Vidusjūra (**f.**) **Mediterranean Sea**
viduslaiki (**m. pl.**) **Middle Ages**
vidusskola (**f.**) **secondary school**

viegli **easy**
vienalga **whatever, it's all the same**
vienīgais, vienīgā **the only (m., f.)**
vienmēr **always**
vienpadsmit **eleven**
vienreiz **once**
viens **one**
vientuļš, vientuļa **lonely (m., f.)**
vienvietīgais, vienvietīgā **single (m., f.)**
vienvirziena iela (**f.**) **one-way street**
viesības (**f. pl.**) **party**
viesis (**m.**) **guest**
viesistaba (**f.**) **sitting room, lounge**
viesnīca (**f.**) **hotel**
vieta (**f.**) **place**
vietējais (**m.**) **local person**
vietējais, vietējā **local (m., f.)**
vijole (**f.**) **violin**
vilciens (**m.**) **train**
vilkt **to wear,** *also* **to tow** *or* **to drag**
vilna (**f.**) **wool**
vilnis (**m.**) **wave**
viņa (**f.**) **she**
viņai **to her,** *also* **for her**
viņam **to him,** *also* **for him**
viņas **they (all female),** *also* **her,** *also* **hers**
viņi **they (all male or mixed group)**
vīnogas (**f. pl.**) **grapes**
viņš (**m.**) **he**
vīns (**m.**) **wine**
violets **violet**
vīrietis (**m.**) **man** *or* **male**
virs **above**
vīrs (**m.**) **man,** *also* **husband**
virtuve (**f.**) **kitchen**
vīruss (**m.**) **virus**
visai **rather, fairly**
visdārgākais **the most expensive**
visi (**m. pl.**) **everyone, all**
visjaunākais, visjaunākā **the youngest (m., f.)**
vislabāk **best**
vismaz **at least**
vispār **generally, on the whole**
vispirms **first of all**
visskaistākais **the most beautiful**
vista (**f.**) **chicken**
visu dienu **for the whole day**
visur **everywhere**
visvairāk **the most**

zābaks (**m.**) **boot**
žakete (**f.**) **jacket**

zāle (**f.**) **grass,** *also* **hall**
zāles (**f. pl.**) **medicine**
zaļot **to be green, to flourish**
zaļš **green**
žalūzijas (**f. pl.**) **blinds**
zaudēt **to lose**
žāvēts **dried (m.)**
zeķes (**f. pl.**) **socks**
zeķubikses (**f. pl.**) **tights**
žēl **that's a pity, so sorry**
želeja (**f.**) **jelly**
zelts (**m.**) **gold**
zem **under**
zeme (**f.**) **country,** *also* **earth**
zemestrīce (**f.**) **earthquake**
zemgaļi (**m. pl.**) **Semigallians**
zibens (**m.**) **lightning**
ziedēt **to bloom, to blossom**
ziedi (**m. pl.**) **blooms, blossoms**
ziedu salons (**m.**) **flower shop**
ziema (**f.**) **winter**
Ziemassvētki (**m. pl.**) **Christmas**
Ziemeļamerika (**f.**) **North America**
ziemeļi (**m. pl.**) **north**
Ziemeļīrija (**f.**) **Northern Ireland**

zils **blue**
zīme (**f.**) **sign**
ziņas (**f. pl.**) **news**
zināšanas (**f. pl.**) **knowledge**
zināt **to know**
zinātne (**f.**) **science**
zinātnieks, zinātniece **scientist (m., f.)**
zirgs (**m.**) **horse**
zirnis (**m.**) **pea**
zivis: sālītas, kūpinātas un saldētas (**f. pl.**) **fish: salted, smoked and frozen**
zivs (**f.**) **fish**
znots (**m.**) **son-in-law**
zobārsts, zobarste **dentist (m., f.)**
zobs (**m.**) **tooth**
zods (**m.**) **chin**
zona (**f.**) **zone**
zupa (**f.**) **soup**
žurnālists, žurnāliste **journalist (m., f.)**
žurnāls (**m.**) **magazine**
zvaigzne (**f.**) **star**
zvanīt **to ring,** *also* **to phone**
zvans (**m.**) **bell**
zviedri (**m. pl.**) **Swedish people**
Zviedrija (**f.**) **Sweden**

Grammar reference

Nouns and cases

Singular							
	Masculine				Feminine		
Nominative	vīr**s**	cel**š**	brāl**is**	tirg**us**	siev**a**	puķ**e**	pil**s**
Genitive	vīr**a**	cel**a**	brāl**a**	tirg**us**	siev**as**	puķ**es**	pil**s**
Dative	vīr**am**	cel**am**	brāl**im**	tirg**um**	siev**ai**	puķ**ei**	pil**ij**
Accusative	vīr**u**	cel**u**	brāl**i**	tirg**u**	siev**u**	puķ**i**	pil**i**
Locative	vīr**ā**	cel**ā**	brāl**ī**	tirg**ū**	siev**ā**	puķ**ē**	pil**ī**
Plural							
	Masculine				Feminine		
Nominative	vīr**i**	cel**i**	brāl**i**	tirg**i**	siev**as**	puķ**es**	pil**is**
Genitive	vīr**u**	cel**u**	brāl**u**	tirg**u**	siev**u**	puķ**u**	piļ**u**
Dative	vīr**iem**	cel**iem**	brāl**iem**	tirg**iem**	siev**ām**	puķ**ēm**	pil**īm**
Accusative	vīr**us**	cel**us**	brāl**us**	tirg**us**	siev**as**	puķ**es**	pil**is**
Locative	vīr**os**	cel**os**	brāl**os**	tirg**os**	siev**ās**	puķ**ēs**	pil**īs**

Pronouns

	I	*you*	*he*	*she*	*we*	*you (pl.)*	*they (m.)*	*they (f.)*
Nom.	es	tu	viņš	viņa	mēs	jūs	viņi	viņas
Gen.	manis	tevis	viņa	viņas	mūsu	jūsu	viņu	viņu
Dat.	man	tev	viņam	viņai	mums	jums	viņiem	viņām
Acc.	mani	tevi	viņu	viņu	mūs	jūs	viņus	viņas
Loc.	manī	tevī	viņā	viņā	mūsos	jūsos	viņos	viņās

'This' and 'that'

	Singular		Plural	
	masculine	feminine	masculine	feminine
Nominative	šis, tas	šī, tā	šie, tie	šīs, tās
Genitive	šī, tā	šīs, tās	šo, to	šo, to
Dative	šim, tam	šai, tai	šiem, tiem	šīm, tām
Accusative	šo, to	šo, to	šos, tos	šīs, tās
Locative	šajā, tajā	šajā, tajā	šajos, tajos	šajās, tajās

Prepositions

PREPOSITIONS THAT GOVERN THE GENITIVE

pie	*by*	bez	*without*
no	*from*	pirms	*before*
uz	*on*	pēc	*after*
zem	*under*	kopš	*since*
aiz	*behind*	virs	*above*

PREPOSITIONS THAT GOVERN THE ACCUSATIVE

ar	*with*	par	*for, about*
uz	*to*	gar	*along*
pa	*along*	ap	*around*
pret	*against*	starp	*between*

PREPOSITIONS THAT GOVERN THE DATIVE (SINGULAR NOUNS)

līdz	*until*, also *as far as*
pāri	*over, across*
blakus	*next to, alongside*

Note that plural nouns after the preposition are always in the dative.

Verb tables

COMPLETE TABLE FOR THE VERB 'TO BE'- *BŪT*

Present tense

es	esmu	*I am*	es	neesmu	*I am not*
tu	esi	*you are*	tu	neesi	*you are not*
viņš, viņa	ir	*he, she is*	viņš, viņa	nav	*he, she is not*
mēs	esam	*we are*	mēs	neesam	*we are not*
jūs	esat	*you (pl.) are*	jūs	neesat	*you (pl.) are not*
viņi, viņas	ir	*they (m., f.) are*	viņi, viņas	nav	*they (m., f.) are not*

	Past tense		**Future tense**	
es	biju	*I was*	būšu	*I will be*
tu	biji	*you were*	būsi	*you will be*
viņš, viņa	bija	*he, she was*	būs	*he, she will be*

mēs	bijām	*we were*	būsim	*we will be*
jūs	bijāt	*you (pl.) were*	būsit	*you will be*
viņi, viņas	bija	*they (m., f.) were*	būs	*they will be*

Perfect tense

Present	[pres. tense of *būt*]	+	**bijis, bijusi, bijuši, bijušas** *have been*
Past	[past tense of *būt*]	+	**bijis, bijusi, bijuši, bijušas** *had been*
Future	[future tense of *būt*]	+	**bijis, bijusi, bijuši, bijušas** *will have been*

Conditional mood

būtu *would be*

Relative mood

esot [present] *is (allegedly, apparently)*
būšot [future] *will be (allegedly, apparently)*

Debitive mood

jābūt   *must* or *has (have) to be*

'REGULAR' VERBS

Present tense

For convenience, we have separated the 'regular' verbs into three main families or groups. Verbs belonging to each group follow exactly the same conjugation pattern: the stem is derived in the same way and the endings also are the same:

runāt *(to speak)*	**varēt** *(to be able)*	**lasīt** *(to read)*
es runā**ju**	es var**u**	es las**u**
tu runā	tu var**i**	tu las**i**
viņš, viņa runā	viņš, viņa var	viņš, viņa las**a**
mēs runā**jam**	mēs var**am**	mēs las**ām**
jūs runā**jat**	jūs var**at**	jūs las**āt**
viņi, viņas runā	viņi, viņas var	viņi, viņas las**a**

Some other verbs in the **runāt** group are: **apciemot, apmeklēt, atkārtot, atstāt, brokastot, ceļot, dejot, domāt, dziedāt, dzīvot, gatavot, gleznot, īrēt, jautāt, krāsot, labot, lidot, lietot, maksāt, mazgāt, meklēt, pļāpāt, pusdienot, piedāvāt, remontēt, sekot, sēņot, skaidrot, slēpot, smēķēt, spēlēt, staigāt, strādāt, studēt, tulkot, vakariņot, vērot.**

Some other verbs in the **varēt** group are: **atbildēt, cerēt, drīkstēt, dziedāt, dzirdēt, gribēt, mīlēt, novēlēt, palīdzēt, raudāt, redzēt, spīdēt, stāvēt, svinēt, ticēt.**

Some other verbs in the **lasīt** group are: **apskatīt, atbalstīt, atgādināt, darīt, gaidīt, mācīt, mainīt, mēģināt, palīdzēt, pamanīt, pavadīt, piezvanīt, rādīt (parādīt), rakstīt, rēķināt, skaitīt, sūtīt, pasūtīt, solīt, stāstīt, turpināt, vārīt, zināt, zvanīt.**

Past tense

In the past tense the regular verbs are conjugated as follows:

runāt	**varēt**	**lasīt**
es runā**ju**	es varē**ju**	es lasī**ju**
tu runā**ji**	tu varē**ji**	tu lasī**ji**
viņš, viņa runā**ja**	viņš, viņa varē**ja**	viņš, viņa lasī**ja**
mēs runā**jām**	mēs varē**jām**	mēs lasī**jām**
jūs runā**jāt**	jūs varē**jāt**	jūs lasī**jāt**
viņi, viņas runā**ja**	viņi, viņas varē**ja**	viņi, viņas lasī**ja**

Future tense

In the future tense the regular verbs are conjugated as follows:

runāt	**varēt**	**lasīt**
es runā**šu**	es varē**šu**	es lasī**šu**
tu runā**si**	tu varē**si**	tu lasī**si**
viņš, viņa runā**s**	viņš, viņa varē**s**	viņš, viņa lasī**s**
mēs runā**sim**	mēs varē**sim**	mēs lasī**sim**
jūs runā**sit** (runāsiet)	jūs varē**sit** (varēsiet)	jūs lasī**sit** (lasīsiet)
viņi, viņas runā**s**	viņi, viņas varē**s**	viņi, viņas lasī**s**

'IRREGULAR' VERBS

Present tense

	iet (*to go*)	**braukt** (*to go*)	**nākt** (*to come*)
es	eju	braucu	nāku
tu	ej	brauc	nāc
viņš, viņa	iet	brauc	nāk
mēs	ejam	braucam	nākam
jūs	ejat	braucat	nākat
viņi, viņas	iet	brauc	nāk

	ēst (*to eat*)	**dzert** (*to drink*)	**dot** (*to give*)
es	ēdu	dzeru	dodu
tu	ēd	dzer	dod
viņš, viņa	ēd	dzer	dod

mēs	ēdam	dzeram	dodam
jūs	ēdat	dzerat	dodat
viņi, viņas	ēd	dzer	dod
			(also **pārdot** – *to sell*)

	pirkt (*to buy*)	**teikt** (*to say*)	**saprast** (*to understand*)
es	pērku	saku	saprotu
tu	pērc	saki	saproti
viņš, viņa	pērk	saka	saprot
mēs	pērkam	sakām	saprotam
jūs	pērkat	sakāt	saprotat
viņi, viņas	pērk	saka	saprot

	sākt (*to begin*)	**tikt** (*to get*)	**griezt** (*to cut*)
es	sāku	tieku	griežu
tu	sāc	tiec	griez
viņš, viņa	sāk	tiek	griež
mēs	sākam	tiekam	griežam
jūs	sākat	tiekat	griežat
viņi, viņas	sāk	tiek	griež

	vilkt (*to wear*)	**ņemt** (*to take*)	**atrast** (*to find*)
es	velku	ņemu	atrodu
tu	velc	ņem	atrod
viņš, viņa	velk	ņem	atrod
mēs	velkam	ņemam	atrodam
jūs	velkat	ņemat	atrodat
viņi, viņas	velk	ņem	atrod

Future tense

Even irregular verbs tend to behave regularly in the future tense, with one exception: verbs which, in the infinitive, have an **-st** or **-zt** ending. In place of these infinitive endings, the verbs acquire an additional syllable consisting of the vowel **ī** and usually a consonant.

For example: **ēst** goes to the stem **ēdī-** (**es ēdīšu**), **atrast** to **atradī-** (**es atradīšu**), **vest** to **vedī-** (**es vedīšu**); also **saprast** goes to **sapratī-** (**es sapratīšu**) and **piekrist** to **piekritī-** (**es piekritīšu**). Some verbs like **griezt** and **nest** simply add the vowel **ī**, so the stem becomes **griezī-** (**es griezīšu**) and **nesī-** (**es nesīšu**).

Past tense

Some irregular verbs in the past tense undergo quite dramatic or unexpected stem changes.

For example: **būt** goes to the stem **bij-** (**es biju**), **iet** to **gāj-** (**es gāju**), **dot** to **dev-** (**es devu**), (also **pārdot** to **pārdev-**, **padot** to **padev-**, **aizdot** to **aizdev-**); **saprast** goes to **saprat-** (**es sapratu**) and **atrast** to **atrad-** (**es atradu**).

Be aware of variations in the stem of the verbs **braukt** (**es braucu**), **teikt** (**es teicu**), **nākt** (**es nācu**); however, **sākt** (**es sāku**) retains its present tense stem.

The verbs **griezt**, **pirkt**, **vilkt**, **palikt**, (also **notikt**, **likt**, **tikt**) could be said to behave regularly, whilst **ēst** (**es ēdu**), **dzert** (**es dzēru**) and **ņemt** (**es ņēmu**) go to a long sound and different pronunciation in the stem.

Participles

		(m. sing.)	(f. sing.)	(m. pl.)	(f. pl.)
Regular verbs					
runāt	→	runā**jis**	runā**jusi**	runā**juši**	runā**jušas**
varēt	→	varē**jis**	varējusi	varējuši	varējušas
lasīt	→	lasī**jis**	lasījusi	lasījuši	lasījušas
Irregular verbs					
būt	→	bi**jis**	bijusi	bijuši	bijušas
iet	→	gā**jis**	gājusi	gājuši	gājušas
dot	→	dev**is**	devusi	devuši	devušas
saprast	→	saprat**is**	sapratusi	sapratuši	sapratušas
ēst	→	ēd**is**	ēdusi	ēduši	ēdušas
dzert	→	dzēr**is**	dzērusi	dzēruši	dzērušas

With some verbs a consonant interchange occurs in the stem, but only in the masc. sing.:

braukt	→	brau**c**is	brau**k**usi	brau**k**uši	brau**k**ušas
pirkt	→	pir**c**is	pir**k**usi	pir**k**uši	pir**k**ušas
nākt	→	nā**c**is	nā**k**usi	nā**k**uši	nā**k**ušas
sākt	→	sā**c**is	sā**k**usi	sā**k**uši	sā**k**ušas
beigt	→	bei**dz**is	bei**g**usi	bei**g**uši	bei**g**ušas
sniegt	→	snie**dz**is	snie**g**usi	snie**g**uši	snie**g**ušas
likt	→	li**c**is	li**k**usi	li**k**uši	li**k**ušas
lūgt	→	lū**dz**is	lū**g**usi	lū**g**uši	lū**g**ušas

Reflexive verbs

Endings are regular, but there is a vast number of verbs with stems that are quite different from the infinitive. For convenience we have arranged the reflexive verbs into four main groups (three 'regular' and one 'irregular').

'Regular' reflexive verbs

	mazgāties *(to wash)*	mācīties *(to learn)*	vēlēties *(to wish, to want)*
es	mazgā**jos**	māc**os**	vēl**os**
tu	mazgā**jies**	māc**ies**	vēl**ies**
viņš, viņa	mazgā**ja**s	māc**ās**	vēl**as**
mēs	mazgā**jamies**	māc**āmies**	vēl**amies**
jūs	mazgā**jaties**	māc**āties**	vēl**aties**
viņi, viņas	mazgā**jas**	māc**ās**	vēl**as**

Like **mazgāties**: **apstāties** (*to stop*), **darboties** (*to operate, function*), **gatavoties** (*to get ready*), **ģērbties** (*to get dressed*), **interesēties** (*to be interested*), **jokoties** (*to joke*), **kavēties** (*to be late or delayed*), **mazgāties** (*to wash oneself*), **pastaigāties** (*to stroll, go for a walk*), **priecāties** (*to take joy in, be happy about*), **sarunāties** (*to converse*), **sauļoties** (*to sunbathe*).

Like **vēlēties**: **atcerēties** (*to remember*), **peldēties** (*to swim*), **precēties** (*to marry*), **strīdēties** (*to argue*), **sūdzēties** (*to complain*), **turēties** (*to hold or cling to*).

Like **mācīties**: **baidīties** (*to fear*), **brīnīties** (*to wonder, to be amazed*), **izskatīties** (*to look like, appear*), **klausīties** (*to listen*), **kļūdīties** (*to err*), **parakstīties** (*to sign*), **parādīties** (*to appear*), **piedalīties** (*to participate*), **skatīties** (*to watch, to look*), **šaubīties** (*to doubt*).

Examples of the past tense and the future tense are given in Unit 13.

'Irregular' reflexive verbs

Once you know the stem, these are quite straightforward, because the endings are the same as for the regular reflexive verbs. Take note of the stem, as it is sometimes quite different to the infinitive.

Infinitive		1st person sing.
apsēsties	*to sit down*	es **apsēž**os
atpūsties	*to rest*	es **atpūš**os
atrasties	*to be situated* or located (also **ierasties** – *to arrive*)	es **atrod**os (es **ierod**os)
celties	*to get up*	es **ceļ**os
doties	*to make one's way, to go*	es **dod**os
griezties	*to turn* (also **atgriezties** – *to return*)	es **griež**os (es **atgriež**os)
ģērbties	*to dress*	es **ģērbj**os
iepazīties	*to get acquainted*	es **iepazīst**os
iepirkties	*to shop*	es **iepērk**os

justies	*to feel*	es **jūt**os
mosties	*to wake*	es **most**os
pārsēsties	*to change (means of transport)*	es **pārsēž**os
satikties	*to meet*	es **satiek**os
smieties	*to laugh*	es **smej**os
steigties	*to hurry*	es **steidz**os
šķirties	*to part, to divorce*	es **šķir**os
tikties	*to meet*	es **tiek**os
uztraukties	*to worry* (also **ievākties** – *to move in*)	es **uztrauc**os (es **ievāc**os)
beigties	*to end*	3rd person **beidz**as (1st person rarely used)
sākties	*to begin*	3rd person **sāk**as (1st person not used)

Conditional mood

As for the non-reflexive verbs, there is one standard way of forming the conditional, which holds for all verbs, regular and irregular: we remove the **-ies** ending from the infinitive and add a new ending **-os**. For example, **mazgāties** becomes **mazgātos**, **vēlēties** – **vēlētos** and **klausīties** – **klausītos**. Similarly **apsēsties** becomes **apsēstos**, **celties** – **celtos** and so on.

Perfect tenses

These are beyond the scope of this book, but among the ones we have already seen you may have noticed that they too have different endings for gender and number:

-(j)ies (m. sing.), **-(j)usies** (f. sing.), **-(j)ušies** (m. pl.), **-(j)ušās** (f. pl.)

As a general rule, if you know one form, then you can work out the others.

Question words

Kas?	**Kas tas ir?** **Kas runā?**	*What's that?* *Who's speaking?*
Ko?	**Ko tu gribi?** **Ko jūs vēlētos?** **Ko mēs pirksim?**	*What do you want?* *What would you like?* *What are we going to buy?*
Kā?	**Kā mašīna?** **Kā jums iet?** **Kā jūs zinājāt?**	*Whose car?* *How are you?* *How did you know?*
Kam?	**Kam tu devi dāvanu?** **Kam viņš zvana?**	*To whom did you give a present?* *Who is he calling?*
Kur?	**Kur ir Latvija?** **Kur man jākāpj ārā?**	*Where's Latvia?* *Where do I have to get off?*
Kad?	**Kad būs pavasaris?** **Kad notiks konference?**	*When will it be spring?* *When's the conference? (lit. When does the conference take place?)*
Cikos?	**Cikos sākas?** **Cikos beidzas?**	*At what time does it begin?* *At what time does it finish?*
No cikiem līdz cikiem?		*From what time until what time?*
Cik?	**Cik jums ir naudas?** **Cik viņam gadu?**	*How much money have you got?* *How old is he?*
Cik maksā?	**Cik maksā dzīvoklis Rīgā?**	*How much is a flat in Riga?*
Cik ilgi?	**Cik ilgi jūs būsit projām?** **Cik ilgi jāgaida?** **Cik [ir] pulkstenis?**	*How long will you be away?* *How long must one wait?* *What's the time?*
Kurš? Kura?	**Kurš ir pēdējais?**	*Who is last?*
Kuri? Kuras?	**Kura ir mana vieta?** **Kuri ir jūsu bērni?** **Kuras ir manas somas?**	*Which is my place?* *Which are your children?* *Which are my bags?*
Kāds? Kāda?	**Kāds laiks šodien?**	*What's the weather like today?*
Kādi? Kādas?	**Kāda cepure man piestāv?** **Kādi augļi ir garšīgi?** **Kādas grāmatas jūs lasāt?**	*What type of hat suits me?* *What sort of fruits are tasty?* *What kind of books do you read?*
Vai?	**Vai jūs esat ārzemnieks?** **Vai tas ir jūsu tēvs?** **Vai šis ir mūsu galdiņš?** **Vai jums patīk mūzika?** **Vai jums ir ģimene?**	*Are you a foreigner?* *Is that your father?* *Is this our table?* *Do you like music?* *Do you have a family?*
Kāpēc?	**Kāpēc viņa raud?**	*Why is she crying?*